Martin Pepper

Eine Trilogie der Anbetung
Band III

Über den Autor:

Martin Pepper ist Songwriter, Theologe und Buchautor. Er schreibt seit mehr als 40 Jahren lebensbegleitende Lieder mit Themen des christlichen Glaubens. Er hat in dieser Zeit 20 Soloalben veröffentlicht. Seine Gebetslieder für den Gottesdienst haben eine sehr weite Verbreitung gefunden. Von 1980 bis zum Jahr 2000 war er mit kurzen Studienunterbrechungen im Ausland als Pastor in verschiedenen evangelischen Freikirchen in Berlin tätig. Seit dem Jahr 2000 ist er freischaffender Künstler und tourt mit Konzertprogrammen, Seminaren und musikalischen Gottesdiensten in deutsch-sprachigen Ländern. Seine Lieder auf CDs und in Notenform findet man im Internet auf www.peppersongs.com, aktuelle Auftrittstermine auf www.martinpepper.de.

Martin Pepper

Anbetung in der Praxis

vorbereiten, leiten, begleiten

Die in diesem Buch verwendeten Bibeltexte entstammen folgenden Bibelübersetzungen mit freundlicher Genehmigung der Herausgeber:

Titelbild: Eakachai Leesin, shutterstock.com
Portraitfoto: Ralf Arndt, Berlin
Grafische Gestaltung, Umschlag und Satz:
Daniel Eschner und Olaf Johannson, spoon design
Lektorat: Christina Bachmann

Bestell-Nummer: PS 218
ISBN Nr: 978-3-9813157-8-3
Verlag: mc-peppersongs, Berlin
Kontakt: info@peppersongs.com

1. Auflage Januar 2019

Inhalt

Vorwort

Ich erinnere mich daran, wie ich als Siebenjährige in einem Gottesdienst stand und mein Vater Martin Pepper die Musik und den Gesang anleitete: Lieder in deutscher, alltäglicher Sprache mit Band. Ich spürte ihm schon damals seine besondere Leidenschaft für diesen Bereich ab. Erst später wurde mir bewusst, dass dieses Thema sein Lebenswerk bestimmen sollte: Christliche Anbetung anleiten, anderen Menschen zugänglich machen und in die Welt tragen.

In diesem Buch „Anbetung in der Praxis – vorbereiten, leiten, begleiten" hat er nun sein Wissen und Know-how komprimiert. Er schreibt als jemand, der sich mehr als 40 Jahre wie vielleicht kein anderer in Deutschland gedanklich und kreativ mit der Materie auseinandergesetzt hat. Sein Buch fasst vieles zusammen und gibt neue Impulse, sowohl für den erfahrenen Anbetungsleiter, der schon viele Jahre diese Aufgabe praktiziert, als auch für den, der sich ganz neu mit dem Thema beschäftigt.

Ich selbst bin seit vielen Jahren in diesem Bereich aktiv und leite die Anbetungszeiten in Gemeinden, die ein junges, urbanes und internationales Flair anstreben.

Beim Lesen des Buches ist mir immer wieder aufgefallen, dass die Erkenntnisse meines Vaters nicht nur das Verständnis seiner Generation wiederspiegeln, sondern für die Gegenwart und darüber hinaus relevant sind.

Egal welcher gemeindlichen Konfession Sie angehören, hier finden Sie Antworten auf Fragen, die Ihnen dabei helfen werden, die Musikarbeit in Ihrer Kirche oder Ortsgemeinde besser zu gestalten. Martin Pepper bietet in seinem Buch nicht nur ein oder zwei trendige Methoden, sondern eine Fülle von Beobachtungen, Optionen und Strategien, die christliche Anbetung für den Menschen von heute anziehend und kraftvoll machen.

Bei den Inspirationstagen zur Anbetung, die ich gemeinsam mit meinem Mann Jesuan und meinem Vater seit einiger Zeit gestalte, spüre ich dem Autor dieses Buches immer wieder eines ab: Die Liebe zu Gott mischt sich bei ihm mit der Liebe zur christlichen Gemeinde und zeigt sich in dem Wunsch, sie aufblühen zu sehen.

Martin Pepper hat es mit seiner Buchserie zur Anbetung und speziell mit diesem dritten Band geschafft, mich, die ich mich sonst eher als Lesemuffel verstehe, noch einmal neu für das Thema zu begeistern. Ich nehme diese Bücher inzwischen immer wieder gern in die Hand.

Ich finde, er hat es geschafft, mit seinem ansprechenden Schreibstil mehr als einen nur rationalen Ratgeber vorzulegen. Er wird als Autor zu einem Mentor, der dem Leser wichtige Themen liebevoll mit einer beeindruckenden Fülle von Hintergrundwissen nahebringt. Ich als seine Tochter bin heute dankbar, dass ich die letzten sieben Jahre besonders auf meinen Reisen mit ihm sehr viel von ihm lernen konnte. Seine aktuellen Bücher fassen vieles von genau diesem Wissen für seine Leser zusammen.

Ich habe manchmal das Gefühl, dass viele eine überhöhte Vorstellung davon haben, was ein Anbetungsleiter sein und leisten müsste. Dieses Buch befreit und befähigt. Das kompakte Wissen meines Vaters über das Leiten von Anbetungszeiten wirkt nicht einschüchternd, sondern bleibt durchweg ermutigend.

Seine Gedanken führen in die Freiheit. Sie holen Menschen da ab, wo sie gerade stehen und helfen ihnen, die nächsten Schritte praktisch anzugehen. Ich schätze an seinen Ausführungen immer wieder, dass neben der Liebe zu Gott die Liebe zum Menschen im Vordergrund steht. Er verzichtet auf das Überstülpen autoritärer Zugänge und befreit zu einem eigenständigen, durchdachten Handeln.

Ich möchte dieses Buch jedem ans Herz legen, der die Praxis der Anbetung in seiner Kirche beleben und bereichern möchte.

Jennifer Pepper do Amaral

Vorwort

„Anbetung ist das Herzstück des christlichen Glaubens. In ihr reagieren wir auf die Erkenntnis Gottes in unseren Herzen. In ihr bekräftigen wir: Gott ist viel mehr als nur ein Wort. Gott ist wirklich wahr, lebendig und gut. Gott ist gewaltig und unfassbar und dennoch personal und uns zugewandt. In der Anbetung feiern und erkunden wir diese personalen Aspekte unserer Beziehung. In ihr wird Gott zu unserem Gott.

Das ist aber nur deshalb so, weil Gott mehr ist als unsere persönliche Faszination. Gott ist der Ewige und Weltumspannende. Er durchdringt und verbindet Raum und Zeit, Natur und Kosmos. Gott ist so groß, dass unser Denken sich ihm immer nur annähern kann[1]. Gleichzeitig kommt er uns nahe, spricht uns an, berührt und beruft uns. Das ist herausfordernd und tröstend gleichermaßen.

In der Anbetung feiern und bekräftigen wir unser Angewiesensein auf Gott und geben uns der Faszination hin, die das Geheimnis Gottes birgt. Wir verankern uns mit unserem Bewusstsein und unserem ganzen Dasein in der Gegenwart Gottes. Wir formulieren und bekennen diese wertvolle Erkenntnis, damit auch andere Menschen daran teilhaben können. Denn das ist der wahre Grund unserer Anbetungserfahrung: Gottes Liebe ist persönlich und universal zugleich.

Aus diesem Grund führt unsere Anbetung uns auch in die Gemeinschaft. Sie wurzelt in der persönlichen Gotteserfahrung, führt uns aber in eine Interaktion mit anderen glaubenden Menschen.

Wie wir diese Anbetung in der Praxis gründlich vorbereiten, kompetent leiten und vielseitig begleiten können, darum geht es auf den folgenden Seiten. Ich wünsche Ihnen eine anregende und aufschlussreiche Lektüre.

Martin Pepper, November 2018

---

1 „O welch eine Tiefe des Reichtums, beides, der Weisheit und der Erkenntnis Gottes! Wie unbegreiflich sind seine Gerichte und unerforschlich seine Wege! Denn ‚wer hat des Herrn Sinn erkannt, oder wer ist sein Ratgeber gewesen?‘ (Jesaja 40,13) Oder ‚wer hat ihm etwas zuvor gegeben, dass Gott es ihm zurückgeben müsste?‘ (Hiob 41,3) Denn von ihm und durch ihn und zu ihm sind alle Dinge. Ihm sei Ehre in Ewigkeit! Amen. (Röm. 11,33-36 LÜ)

PS: Kurz vor der Drucklegung dieses Buches erschien die neue Studie „Generation Lobpreis und die Zukunft der Kirche“ von den Professoren Tobias Faix und Tobias Künkler aus der CVJM Hochschule Kassel[2]. In dieser Studie wird deutlich, dass in der heutigen Zeit auch für junge Menschen religiöse Inhalte, Deutungsmuster und Praktiken besonders relevant sind und „einen strukturierenden Einfluss auf das gesamte Erleben und Verhalten haben“.[3] Der aktuelle Religionsmonitor der Stiftung Bertelsmann zeigt, dass über 20 Prozent der Menschen im Alter von 16–29 Jahren in Deutschland zu dieser Gruppe gehören.

Der Name „Generation Lobpreis“ in der Studie von Faix und Künkler ergab sich aus deren Erhebungen jüngeren Datums mit fast 3200 evangelischen Jugendlichen (aus evangelischen Kirchen, evangelischer Gemeinschaftsbewegung und evangelischen Freikirchen). Auf die Frage, was den Glauben dieser Menschen am meisten stärkt, haben die Befragten zur Überraschung der Autoren als höchsten Wert Lobpreismusik/ Worship angegeben.[4]

Diese Präferenz für Lobpreis und Anbetungsmusik spiegelt sich auch im Gottesdienstbesuch. Sie wünschen sich in der Mehrheit einen eher modernen als liturgischen Gottesdienst.[5] Im Blick auf Evangelisch – freikirchliche Gemeinden gibt es sogar eine Art Gleichung mit dem Bezug Lobpreis zu dem Thema Gemeindewachstum. Aus einer Studie von 2017[6] geht hervor: „Je moderner der Gottesdienst gestaltet wird je wahrscheinlicher ist Gemeindewachstum. Und wenn weiter gefragt wird, was Faktoren für einen modernen Gottesdienst sind, dann ist der höchste Wert, dass es eine eigene Lobpreiszeit im Gottesdienst gibt.“[7]

2 Das Buch zur empirica Jugendstudie 2018, erschienen im Neukirchener Verlag, 2018

3 Huber, Stefan (2007): Aufbau und strukturierende Prinzipien des Religionsmonitors. In Bertelsmann Religionsmonitor 2008, Bertelsmann Stiftung (Hg.) S.28

4 „Generation Lobpreis“ S.87

5 Ebd. S.181

6 Dziewas/ Pilnei/ Kißkalt/ Klimt/ Spangenberg/ Gnep „Faktoren des Gemeindewachstums. Ergebnisse einer qualitativen und einer quantitativen Befragung von Gemeindeleitungen im Bund Evangelisch-Freikirchlicher Gemeinden“ (2017) Theologisches Gespräch (41), S.55-94

7 Generation Lobpreis, S.187

In diesen Studien kommt die Relevanz eines Angebotes praxistauglicher Anbetungskonzepte für die Gemeinden und Kirchen unserer Zeit zum Ausdruck. Die Faszination der Anbetung macht schon jetzt, und wahrscheinlich in Zukunft noch stärker, die Attraktivität christlicher Gottesdienste aus. Ich hoffe, dass ich mit meiner Anbetungstrilogie und insbesondere mit den hier vorliegenden Ausführungen diesem Trend Nahrung und Substanz, Diskussionsansätze und konkrete Optionen bieten kann.

Teil 1 Vorbereiten

Wie kann man die Praxis der Anbetung vorbereiten? Was braucht die Gemeinde, was brauchen die Gäste und was die mitwirkenden Musiker? Wie kann man seine eigene Seele vorbereiten? Wie kann man aus einer gut sortierten Liedsammlung die besten Lieder für eine konkrete Anbetungszeit heraussuchen? Was muss man im Hinblick auf Technik, Rechte und mediale Präsentationen beachten? Wie bringt man das Musikteam in einer effektiven Probe musikalisch auf den Punkt? Mit guter Vorbereitung geht ein Anbetungsteam sicher und zuversichtlich in seinen Auftritt.

Ein großer Teil unseres Lebens besteht aus Vorbereitungsmaßnahmen. Wir bereiten uns auf das Leben vor, indem wir lernen und Fähigkeiten entwickeln. Wir bereiten uns auf das Essen vor, indem wir einkaufen, kochen, würzen, abschmecken, anrichten und servieren. Eine schlichte Nahrungsaufnahme im Alltag erfordert eine andere Art von Vorbereitung als ein Essen mit Gästen zu einem besonderen Anlass. Ein wöchentlich stattfindendes Ereignis wie ein sonntäglicher Gottesdienst erfordert eine andere Art von Vorbereitung als ein Event, zu dem man mit großem Aufwand einlädt. Die Anbetungszeiten in diesen Gottesdiensten brauchen ein sinnvolles Maß an Vorbereitung. Hier erkläre ich, warum das so ist und wie man sich optimal vorbereiten kann.

Vorbereiten ist vorwegnehmendes Zubereiten, um einem kommenden Geschehen eine erwünschte Prägung zu geben. Vorbereiten ist eine Gestaltungsmaßnahme. Wer vorbereitet, hat eine Gestalt vor Augen. Er sieht Konturen dessen vor sich, was durch seine Vorbereitung entstehen soll. Wir erzeugen durch fantasievolle Vorbereitung „Welten des Sinns, des kulturellen Ausdrucks“, wie es Hannah Arendt in ihrem Hauptwerk „Vita activa“ formulierte. Wir arbeiten nicht nur vor uns hin, sondern wir stellen etwas her. So entsteht ein „Werk“, ein Stück Welt, das beständiger ist als die flüchtige Realität. Arendt sagt, es sind Zustände, Räume und Gegenstände, „in denen menschliches Leben, das von Natur aus in der Natur heimatlos wäre, zuhause sein kann“.[8]

8 Ahrend, Hannah; Vita activa, Piper Verlag 2002, S.16

Der Aufbau und die Pflege einer lebendigen Anbetungskultur kann Menschen ein Stück Heimat bieten – eine geistliche Heimat in der Begegnung mit Gott.

Grenzen der Vorbereitung

Unserem Wunsch, durch Vorbereitungen das Leben zu kontrollieren und ihm eine von uns gewünschte Gestalt zu geben, sind Grenzen gesetzt. Vieles kommt, wie es kommt. Manchmal reichen unsere Vorbereitungen nicht aus. Manchmal bereiten wir uns auf die falschen Schwerpunkte vor. Manchmal ändern sich die Umstände einer Situation so, dass unsere bis dahin richtige Vorbereitung hinfällig wird. Das Leben macht uns immer wieder einen Strich durch die Rechnung. Eine gewisse Schicksalsergebenheit und Gelassenheit sind durchaus sinnvoll und gesund. An manchen Rahmenbedingungen unseres Lebens können wir nicht viel ändern. Das gilt insbesondere auch für eine Zeit der Anbetung. Die Menschen sind nicht immer so gestimmt, wie wir es in unserer positiven Vorstellung erwarten. Der Zeitrahmen kann durch plötzliche Entwicklungen schrumpfen, wichtige Mitwirkende können krank werden und ausfallen, wir müssen immer wieder auf Plan B (die nächstbessere Variante) oder Plan C (ein ganz anderes Vorgehen) zurückgreifen. Manche Entwicklungen haben wir nicht in der Hand. Wir können uns aber durch Vorbereitung der reinen Zufälligkeit allen Geschehens entgegenstellen. Wir nehmen die Mühen der Vorbereitung in Kauf, weil wir in uns das Hoffnungsbild einer besseren Zukunft tragen. Wenn wir das verlieren, arbeiten wir nur noch vor uns hin und nicht mehr auf etwas hin.

Aufbau und die Pflege einer lebendigen Anbetungskultur kann Menschen ein Stück Heimat bieten – eine geistliche Heimat in der Begegnung mit Gott.

1.1 Das Ziel anvisieren

Anbetung, die ins Schwarze trifft

Jemand sagte einmal: „Wer kein Ziel vor Augen hat, wird es mit Sicherheit erreichen“. Wenn wir Ziellosigkeit zum Programm machen, werden wir die daraus erwachsende Banalität und Frustration immer wieder sicher erreichen. Das ist keine schöne Aussicht.

Demgegenüber steht der Wille zum Erreichen oder Treffen eines Ziels. Die Treffsicherheit von Wilhelm Tell, Robin Hood und Catness Aberdeen (Hunger Games) ist legendär. Alle können ein Ziel so genau treffen, dass die jeweils erwünschte Wirkung eintritt und unerwünschte Schäden vermieden werden.

„Ins Schwarze treffen“ ist eine Metapher aus dem Schießsport. Beim Pistolen- oder Bogenschießen gibt es eine Pappe oder eine Scheibe mit einem Fadenkreuz und einem schwarzen Punkt in der Mitte. Die höchste Punktzahl bekommt der, der genau in dieses Schwarze trifft. Beim Biathlon hat ein Verfehlen des Ziels eine Strafrunde zur Folge. So perfektionistisch wollen wir in der Anbetung natürlich nicht denken. Bei Anbetung geht es auch nie um den ersten Platz in einem Wettbewerb, der andere durch unsere Führung zurückstuft. Hier geht es wie in vielen geistlichen Bereichen um das Erzielen von Win-win-Situationen, von der so viele Menschen wie möglich profitieren. Wir dürfen uns nicht am falschen Ziel orientieren und den Wettbewerb über die Beteiligung stellen. Im Archetypus 1 der Anbetung (die Schöpfung) habe ich Vitalität oder lebendige Teilnahme am Kreislauf des Lebens als eine Sprache der Anbetung definiert[9]. Das ist ein weiter und fließender Zielraum, in dem wir mit nur wenig Mühe sicher einige Treffer landen werden. Manchmal ist es einfach nur wichtig, dabei zu sein und zu sehen, was sich entwickelt. Trotzdem möchte ich das Ziel der Anbetung für den Gottesdienst etwas klarer umreißen.

Worauf zielt unsere Anbetung ab?

Was ist das „Schwarze“ in der Praxis der Anbetung? Wann haben wir „getroffen“ oder worauf genau sollen wir mit unseren Vorbereitungen abzielen? Gibt es überhaupt einen umgrenzten Bereich, einen solchen „schwarzen Punkt“ in der Anbetung? Oder ist es eigentlich egal,

9 Pepper, Martin: „Faszination Anbetung“, mc-peppersongs 2017, S.178

wohin wir zielen, solange wir nur irgendetwas in die Richtung singen und sagen, wo wir Gott vermuten? Ist Anbetung nicht in gewisser Hinsicht wie eine Stinger-Rakete, die, wenn sie ein Wärme ausstrahlendes Objekt irgendwo in der Nähe wahrnimmt, einfach abgeschossen werden kann und sich dann von selbst auf das Ziel lenkt?

Geistlich könnten wir für diesen Gedankengang mit der Allgegenwart Gottes argumentieren. Egal in welche Richtung du „schießt", du wirst Gott schon irgendwie treffen. Dann könnte man sagen: Egal welche Lieder du aussuchst, egal welche Instrumente und Mitspieler du einbeziehst, egal in was für einer Umgebung Anbetung geschieht, Gott wird sich schon irgendwie daran freuen. Der Gedanke, dass Gott die Herzen der Menschen kennt und ihre unsicher gestammelten allgemeinen Gebete sammeln, reinigen und zu sich führen kann, ist sicherlich tröstlich, wenn es darum geht, perfektionistische Vorstellungen abzubauen und Gott entspannt anzubeten. Gott hat einen Weg, Menschen zu verstehen, anzunehmen und zu berühren, auch wenn diese sich nicht „religiös korrekt" verhalten. Davon zeugen viele Geschichten und Aussagen in der Heiligen Schrift. Diese Wahrheit steht unangefochten für sich und bildet die Basis für alle weiteren Überlegungen.

Aber eine gewisse Ausrichtung ist im Glauben schon vonnöten. Es ist nicht egal, was wir glauben, und es ist auch nicht egal, wie ernst wir es damit meinen. Gott verbindet sich nicht gleichermaßen mit jeder belanglosen Äußerung dem Leben gegenüber. Gottes Nähe hat auch etwas Exklusives und Unbedingtes an sich, das sich mit jeder Art von Gleichgültigkeit oder Schludrigkeit reibt. Der Gott der Bibel will gesucht und gefunden werden: „Bittet, so wird euch gegeben, suchet, so werdet ihr finden" (Luk. 11,9). Gott zu finden und seine Nähe zu erleben ist ein Tat-Folge-Geschehen. Es verknüpft eine Begegnung mit ihm an bestimmte Haltungen. Die Erfüllung unserer Bitte nach der Nähe Gottes ist an einen Geist gebunden, der im Neuen Testament mit dem Oberbegriff „im Namen Jesu" versehen ist. Damit ist nicht genau diese sprachliche Formel gemeint. Auch Lautstärke oder Bestimmtheit spielen keine Rolle. Das alles wären eher magische Vorstellungen von Gebet. Es ist vielmehr die Linie des Glaubens Jesu, in der wir „im Namen Jesu" zu Gott kommen. Es ist die Mischung aus Demut, wagemutigem Vertrauen und der Vorstellung von einem liebenden, großzügigen Vater,

Der Gott der Bibel will gesucht und gefunden werden.

die in dieser Formel mitschwingt. „So wie Jesus", d. h. aus dem Geist Jesu heraus, in der Verehrung, Anbindung und Vertrautheit zu Jesus beten wir, wenn wir im Namen Jesu zu Gott beten. Unsere Zielvorstellung einer gelungenen Anbetung sollte also darin bestehen, dass wir Gott im Geist und in der Wahrheit Jesu verehren.

Eine andere Spur für die richtige Richtung unserer Hinwendung zu Gott ist das Liebesgebot:

Du sollst Gott, deinen Herrn, lieben von ganzem Herzen, mit ganzer Seele, mit deinem ganzen Verstand und mit allen deinen Kräften. Das erinnert uns daran, dass Gott nie mit einer kleinen rituellen Abhandlung zufriedengestellt, besänftigt oder abgespeist werden kann. Erst wenn unsere Liebe zu ihm in eine Verehrung mündet, die uns ganzheitlich erfasst, sind wir auf der richtigen Spur. Unsere Anbetung trifft ins Schwarze, wenn sie den Gott anvisiert, den Jesus vor Augen hatte. Sie trifft, wenn sie sich nicht in Pflicht und Höflichkeit erschöpft, sondern eine ganzheitliche Liebe zu Gott anfacht.

Anbetung trifft ins Schwarze, wenn sie den Gott anvisiert, den Jesus vor Augen hatte und eine ganzheitliche Liebe zu ihm entfacht.

Das „Herz der Anbetung"

Es gibt einen Herzbereich der Anbetung, ein Inneres, ein warmes, pochendes, lebendiges Etwas, das mit uns in eine lebendige Resonanz tritt, wenn wir Gott „erreichen" und von ihm „erreicht werden". Matt Redman prägte diesen Begriff mit seinem Lied „I'm coming back to the heart of worship".

Redman beschreibt hier allerdings nicht das gesamte Zielfeld der Anbetung, sondern nur einen Aspekt der Abweichung von diesem Herzen. Es ist die Verwandlung der Anbetung in ein „Ding", eine Masche, die sich mit egoistischen Nebenabsichten verselbstständigt hat, wenn es doch eigentlich „nur um dich gehen sollte" (it's all about you). Hier klingt die Gefahr der Profanisierung durch, eine subtile Form der „Verweltlichung" von etwas Reinem, nur auf Gott Ausgerichteten. Das kann die überzogene „Hip-Machung" von Anbetung sein, um andere zu beeindrucken, oder der Fokus auf die Vermarktung von Anbetung für kommerzielle Ziele. Redman will zurück zu einem unschuldigen und authentischen Herzensgebet. Wir müssen auf dieses Herz der Anbetung zielen, eine unmittelbare und zweckfreie Begegnung mit

Gott. Es muss etwas sein, das uns von anderen Göttern und Faszinationen wegführt, um es mit Gott selbst zu tun zu bekommen. Es ist das Ideal der Gemeinschaft mit unserem Schöpfer, der Liebe zu unserem Erlöser, der Begegnung mit unserem Herrn.

Geistliches Topfschlagen

Als Kinder spielten wir oft „Topfschlagen“ – die Aufgabe war, auf den Knien mit verbundenen Augen und dem Kochlöffel in der Hand den Topf zu treffen. Die anderen gaben uns Richtungshinweise: warm, wärmer, kalt, kälter, ganz kalt … Die Begeisterung war groß, wenn wir mit allgemeiner Unterstützung unser „Schwarzes“ trafen. Die Belohnung bestand darin, dass wir uns die Binde vom Kopf reißen konnten und eine Süßigkeit oder ein kleines Geschenk bekamen.

Für mich hat dieses kindliche Spiel eine tiefe, biblische Wahrheit: Wir finden Gott nicht immer allein. Anleitung und Anfeuerung können helfen.

Ebenso hilft eine gemeinsame Auswertung: Wo haben wir etwas von der Gemeinschaft mit Gott gespürt? Wo ging uns ein Stück „das Herz auf“ und wir erkannten, dass wir es mit dem Auferstandenen zu tun hatten? Die subjektive Resonanz des Einzelnen auf eine Anbetungszeit ist zwar immer stark von seiner individuellen Situation geprägt. Niemand kann repräsentativ für die ganze Gruppe sprechen. Aber es hilft, wenn wir Zeiten, Lieder und Momente „einkreisen“, in denen viele etwas Kraftvolles und Segensreiches gespürt haben. Finden ist ein Prozess des Tastens und Suchens, bis wir „auf etwas stoßen“, „etwas berühren“, „in Kontakt mit etwas kommen“.

Anbetung trifft ins Schwarze, wenn Menschen in einem Gottesdienst Gott wahrnehmen, erleben und finden. Wir könnten uns die Zielscheibe dann auch als eine Begegnungsfläche mit ineinander übergehenden Kreisen vorstellen, und zwar von außen nach innen. Es wäre dann eine Art Tempel-Modell mit Vorhof, Heiligtum und Allerheiligstem.

Das Tempel-Modell: Vorhof, Heiligtum und das Allerheiligste

Wir alle machen sicherlich die Erfahrung, dass geistliche Erlebnisse nie genau dieselbe Intensität, Dichte und Qualität haben. Wir erleben, dass wir selbst Phasen durchlaufen müssen, um feinere und tiefere Aspekte des Glaubens wahrnehmen zu können. Folgende drei Erfahrungsebenen sind mir für die Anbetung wichtig:

1. Gott wahrnehmen

Dies ist eine erste kognitive Annäherung (lat. *cognoscere*: kennenlernen, gedanklich erfassen). Hier beschäftigen wir uns erst einmal überhaupt mit Gott, wir richten unsere bewusste Aufmerksamkeit auf diese „Scheibe". Es ist die gesamte Oberfläche, der Zielraum als Ganzes. Wenn wir auf diese Ebene treffen, haben wir Gott erst einmal in unserem Bewusstsein wahrgenommen. Wir sind beim Thema gelandet. Wir greifen den Hunger in unserer Seele auf und suchen nach dem Sinn dahinter. Wir nähern uns Gott in einem Zustand der Aufmerksamkeit. Wir nähern uns Gott im Vorhof des Glaubens. In dieser kognitiven Annäherung ist auch Raum für Skepsis und unser kritisches Abwägen und Vergleichen. Hier ist noch keine Hingabe gefragt. Distanz und Nähe halten sich die Waage. Die Wirklichkeit, in der wir uns befinden, ist noch keine alles bestimmende „Gott-Wirklichkeit". Wir sind uns auch der kritischen, skeptischen und zweifelnden Fragen einer uns beobachtenden Umwelt bewusst. Wir haben als Christen auch die Perspektive unserer mitgebrachten Freunde im Blick und fragen uns, wie „dieser Raum" sie bewegt, was er mit ihnen macht. Es ist ein Raum, der alle abholen und zu einem weiteren Raum mitnehmen möchte. Die Emotionen bewegen sich auf dieser Ebene im Bereich „neugierig-bereit-achtsam"[10]. Für diese Vorhof-Phase gibt es noch nicht viele Lieder im Repertoire christlicher Kirchen. Allzu schnell sind wir schon in der Proklamation noch bevor die Wichtigkeit der Frage etabliert ist. Ihr Gehalt wäre: wir öffnen uns dem Unsichtbaren, wir suchen nach der Mitte und fragen nach der Ebene hinter dem Vordergründigen. Ihre Positionierung wäre eher vorsichtig. Es wäre ein langsames Herantasten ohne große Hingabe-Versprechen oder vollmundige Behauptungen. Es wären Gedanken und Lieder, die den fragenden, aber

In der kognitiven Annäherung schaffen wir einen Raum, der alle zu Gott hin abholen möchte.

10 Aus Robert Plutchniks Rad der Emotionen: https://de.wikipedia.org/wiki/Emotion#/media/File:Plutchik-wheel_de.svg

auch noch skeptischen Besucher des Gottesdienstes respektvoll an die Hand nehmen und zum Thema hinführen. Hier braucht es Lieder, die sagen: Wir machen uns auf. Hier braucht es Lieder, die zu einer ersten Hinwendung zu Gott ermutigen und einen „ersten Kreis der Nähe“ aufmachen. Der Mensch, der diese Lieder singt, muss noch nicht „all in“ sein, sondern sich nur in die Nähe des Themas bewegen. Wenn viele andere Menschen diese Bewegung mitmachen, ist dies ein Ansporn. Die „Vorsichtigkeit“ der Formulierungen und das Stehenlassen von Skepsis und Zweifel kann neuen Besuchern ein Gefühl von Sicherheit und Legitimität vermitteln. Sie werden nicht in eine unreflektierte „Gaga-Spiritualität“ hineingezogen, sondern respektvoll in unserer Suche nach Gott einbezogen. Hier wird noch nichts plump gefordert oder behauptet, sondern ein Raum der Annäherung wird aufgerichtet. Wir bewegen uns über den Vorhof in einem nach vorne gerichteten Flur zum „Zelt der Begegnung“.

2. Gott erleben

Irgendwann übertreten wir eine Schwelle, die ein anderes Engagement verlangt. Sie zieht den Teilnehmer in die eigene Begegnung mit Gott. Sie ruft tiefer in den Glauben und in eine eigene Spiritualität. Über diese beiden nächsten Punkte kann man nur sehr subjektiv und manchmal auch ein wenig spekulativ sprechen. Gotteserfahrungen und Gottesbegegnungen können nicht auf eine einzige Weise beschrieben und klar umrissen werden. Die Sprache der Bibel ist dafür auch nicht immer die Antwort, denn sie ist manchmal voll von missverständlichen Bildern, die erst „gereinigt“ bzw. interpretiert werden müssen. Dennoch möchte ich Menschen in einem Gottesdienst jetzt dazu ermutigen, sich in ihren Kanälen des Spürens und Empfindens dem göttlichen Gegenüber zu öffnen. Der Anbetungsleiter[11] sollte eine Sprache dafür entwickeln, Menschen dieses Erlebnis der Gegenwart Gottes in seinem Inneren zu suchen.

Die allgemeine Wichtigkeit des Themas kann man auch aus der Distanz wahrnehmen. Gott geht viele Menschen etwas an. Der

---

11 Ich bitte die Leserinnen meines Buches sich über diese männlich/neutrale Wortform ebenfalls angesprochen zu fühlen. Ich habe diesen für mich geläufigeren Begriff aus rein pragmatischen Gründen gewählt. Der Leiter oder Anbetungsleiter beinhaltet für mich selbstverständlich die Vorstellung, dass diese Position immer auch weiblich gefüllt werden kann.

Umgang mit Gott hat viele Auswirkungen und Konsequenzen. Gott ist eine wichtige Frage und eine großes Thema. Doch Glauben und erleben kann man ihn aber nur im persönlichen Engagement. Hier „sieht man nur mit dem Herzen gut, denn das Wesentliche ist für die Augen unsichtbar“[12]. Jetzt geht es vom Äußeren zum Inneren, vom Wahrnehmen zum Bewundern („akzeptierend – vertrauend – bewundernd“[13]). Lobe den Herrn, meine Seele, und vergiss nicht, was er dir Gutes getan hat! (Psalm 103.1-2 LÜ).

Hier werden Menschen ermutigt, sich zu erinnern, zu verstehen und zu spüren, dass Gott ihre Quelle und ihr tieferes Leben ist. Wir appellieren an ihre Ahnung, ihr Gespür, ihr inneres Erleben. Wir betrachten Gott nicht mehr aus der Distanz des theoretischen Reflektierens. Wir treten einen Schritt näher in eine von uns zunächst nur für wahr gehaltene und dann auch gefühlte und berührende Gegenwart Gottes. Wir wagen Schritte in das Vertrauen, treten in den Nebel einer Wolke[14] und erlauben unserer „Seelenhaut“, benetzt zu werden. Wir danken Gott nicht nur, sondern wir erahnen, dass Gott mehr ist als seine guten Gaben in unserem Leben. Wir bekennen ihn nicht nur als den Gott der Geschichte, sondern wir spüren und erleben etwas Aktuelles, das in unser Leben dringt. Wir öffnen uns für ein inneres Sehen, ein feines Spüren und ein persönliches Erleben der Anwesenheit Gottes. Wir verlassen dabei aber nicht unser rationales Zentrum oder unsere Beherrschung und Selbstkontrolle. Es braucht keine bizarren Visionen, um etwas von Gott zu sehen. Es braucht keine exotischen Sensationen, um etwas von Gott zu spüren. Wir dürfen das Erleben der „Lebendigkeit Gottes“ nicht mit einem Gänsehaut-Feeling, einem heiligen Schauer und einem körperlichen Zittern oder Beben verwechseln, auch wenn Menschen solche Erfahrungen mit Gott immer wieder machen. Diese Erfahrungen sind aber nicht normativ, sondern subjektiv und mit bestimmten Persönlichkeitsstrukturen

In der emotionalen Annäherung treten wir in den Nebel einer Wolke und erlauben unserer Seelenhaut, benetzt zu werden.

12 de Saint-Exupery, Antoine: „Der kleine Prinz“, Kapitel 21

13 Ebd.

14 Bild für eine starke Erfahrung der Gegenwart Gottes im Tempelgottesdienst (1. Kön. 8,10-11), siehe auch die Wolkensäule (2. Mo. 40,34-38) oder die Wolke bei Jesus (Luk. 9,34-35)

verknüpft. Wichtig ist nur, dass wir Gott jetzt nicht mehr nur rational reflektieren und ihn mit unseren Gedanken umkreisen, sondern ihm als einem lebendigen Gegenüber begegnen. Wir fragen uns: wer bist du, Gott, für mich? Was bewirkst du in mir? Was kann ich hier von dir hören, spüren und erleben? Wir verändern die Kommunikationsebene und gehen zu einem inneren Zwiegespräch über. Gott wird zu einem lebendigen Gegenüber. Wir betreten das Heiligtum. Wir erleben Gott. Hierbei helfen uns Anbetungslieder, die mehr sind als Bekenntnislieder. Hier geht es nicht mehr um Wahrheitsbegriffe oder Dankbarkeit für allgemeine Wohltaten Gottes, sondern um Wirklichkeitserfahrungen. Hier wird unser Innerstes lebendig und schwingt als Resonanzkörper mit der gefühlten Gegenwart Gottes mit.

3. Gott finden

Diese Ebene ist keine einzuplanende Zeitzone in einer regulären Anbetungszeit. Gott finden (noch besser: uns von Gott finden lassen) ist keine verfügbare Erfüllung unserer Gottessehnsucht. Sie geht über unser rationales Reflektieren und unsere Erlebnis-Kooperation hinaus. Hier spüren wir nicht nur eine Art Resonanz auf unser Tasten und Suchen nach Gott, wie in Punkt 2. Im Finden empfangen wir einen Moment der Einheit mit Gott. Ich möchte versuchen, das zu beschreiben, und bediene mich dabei sowohl meiner persönlichen Erfahrungswelt wie auch der philosophischen Theologie Paul Tillichs und der christlichen Mystik.

Gott finden ist ein Geschenk. Wir erleben dabei eine Form der Entgrenzung, ohne dass wir die rationale Struktur unseres Selbst verlieren. Wir bleiben immer noch Herr unserer Sinne und Herr unseres Wollens und Handelns. Wir lösen uns als Subjekt nicht auf. Doch wenn wir auf Gott „treffen", verlieren wir manchmal für einen Moment das übliche Gefühl für die Subjekt-Objekt-Struktur unserer Welt. Wir wissen plötzlich nämlich nicht mehr, wo wir aufhören und wo Gott anfängt. Die Grenzen sind durchlässig geworden. Etwas in uns ist weich, offen und empfänglich für Gott geworden. Wir treten nicht mehr nur heran wie im Heiligtum. Hier treten wir ein. Die Gegenwart Gottes durchdringt unser Bewusstsein, löst ein Kontaktempfinden mit Gott aus, das etwas von einem Hineingehen und Durchdrungensein hat. Es ist ein Moment der „Ekstase", ein Heraustreten aus der Normalität und ein Eintreten in ein Geheimnis, das wir nie adäquat werden beschreiben können. Über dieses Gefühl der Einheit mit Gott hinaus empfinden wir uns gleichzeitig irgendwie „eins mit der ganzen Welt". Wir erleben die Liebe Gottes nicht nur für uns und in uns, sondern wir spüren, dass sie allen lebendigen Wesen gilt. Es ist nie ein reines Konsumerlebnis, wo wir etwas für uns nehmen, schmecken und erleben wollen. Es ist ein Perspektivwechsel, der uns in die Achtung vor allem Leben führt. Das Kennzeichen echter, göttlicher Liebe ist das Überwinden egoistischer Impulse und Fixierungen. Dazu gehören auch die Ängste um unser Wohlergehen und die Sorge um unser Ansehen. „In der Liebe gibt es keine Furcht, denn Gottes vollkommene Liebe vertreibt jede Angst" (1.Joh.4,18 NeÜ) Wir schrecken auch vor Gottes Heiligkeit nicht mehr schaudernd und ängstlich zurück, sondern fallen in sie hinein, getragen von Liebe, Annahme und heiligem Ernst. Hier stehen wir nicht mehr in einem Gespräch Gott gegenüber, sondern erleben eine Einheitserfahrung, ein „anverwandelt werden"[15]. Es ist eine mystisch-spirituelle Begegnung mit Gott, die etwas von einer Verschmelzung hat, ohne uns aber von unserer normalen Identität zu lösen. Sie hat keine Folgen von Desorientierung, Benommenheit und Realitätsverlust[16]. Sie lässt uns vielmehr das Leben anschließend klarer sehen und tiefer spüren, weil wir uns mehr mit Gott verbunden fühlen.

Im geistlichen Finden erleben wir ein ein mystisch-spirituelles Durchdrungensein.

Wenn wir so etwas auch nur in zarten und schwachen Ansätzen finden und empfinden, hat unsere Anbetung ins Schwarze getroffen. Wir sind im Allerheiligsten gelandet und haben Gott gefunden. Als resultierende Emotion stelle ich mir die Mischung „gelassen-froh-begeistert"[17] vor. Im Buch Hiob lesen wir von einer solchen „Findungserfahrung": „Ich hatte von dir nur vom Hörensagen vernommen, aber nun hat mein Auge dich gesehen!" (Hiob.42,5 LÜ). Ich kann

15 Ein Begriff, den der Soziologe Hartmut Rosa in seinem Buch „Resonanz" für eine Begegnung mit der Welt benutzt. Eine solche Begegnung lässt sie uns als einen lebendigen Teil von uns selbst erscheinen.

16 Außer in dramatischen Konfrontationserfahrungen, wie Paulus sie in seiner „Bekehrungserfahrung" hatte, die ihn ein Zeit lang blind und hilflos machte (Apg.9.3-9). Sie gehören sicher nicht zur Normalität einer uns berührenden Gotteserfahrung. Auch Hiobs „Sichtung Gottes" ließ ihn nicht erst einmal blind werden (Hiob.42.5).

17 Ebd.

mir vor diesem Entwurf einer Findungserfahrung gut vorstellen, wie Hiob sich danach gefühlt haben muss.

Wie würde christliche Anbetung in den Gottesdiensten aussehen, wenn Menschen auch nur Ansätze dieser Erfahrungen machen würden? Was würde geschehen, wenn es uns gelänge, über den Vorhof einer Begegnung mit Gott hinauszukommen und vielleicht sogar nicht nur ein Heiligtum, sondern das Allerheiligste in der Anbetung zu finden? Die Faszination der Anbetung wäre sicher größer als die eines reinen Popkonzertes mit Bekenntnisfaktor (was was ja auch schon an sich großartig ist). Unabhängig von Ritual, Liturgie und Kirchenzugehörigkeit könnte Anbetung als ein Finden und Gefunden-Werden Menschen faszinieren und berühren. Auch der charismatische Charme eines begnadeten Redners müsste nicht mehr die Hauptlast der Attraktivität eines Gottesdienstes tragen.[18]

Gott in der Anbetung finden, von ihm berührt und getroffen werden: Das ist das Innerste einer lebendigen Anbetungserfahrung. Wo das geschieht, entwickelt sich eine eigene Sogwirkung auf Menschen, denn Anbetung lebt von dem Hunger jedes Menschen nach seinem geistlichen Ursprung. Vom Hunger nach einer Wiedervereinigung, und sei sie auch noch so flüchtig und begrenzt.

---

18 Diese Anziehungsfaktoren für kirchliche Veranstaltungen und Gottesdienste zu verleugnen oder geringzuschätzen, wäre unrealistisch und unmenschlich. Sie haben ihre Berechtigung und ihren Platz. Es ist überhaupt nicht sinnvoll, gegen sie Stimmung zu machen.

1.2 Bedürfnisse in den Blick nehmen

Das Wort „Bedürfnis“ ist nicht gerade elegant. Im Englischen spricht man von *needs* – Nöten. Das ist auch nicht viel edler. Es zeigt vor allem die Angewiesenheit des Menschen auf Andere. Der Begriff Bedürfnis verbindet sich bei uns sehr schnell mit der Vorstellung von niederen, animalischen Trieben – Hunger, Durst, Sexualität. Doch das ist nur die unterste Ebene von Bedürfnissen, wenn wir uns den Menschen in seiner Gesamtheit anschauen.

Nach einer sozialpsychologischen Theorie des US-amerikanischen Psychologen Abraham Maslow wird der Mensch von einer Vielzahl komplexer Bedürfnisse angetrieben. Sie erklären vieles an seinem Handeln und seinen Reaktionen auf das Handeln anderer Menschen. Diese Bedürfnisebenen sind grundsätzlich allesamt legitim, gesund und normal. Damit stellte sich Maslow mit seiner „humanistischen Psychologie“ gegen die Leitvorstellung der bis dahin vorherrschenden psychologischen Schulen, die im Menschen vorwiegend Störungen und Defizite aufspürten: Komplexe, Ticks und falsche Konditionierungen. Mit seiner „Theorie menschlicher Motivation“ (1943) beschreibt Maslow erstmals den Menschen als ein grundsätzlich gesundes Wesen, das nicht von niederen Trieben und dunklen Zwänge gesteuert, sondern von einem angeborenen Wachstumspotenzial angetrieben ist. Dies zeigt sich in Bedürfnissen, die aufeinander aufbauen und darin gipfeln, dass der Mensch eine sinnvolle Vorstellung seiner selbst verwirklichen will (Selbstverwirklichung). Diese Bedürfnisse reichen von physischen Grundbedürfnissen über Sicherheitsbedürfnisse bis hin zu sozialen Bedürfnissen wie Verbundenheit und Anerkennung. Dazu kommen individuelle Bedürfnisse, die einzelne Menschen je nach ihrer Prägung haben. Auch die Transzendenz, das Bedürfnis, über die eigene Existenz hinaus in Verbindung mit dem Höheren des Ganzen zu treten, arbeitete Maslow am Ende seines Lebens in seine berühmte Bedürfnispyramide ein. Anbetung widmet sich laut dieser Sicht des Menschen dann vorwiegend diesem Bedürfnis des Menschen. Eine Struktur der Bedürftigkeit aber haben alle Menschen gemeinsam.

Ein gutes oder schlechtes Bedürfnis an sich gibt es nicht. Nur gute und schlechte Wege, einem Bedürfnis nachzugehen.[19]

Menschen in einer Gemeinde bringen also unterschiedliche, sowohl gemeinsame als auch individuell verschiedene Bedürfnisse mit, wenn sie zu einem Gottesdienst zusammenkommen. In diesem Zusammenhang ist es für mich interessant, dass auch Jesus sich zuerst bei Menschen nach dem erkundigte, was sie gerade brauchten, anstatt nach seinem eigenen Ermessen geistliche Wohltaten zu verteilen.[20]

Jesus holte Menschen in ihrer Bedürfnisstruktur ab, anstatt nach eigenem Ermessen Wohltaten zu verteilen.

Die Unterschiedlichkeit der Bedürfnisse

Kinder haben andere Bedürfnisse als Erwachsene, Jugendliche andere als Senioren, mitgebrachte Gäste der Gemeinde andere als alteingesessene Gemeindeglieder. Wer versucht, es allen recht zu machen, macht es oft am Ende keinem recht. In der Gesellschaft geht man auf eine Pluralität der Bedürfnisse meistens in konzentrierten Gruppen und Kreisen an unterschiedlichen Orten zu unterschiedlichen Zeiten ein. In der Gemeinde besteht manchmal die Vorstellung, dass allein der Glaube Menschen dazu verpflichten sollte, sonntags zu einer bestimmten Zeit an einem bestimmten Ort anwesend zu sein, um ihr Bedürfnis nach Nähe zu Gott, Anbetung und Inspiration kollektiv zu stillen. Es ist eine bestimmte Vorstellung von Einheit, die da mitschwingt. Sie hat etwas Bevormundendes. Diese Vorstellung von Einheit passt nicht mehr zu unserer Zeit, die dem Einzelnen in allen Lebensbereichen eine möglichst hohe Auswahl bieten will. Denn es gehört zum Grundverständnis moderner Menschen, dass nur noch in wenigen Bereichen über sie hinweg entschieden und kollektiv verordnet wird. Sie erwarten vielmehr, in gemeinsamen Belangen für etwas gewonnen und überzeugt zu werden. Das hängt vielfach damit zusammen, ob ihre Bedürfnisse angemessen wahrgenommen und berücksichtigt werden. Deshalb verlieren Kirchen, die ihre Mitglieder mit einem zwangsverordneten

19 Das ist eine der Thesen von Dr Marshall Rosenberg, dem Gründer der sogenannten „gewaltfreien oder wertschätzenden Kommunikation".

20 Z.B.: „Was willst du, dass ich für dich tun soll?" (Mk 10,51; Lk 18,41)

Einheitssystem „verwalten", immer mehr Mitglieder. Menschen gehen dahin, wo etwas geschieht, das ihnen persönlich etwas bedeutet. Sie kehren dahin zurück, wo sie erleben, dass ihre Bedürfnisse nicht kategorisch übergangen, sondern berücksichtigt werden. Selbst wenn nicht all ihre Bedürfnisse unmittelbar gestillt werden, fühlen sie sich doch erst da angenommen, wo man wenigstens versucht, auf sie und ihre Bedürfnisstruktur einzugehen. Wo man danach gar nicht mehr fragt, ziehen sich Menschen zurück. Diese Freiheit haben die Menschen heute in unserer westlichen Welt, und sie nehmen sie sich auch zunehmend. Ich empfinde diese Entwicklung nicht als traurig oder tragisch, sondern als zeitgemäß und grundsätzlich begrüßenswert.

Balanceakt zwischen Bedürfniserfüllung und der Vermittlung ewiger Werte

Jede lokale Gemeinde ist herausgefordert, einen Balanceakt zu wagen: Es gilt, zwischen Altbewährtem und Unbedingtem auf der einen Seite und individuellen und gruppenspezifischen Bedürfnissen auf der anderen Seite zu vermitteln. Die Gemeinde ist kein reiner „Bedürfnisbefriedigungsverein". Es geht nicht nur um die Vorlieben und Nichtigkeiten menschlicher Interessen. Die Gemeinde lebt mit einem Anspruch, der die menschliche Befindlichkeit manchmal auch herausfordert und in Frage stellt. Aber sie ist keine göttliche Instanz, die mit Basta-Politik sagen kann, was Gott schon immer so gewollt hat und auch heute noch so will. Sie ist eher eine „Zwischeninstanz", die Göttliches und Menschliches in einem Mischverhältnis erlebt und vermittelt. Das Göttliche will sich das Menschliche ja nicht einfach unterwerfen (wie in allen fundamentalistischen religiösen Vorstellungen), sondern es liebevoll durchdringen. Das Himmlische will das Irdische „heiligen". Dabei will der Himmel die Erde umarmen, so wie Jesus eine ganze Welt von Menschen seiner Zeit umarmte, sie berührte und zu Gott hin zog. Darum muss bei allem Respekt vor dem Heiligen und Gegebenen immer wieder gefragt werden, was genau Menschen heute davon wirklich brauchen. Jesus widmete einen großen Anteil seiner Zeit dem Stillen von

Im christlichen Glauben will sich Gott das Menschliche nicht einfach unterwerfen, sondern es liebevoll durchdringen, erlösen und heiligen.

Bedürfniskomplexen. Er lebte und lehrte nicht an der menschlichen Bedürfnisstruktur vorbei. Er holte die Menschen darin ab und zeigte ihnen den Weg zum Vater.

Auf der Suche nach Sinn, Schönheit, Nähe und Zugehörigkeit

Anbetung ist kein Vorgang, der außerhalb unserer menschlichen Bedürfnisstruktur geschieht. Anbetung basiert vielmehr darauf und verbindet sie mit dem Glauben an Gott. Was in Anbetungszeiten gesucht und erfahren wird, entspricht grundsätzlich vier menschlichen Bedürfnissen. Menschen auf der ganzen Welt suchen nach Sinn, Schönheit, Nähe und Zugehörigkeit.

Anbetung ist kein Vorgang, der außerhalb unserer menschlichen Bedürfnisstruktur geschieht.

1. Das Bedürfnis nach Sinn

Anbetung vermittelt das Erleben einer Sinn-vollen Gesamtperspektive. Sie vermittelt das Gefühl, dass unser Leben noch eine geheimnisvolle Bedeutung hat und nicht an der Oberflächlichkeit des Daseins bleibt. Anbetung beinhaltet die Begegnung mit Gott als einem Stifter von Ganzheit, Zusammenhang und Bedeutung.

2. Das Bedürfnis nach Schönheit

Anbetung enthält in der Regel ein ästhetisches Erleben von Musik, Kunst und Sprachkultur, etwas, das Menschen als schön empfinden. Dazu tragen die Ausstattung des Gottesdienstraumes sowie die Gestaltung der musikalischen Begleitung bei. Auch die Präsentation von Text und Grafik, das Songwriting und die Übersetzung der Anbetungslieder, die Lesungen und Kommentare zu Bibeltexten dienen diesem Bedürfnis.

3. Das Bedürfnis nach Nähe

Anbetung beinhaltet Begegnung und Kontakt mit Gott, aber auch mit Menschen, mit denen wir den Glauben teilen. Es ist ein gemeinsames Singen und Beten, eine Teilnahme an inneren Prozessen anderer Menschen. Wir verhandeln hier vielfach Intimes und Persönliches. Anders als auf anderen öffentlichen Begegnungsebenen (politische Versammlungen, kulturelle Events) geben Menschen hier Einblick in ihre inneren Prozesse – das schafft Wärme und Nähe.

4. Das Bedürfnis nach Zugehörigkeit

Anbetung ermöglicht die Verbindung der eigenen Person mit einem Bekenntnis zu etwas Größerem. Indem Glaubensaussagen immer wieder hymnisch wiederholt, aber auch plausibel und relevant gemacht werden, entsteht ein Gefühl der Zugehörigkeit zu Gott und zu einer besonderen Gruppe von Menschen. Der Einzelne erlebt ein Aufgehobensein in einer Gemeinschaft, die etwas ausdrückt, was man alleine nie so ausdrücken könnte. Anbetung erlaubt Menschen zu sagen: Das ist auch ein Teil von mir. Ich stehe hinter diesen Bekenntnissen, ich stelle mich zu dieser Glaubenskultur. Der teilnehmende Mensch kann sagen „Das bin auch ich", selbst wenn er in vielen Einzelpunkten individuell anders denken und leben will.

Welche speziellen Bedürfnisse bringen Menschen in christlichen Gottesdiensten mit?

Eine Gemeinde muss mit ihrer Anbetungskultur auf eine allgemeine Suche nach Sinn, Schönheit, Nähe und Zugehörigkeit eine zu ihr passende Antwort finden. Die wird davon abhängen, wie sie die Bedürfnisse der konkreten Teilnehmer einschätzt. Sie muss sich deshalb fragen: Wer kommt in der Regel zu unseren Gottesdiensten? Wen laden wir ein?

Die erste Frage gilt der Kerngemeinde. Sie hat sich meist aus verschiedenen Aufbrüchen heraus geformt. Menschen haben aus einer geistlichen Sehnsucht heraus Räumlichkeiten angemietet oder gebaut und damit eine Grundstruktur für Gottesdienst und Gemeindeleben gelegt. Dafür haben sie einen stattlichen Teil ihres Geldes und ihrer Lebenszeit investiert. Sie verdienen es, im Blick auf ihre Bedürfniswelt befragt und respektiert zu werden. Ihre Glaubenskultur sollte nicht zugunsten einer besser in die Zeit passenderen zerschmettert und als irrelevant ad acta gelegt werden. Das wäre nicht nur herzlos, verletzend und rücksichtslos, sondern auch kurzsichtig. Das Ineinander-Fädeln von neuen Impulsen und alten Strukturen ist manchmal mühsamer als das Tabula rasa-Prinzip einer Spaltung und Neugründung. Es hat aber die Kraft und Kontinuität eines gewachsenen Systems von Selbstverständlichkeiten, die in einem neuen System erst mühsam wieder aufgebaut werden müssten. Es gibt Ehre, wem Ehre gebührt, und zeigt eine Achtung vor dem Alter, die auch in der Bibel immer wieder gefordert wird. Das Gewachsene kann Fehlwuchs enthalten und manchmal auch störrisch das Durchbrechen von neuen Lebensstrukturen verhindern. Das Leben braucht aber beide Elemente – das Tragende und Verwurzelte einerseits und das neu Sprossende andererseits. Fragen wir uns deshalb als erstes, was den Menschen, die schon seit längerer Zeit zu einer Gemeinde kommen, wichtig und wertvoll ist. Was erwarten sie von „ihrem" Gottesdienst? Was brauchen sie?

Leben braucht das Tragende und Verwurzelte einerseits und das neu Sprossende andererseits.

I. Was braucht die Gemeinde?

Aus der Ernährungsforschung wissen wir, dass der Mensch eine Balance von Inhaltsstoffen braucht, um sich gesund zu entwickeln. Das können wir allgemein auch im Blick auf die Gemeinde sagen und speziell für die Gemeinschaft der Anbetenden. Wie der menschliche Körper ist sie ein Organismus, der bestimmte Reiz- und Sättigungsstoffe braucht, um aufzublühen. Dabei müssen immer bestimmte Gegengewichte oder Pole eine Balance bilden. Für die innere Sättigung der Gemeinde sollten wir fünf Paarungen im Blick haben.

1. Dynamik und Ruhe

Glaubende Menschen brauchen Lieder, die Lebhaftigkeit und Ruhe vermitteln. Man muss deshalb in einer Anbetungszeit sowohl die Energie von Freude und Kraft als auch die Ruhe von Frieden und Geborgenheit finden können. Es muss einen dynamischen Spannungsbogen von lebhaften, ja sogar ausgelassenen Stimmungen und besinnlicher Ruhe geben. Die Sammlung der Lieder sollte möglichst mehrere Farbtöne aus der Palette des Glaubenslebens enthalten. Lobpreis, Begeisterung, Faszination und Staunen über das Wirken Gottes sollten mit Elementen stillen Vertrauens und ruhiger Souveränität durchmischt werden.

Versuchen Sie, sich das Spektrum der Erfahrungen in der Anbetungszeit einmal als Farbskala vorzustellen. Ist alles nur im

„Power-Bereich" rot und gelb, oder kommen auch die ruhigen Blautöne und das saftige Grün zur Geltung? Die Energie der Freude und das Element der Ruhe und Besinnung müssen in einem guten Verhältnis stehen. Es dürfen nicht ständig nur Triumph, Anfeuerungsphrasen und Begeisterung im Mittelpunkt stehen. Manche Lieder holen die sensible Seele besser in ihrem Kampf mit Trauer und Frustration ab, wenn sie helfen, das Leben anzunehmen, wie es ist. Auch das Melancholische, das Element des Weltschmerzes darf enthalten sein. Wer diese Zwischentöne ausklammert oder gar völlig unterdrückt, holt die Menschen nicht in ihrer Lebenswirklichkeit ab.

Deshalb brauchen wir neben Liedern voller Energie, Zuversicht, Dynamik und Lebendigkeit auch Lieder, die in die Ruhe des versöhnten Herzens führen. Wenn die Mühseligen und Beladenen sich in einer Atmosphäre von Liebe, Annahme und Vergebung neu innerlich sortieren können, ist der Geist Gottes am Werk. Es muss deshalb immer wieder Phasen geben, die signalisieren: Hier darfst du „einfach nur sein", innerlich aufatmen und gedanklich zurückschalten. Hier musst du nicht aufdrehen, um mithalten zu können. Hier wirst du angenommen, nicht angepeitscht. Hier wirst du gepflegt und nicht gejagt.

Die Energie der Freude und das Element der Besinnung müssen in einem guten Verhältnis stehen.

Andererseits können zu viele ruhige Töne auch einschläfernd wirken und die nach Intensität und Action hungernden Menschen frustrieren. Vor allem jüngere Menschen wollen nicht nur besänftigt und zart umsorgt, sondern auch mutig und kraftvoll herausgefordert werden. Sie wollen einen Energie-Riegel für ihren Glaubenslauf, Kraft-Körner aus mitreißender musikalischer und gedanklicher Dynamik. Sie brauchen etwas Kämpferisches, Aufrüttelndes und Anfeuerndes in ihrer Lebensphase. Menschen in der Gemeinde kommen mit sehr unterschiedlichen, manchmal widersprüchlichen und zwiespältigen Befindlichkeiten zu einem Gottesdienst. Suchen Sie deshalb im Gesamtbild eine Balance von Ruhe und Dynamik.

2. Vergewisserung und Herausforderung

Menschen, die zu einem Gottesdienst zusammenkommen, haben das Bedürfnis nach Bestätigung dessen, was in ihnen als Glaubende lebendig ist. Sie suchen Zuspruch und Ermutigung in diesen Dingen.

Sie wollen ihre Verbindung zu Gott erneuern und vertiefen. Sie wollen den Durst der Seele nach Gott stillen. Die Lieder und Gedanken der Anbetung sollten spiegeln, was ihre Seele sucht, und sie in dem bestärken, was sie glauben. Die Gewissheit des Glaubens ist anfällig für Verunsicherung und Verschleiß. In allen Glaubenden regt sich mit der Zeit auch die Frage, warum einem diese unsichtbare „Sache mit Gott" irgendwann einmal so wichtig war. Wir brauchen 1000 Gründe, um den 1000 Fragen des Lebens etwas entgegenzuhalten. Im Gottesdienst suchen Glaubende deshalb auch in den Liedern die Erneuerung ihrer Gewissheit. Anbetungslieder müssen das Zeugnis der Gemeinschaft des Glaubens kraftvoll und überzeugend in den Mittelpunkt stellen. Es geht darum, wer Gott ist, was Glaube bewirkt, was unsere Gemeinschaft trägt und was uns in allem zu Überwindern macht. Das ist wie feste Nahrung. Lieder des Glaubens sind wie Bausteine für den Organismus des Glaubens, der einen Körper mit Kraft und Ausstrahlung hervorbringt.

Das muss kein Mantra[21]-artiges Beschwören der Güte Gottes gegen jede andere Erfahrung des Lebens sein. Im Gegenteil: Es ist gut, manchmal auch „gegen den Strich zu bürsten". Die Gemeinde braucht neben bestätigenden Liedern und Gedanken auch solche, die sie herausfordern und in eine reife Auseinandersetzung mit dem Leben führen. In der Bibel ist die Gebetskultur der Psalmen ein Beispiel für gesunde „Mischkost". Wir finden dort einfache Erwartungen und Bestätigungen eines Vertrauens auf Gott, nach dem Motto: Wer auf Gott vertraut, wird am Ende gut dastehen. Er wird seine Schwierigkeiten meistern, sich durchsetzen, Frieden finden und ein Instrument des Segens für andere sein. Zum anderen erklingen dort aber auch Zweifel, Klagen und kritische Bemerkungen zum enttäuschenden Ausgang vieler Dinge. Wo ist Gott hier gewesen, und wie soll man diese Ungerechtigkeiten verstehen? Es ist gut und heilsam, immer wieder auszusprechen, dass wir den Lauf der Dinge

Die Gebetskultur der Psalmen ist ein Beispiel für gesunde „Mischkost".

21 Mantra (Sanskrit: Spruch, Lied, Hymne) bezeichnet eine heilige Silbe, ein heiliges Wort oder einen heiligen Vers. Als ursprünglich aus dem Hinduismus/ Buddhismus stammende magische Formel ist sie inzwischen ein Allgemeinbegriff für eine Form positiver Selbstbeschwörung geworden, wie man sie im „positiven Denken" findet.

oft nicht verstehen, dass wir und andere trotz aller Gebete an ungerechten Zuständen leiden und dass Gott diese Welt in eine unsichere Freiheit hinein losgelassen hat. Die Hand, in der Gott die ganze Welt nach dem bekannten Spiritual hält, ist kein Klammergriff. Das Leben spiegelt nicht auf allen Ebenen Gottes Wollen und Wirken.

Nicht Lobhudelei und naive Gottesromantik

In der Bibel ist Anbetung keine Lobhudelei, keine schwärmend naive Gottesromantik. In der Anbetung tritt der Mensch vor Gott, um ihn zu ehren, aber auch um ihn zu befragen und mit ihm zu ringen. Es gibt vor allem im Buch der Psalmen viele unbeantwortete Fragen nach dem Sinn, dem Warum und Wofür des Erlebten. Am Ende ringt sich der Glaubende aber immer wieder zu einer Haltung des Vertrauens durch. Doch Widerstände und Widersprüche werden nicht ausgeblendet. Im Bild unserer Trainingsmetapher können wir deshalb aus gutem Grund sagen: Der Muskel des Glaubens wird durch Zweifel und Infragestellung gereizt und gestärkt.

Der Muskel des Glaubens wird durch Zweifel und Infragestellung gereizt und gestärkt.

In den Begegnungen von Menschen mit Gott werden manche Fragen ausgeräumt und für den Augenblick zufriedenstellend geklärt. Anderes wird offen gelassen. Deshalb bleiben viele unbeantwortete Fragen. Auch das Leben des Anbeters ist ein ständiges Anpassen an die Spannungsfelder und Optionen des Lebens. Der Glaube ist keine totalitäre Erfahrung, die alles verschlingt und plattmacht. Er zeichnet Linien und hinterlässt Spuren in einer grundsätzlich „offenen Restmasse“. Auch ein Leben mit Gott bleibt ein Leben in der Spannung.

Wer nur die Harmonie und das Schöne besingt, verdrängt die konfliktreichen und hässlichen Seiten des Lebens. Wer nur den Erfolg und das Gute besingt, verdrängt das Leidvolle und Zwiespältige, das der Glaubende aber anerkennen muss, um in der Wirklichkeit bestehen zu können. Es ist eine verzerrte Vorstellung, dass der wahre Glaube ein einziger Triumphzug ist. Nicht alle Probleme des Lebens können mit einer radikalen Glaubenshaltung beseitigt werden. Manche kann man nur aushalten, beklagen und offen stehen lassen, bis sich eine Möglichkeit des Umbruchs abzeichnet. Unser Gebet sollte häufiger ein Uns-Anvertrauen sein als die konkret formulierte Erwartung, wie Gott etwas verändern soll („Bitte

Gott, mach, dass…"). Dann wird das Ausbleiben eines erwünschte Ergebnisses auch nicht als ein „Versagen Gottes" gedeutet. Mit solch einem Gebet wird der Trost des Glaubens erfahrbar, ein Wissen darum, dass nichts ungesehen, ungesühnt und unbeachtet bleibt. Auch der Glaubende muss das Leben auf einer elementaren Ebene bewältigen und aushalten wie alle anderen Menschen. Suchen Sie deshalb in Ihrer Anbetungskultur nach einer Balance von Zuspruch und Herausforderung. Vermeiden Sie christlichen „Triumphalismus" und den Versuch, Euphorie als Dauerzustand zu etablieren.

3. Sinn und Seele

Der Mensch ist eine Einheit aus Herz, Seele, Gemüt und Kraft. In dieser Mischung sollen wir Gott von ganzem Herzen und mit allen Aspekten unseres Menschseins lieben.[22]

Manche Lieder sprechen eher den Sinn an, manche die Seele.

Mit Sinn und Verstand

Sinn-Lieder erklären Zusammenhänge. Sie begründen Wahrheiten und reizen das Denken an. Sie sorgen für eine Erdung des Glaubens in der Vernunft und Klarheit des Denkens. Sie sind eher kopflastig und transportieren Inhalte, die zum Lernen und Verstehen aufrufen. Manche dieser Sinn-Lieder sind mit ihren vielen Strophen wie ein kleines Seminar, eine intensive Schulungseinheit. Sie stellen wichtige Schlüsselaspekte des Glaubens vor, haben einen roten Faden und erzählen eine Geschichte Sie erklären einen Zusammenhang und fordern zum Handeln auf. In ihnen wird gelernt und bekannt, verstanden und bejaht.

Sinn-Lieder sind wie ein kleines Schulungsseminar oder eine Predigt, Seele-Lieder lassen mehr Gefühle aufkommen und „spüren nach".

Seele-Lieder dagegen lassen mehr Gefühle aufkommen. Sie spüren einzelnen Glaubensfragmenten nach, laden zu einem Genuss der Gegenwart Gottes und zum Sein im Hier und Jetzt ein. Sie sind

22 „Du sollst den Herrn, deinen Gott, lieben von ganzem Herzen, von ganzer Seele, von ganzem Gemüt und mit all deiner Kraft." (Mk. 12,30 LÜ) Manche Übersetzungen tauschen Gemüt mit Verstand aus. Wichtig ist auf jeden Fall, dass in der Praxis des Glaubens die Ganzheit des wollenden, fühlenden und denkenden Daseins auf Gott gerichtet wird.

weniger von der Suche nach Wahrheit geprägt. Sie führen über die reine Bekenntnis-Perspektive hinaus in die emotionale Erlebniswelt des Glaubens. Sie berühren das Innere anders. Sie leiten befreiende Prozesse ein, helfen loszulassen und lassen auch mal ein paar stille Tränen fließen. Manchmal muss der Kopf (durch den Kopf) überwunden werden, um zum Herzen zu gelangen. Doch häufig hilft ein eher körperlicher Ausdruck dabei, dass die Seele sich Gott öffnen kann. Deshalb lieben Menschen Gesten und Aktivitäten – das Heben der Hände, das rhythmische Klatschen, den Applaus als Zustimmung zu einer gefühlten und als kraftvoll erlebten Glaubensaussage.

Wogen der Emotion und das Abwägen von Gründen

Während man bei Sinn-Liedern häufig auf der Verstandesebene bleibt, wiegt man in Seele-Liedern den Körper im Wind des Singens und Betens hin und her. Wogen der Emotion und das Abwägen von Gründen gehören beide zu einer lebendigen Glaubenskultur. In einer solchen Anbetung wird nicht nur begründet und beschworen, was wahr und heilig ist. Hier wird es auch gefühlt. Es wird erlebt und gefeiert. Hier wird die Seligkeit des Glaubens nicht nur behauptet, sondern erfahren und vermittelt. Wie diese Ebene der Seele ausgedrückt werden kann, hängt von den Kulturen und Subkulturen einer Gemeinde ab. Eine hochgebildete Elite aus Intellektuellen und Unternehmern wird sicher mehr auf Logik, Verstand, Wortwitz und feine Poesie achten. Eine dynamische Hipster-Generation, die aus ihrer Freizeit eine eher emotionale Popkultur kennt, wird sich von einer anderen Art von Musik und Bekenntnis mitreißen lassen. Es gibt für das Spezifische der Seele in jedem Gesellschaftssegment eigene Antennen.

Emotionalität kann fein dosiert werden

Man braucht keine völlig enthemmte Gefühligkeit, um die Seele in der Anbetung zum Schwingen und Klingen zu bringen. Eine feine Emotionalität zieht sich durch komplexe klassische Werke, alte Kirchenlieder und die Chanson-Kultur der Taizé-Generation. Lachen und Weinen gibt es nicht nur in auffälligen Enthemmungsmomenten, sondern auch in feinsten Dosierungen. Man muss nicht dramatisch oder exzentrisch werden, um Emotionalität zu fördern. Man muss nur umsichtig verhindern, dass der Gottesdienst eine reine Kopfangelegenheit bleibt, denn die Gemeinde braucht eine Balance von Kopf und Herz. Die Bewegtheit der Seele ist auch nicht allen Menschen gleichermaßen anzusehen. Sie bleibt ein kleines Geheimnis des individuellen Menschseins, das nicht völlig durchschaut und verwaltet werden kann. Dennoch sollten Sie versuchen, ein Gespür dafür zu entwickeln, ob Menschen auch zu einer Art von Fühlen und Erleben kommen oder ob sie nur logische und wahre Aussagen über den Glauben bekennen. Suchen Sie deshalb im Gesamtbild ihrer Anbetungskultur eine Ausgewogenheit zwischen Sinn-Elementen und Seelen-Energie.

4. Erbe und Erneuerung

Glaubende Menschen brauchen einen gesunden Mix aus Alt und Neu. Wenn in einer Anbetungszeit immer wieder nur Lieder früherer Generationen aufgetischt werden, wird das Erbe übermäßig gepflegt. Das kann auch das Erbe einer relativ jungen Bewegung sein (z. B. Lobpreislieder der früheren Generation). Manche Kirchen beharren auf einem „musikalischen Museumsbesuch".

Manche Kirchen beharren auf ihrem Erbe mit einem „musikalischen Museumsbesuch".

Altgedientes Liedgut kommentieren

Die alten Glaubenslieder wirken auf Außenstehende oft wie Exponate des Glaubens aus schon lange vergangenen Zeiten: manchmal seltsam in der Sprache und übertrieben im Gefühl, manchmal herrisch, autoritär, absolutistisch und militaristisch. Mancher lädt vielleicht seine Freunde nicht mehr ein, selbst wenn von den anderen Elementen des Gottesdienstes hilfreiche Impulse ausgehen. Erneuerung zeigt sich in dem Mut zu immer neuen Liedern, die eine frische und glaubensstärkende Wirkung haben. Sie zeigt sich aber auch in der Einbettung von alten Liedern und Weisen in einen zeitgemäßen Kommentar. Wenn die Widerstände, die Menschen spontan beim Singen älterer und ganz alter Lieder spüren, nicht geflissentlich ignoriert, sondern verständnisvoll angesprochen werden, kann sich das Blatt wenden. Dann kann das Zeitlose und Wertvolle selbst in einer überholten Form noch seine heilsame Wirkung entfalten. Dann bekommen Menschen nicht das Gefühl, sie müssten hier eine Zeitreise in die Vergangenheit machen, um den letzten lebendigen und wahren Glauben dieser Welt zu erleben.

Das Verhältnis von Alt und Neu im Neuen Testament

Alt und Neu werden im NT manchmal sehr radikal definiert und provokant einander gegenübergestellt. Das ist in religiöser Sprache nie so absolut und unerbittlich gemeint, wie es beim ersten Hören erscheint. Natürlich besteht ein großer Teil und Reichtum des Lebens darin, dass man aus scheinbaren Gegensätzen neue Synthesen schafft. Doch hier heißt es erst einmal knallhart: „Neuer Stoff passt nicht auf alte Kleidungsstücke, neuer Wein nicht in alte Schläuche" (Mk. 2,21-22). „Schafft den alten Sauerteig weg, damit ihr ein neuer Teig seid" (1.Kor. 5,7). „Ist jemand in Christus, ist er eine neue Kreatur; das Alte ist vergangen, Neues ist geworden" (2.Kor. 5,17). „Siehe, ich mache alles neu!" (Offb. 21,5)

Das Neue ist von Gott. Es soll sich durchsetzen. Es wird, es gärt, es passt nicht immer zum Alten. Das Alte muss manchmal sogar verschwinden, damit Neues einen Platz finden kann.

Dieser Logik kann man sich nicht widersetzen. Dem gegenüber steht der Begriff von Reife: Frucht muss reifen, was Zeit und Bewährung voraussetzt. Gerade beim Wein ist der ältere, gereifte oft im Vorteil: „Niemand, der vom alten Wein trinkt, will neuen; denn er spricht: der alte ist milder!" (Luk. 5,39 LÜ). „Wer aber gern alten Wein trinkt, der will vom jungen Wein nichts wissen. Der alte Wein ist immer noch der beste, wird er sagen." (Luk. 5,39 HFA)

Jede Gemeinde kennt diese Diskussion über die Frage nach dem Verhältnis von Alt und Neu. In einem Gleichnis betont Jesus die Balance und den Aspekt der Ergänzung: „Jeder Schriftgelehrte, der ein Jünger des Himmelreichs geworden ist, gleicht einem Hausvater, der aus seinem Schatz Altes und Neues hervorholt." (Matth. 13,52 LÜ)

Beide Elemente scheinen hier gleich wertvoll zu sein. Manche meinen, man könne den Jungen nicht mehr zumuten, die Lieder der Alten zu hören oder gar mitzusingen. Sie setzen deshalb ganz auf das Aktuelle, das Passende zu unserer Zeit. Sie schneiden die alten Zöpfe einfach ab und setzen nur noch auf die Frische ihrer eigenen Generation. Das kann für eine gewisse Phase sehr befreiend und hilfreich sein. Ich bin jedoch der Meinung, dass die Hausvater-Mentalität, die Jesus in dem Gleichnis beschreibt, jeder christlichen Gemeinschaft langfristig guttut, weil sie das Neue mit dem Alten in eine gute Mischung bringt. Gibt es nur noch einseitige Klangbilder, Textfelder und Stimmungsfarben, kann sich eine ungesunde Fixierung auf das Neue oder das Alte entwickeln.

Menschen, die in unterschiedlichen Generationen und Subkulturen nur noch isoliert nebeneinanderher leben, berauben sich der Erfahrung von Spannung in einer Ganzheitlichkeit. Das ist eine reale Gefahr für unsere ganze Kultur, aber auch ein Problem christlicher Kirchen und Gemeinden. Suchen Sie deshalb auf Ihre Weise in Ihrer Anbetungskultur nach einer Balance zwischen der Pflege des geistlichen Erbes und dem Aufbruch in das Neue. Wagen Sie den Rückblick in das Glaubensgefühl alter Strukturen ebenso wie den Vorstoß in das noch Wilde und Ungezähmte der Gegenwart und der sich abzeichnenden Zukunft.

Wagen Sie den Rückblick in das Glaubensgefühl alter Strukturen ebenso wie den Vorstoß in das noch Wilde und Ungezähmte der Gegenwart!

5. Gottesbeziehung und Weltverbundenheit

Anbetung ist die Pflege unserer Beziehung zu Gott. Diese Beziehung, die von Liebe, Wertschätzung und Dankbarkeit geprägt ist, steht in einer Anbetungszeit im Vordergrund. Die Begegnung mit Gott hat Auswirkungen auf das ganze Leben und unsere Nützlichkeit für die Welt. „Die Welt liegt hinter mir, das Kreuz steht vor mir" – so und nur so stellen sich viele Christen die Anbetung vor. Das birgt die Gefahr einer Verselbstständigung dieser Beziehungspflege, die zu einer geistlichen Nabelschau führen kann. Alles ist dann immer nur auf „mich und meinen Gott" ausgerichtet. In der personalen Wahrnehmung Gottes blenden wir manchmal aus, dass Gott auch der Gott der ganzen Welt, der Gott der fortschreitenden Schöpfung und der Gott der umkämpften Geschichte ist. Aspekte der Gerechtigkeit, der Barmherzigkeit und des Mitgefühls für eine Welt voller Not werden ausgeklammert, jedenfalls beim Singen!

Wenn Gott alles und die Welt nichts ist

Wie erschreckend klein ist das Repertoire an Liedern, die die Gottesbegegnung mit einer Bewegung zur Welt hin verbinden. Ich spreche nicht von Liedern, die aktionistisch von der Not der Welt sprechen und uns moralisch unter Druck setzen. Wir sind als Retter der Welt überfordert. Ein moralischer Druck führt nur zu schlechtem Gewissen. Mit der Vorstellung, dass die Gemeinde Jesu Gottes einzige Rettungs- und Segensverbindung zur Welt darstellt[23], überschätzt die christliche Gemeinde einerseits sich selbst und unterschätzt andererseits auch Gottes Wirken in dieser Welt.

Gott gebraucht seine Gemeinde natürlich, um sie wie Israel zu einem Segen für viele Völker zu machen. Sie ist aber im Blick auf das, was Gott in dieser Welt wirkt, zum Glück nicht das einzige Medium, durch das er das Leben der Menschen erhält, heilt, bewahrt und voranbringt. Jesus sagte nicht: „Nur ihr seid das Licht der Welt." Auch andere können leuchten und wie Salz würzen und bewahrend wirken. Wir sollten unsere Augen in Demut und Dankbarkeit für das mannigfaltige Wirken Gottes in dieser Welt öffnen. Wir sollten potenzielle Verbündete in der Liebe zum Leben im Blick haben. Wir sollten alles in dieser Welt unterstützen, was Versöhnung, Heilung und die Bewahrung der Schöpfung Gottes vorantreibt. Eine Betrachtung der Vielfalt von Menschen als reine Bekehrungsmasse ist arrogant. Eine resignierende Sicht der Welt als reines Gerichtsmaterial für die verwerfenden und apokalyptischen Maßnahmen Gottes, kann ich nicht mit dem Wesen des Gottes in Verbindung bringen, der sich in Jesus liebend, heilend und versöhnend geoffenbart hat. Die Liebe Gottes erstreckt sich auf die ganze Welt. Das zeigt sich schon im Alten Testament, als Gott den Propheten Jona beruft, um die Stadt Ninive zur Umkehr zu rufen, weil ihm das Schicksal aller Menschen und Tiere dort nahe ging.[24]

Wir brauchen in unserer Anbetungskultur deshalb den Blick der Barmherzigkeit Gottes für eine Welt am Abgrund, aber auch den Blick auf eine Welt voller Möglichkeiten.. Aus der Betrachtung des Wesens Gottes erwächst eine Perspektive des Dienens. Wir sollten uns innerlich aufstellen, nicht nur Gott zu preisen und überall begeistert von ihm zu reden. Wir sollten uns nützlich machen, Werte und Schätze für diese Welt hervorbringen, Egozentrik und Selbstbesessenheit überwinden. Deshalb geht es in der Begegnungskultur

23 So wieder jüngst auf einem großen christlichen Kongress der Willow Creek-Bewegung von Bill Hybels vor Tausenden von hochmotivierten Gemeindemitarbeitern gehört, ein Mantra, das ich seit vielen Jahren aus evangelistisch und erwecklich geprägten Kreisen kenne.

24 „Sollte mich nicht jammern Ninive, eine so große Stadt, in der mehr als hundertzwanzigtausend Menschen sind, die nicht wissen, was rechts oder links ist, dazu auch viele Tiere?" (Jona 4,11 LÜ)

mit Gott auch darum, unsere Seele für Dienst, Mitgefühl und Verantwortung zu öffnen. Wir brauchen den Mut, die Angst vor dem Zu-kurz-Kommen in der Liebe aufgehen zu lassen. Lieder, die eine Haltung der Solidarität mit einer leidenden Welt zum Ausdruck bringen und Chancen zur Entwicklung einer besseren Welt aufzeigen, motivieren nicht nur die Gläubigen, sondern berühren die Gäste. Denn dann sehen sie nicht nur eine religiöse Gruppe, die ihre Gefühle und Erlebnisse mit Gott zelebriert. Sie sehen Menschen, die sich als Hoffnungsträger mit und neben anderen auch außerhalb ihrer Gruppe verstehen. Wir brauchen Gebete und Lieder mit einer Welt-Perspektive. Das sind auch Lieder über das Schöne, Gute und Bewahrenswerte in dieser Welt. Es sind Lieder, die erwähnen, dass Gott in der ganzen Welt wirkt und überall seine Verbündeten und Berufenen hat. Wir brauchen eine Perspektive der Sendung nicht nur im missionarischen Sinn. Die Welt bedarf unserer Liebe und Pflege, unserer Wahrnehmung ihrer Gefährdungen und unseren Mut zum Engagement, weil wir einen Gott anbeten, der vom Drama dieser Welt nicht unberührt ist und in ihr ständig feine Kreise zieht und Fäden knüpft.

Suchen Sie in Ihrer Anbetungskultur eine feine Balance aus reiner Gottbezogenheit und einer solidarischen und liebevollen Weltverbundenheit!

Suchen Sie in Ihrer Anbetungskultur eine feine Balance aus reiner Gottbezogenheit und einer solidarischen und liebevollen Weltverbundenheit.

II. Was brauchen die Gäste?

Eine Gemeinde, die sich nicht um Gäste bemüht, begrenzt ihren Lebenszyklus dramatisch. Sie ist dazu verurteilt, auszusterben, wenn sie nicht eine Familienstruktur hat, die für viel Nachwuchs sorgt und eine krankhafte Sozialkontrolle, die die junge Generation mit Angst vor der Welt in der Gemeinde hält. Solche Gemeinden gleichen eher einem Gefängnis oder einer Sekte als einer Gemeinschaft lebendigen Glaubens, die aus einer Liebe zu Gott heraus Menschen gewinnen und ermutigen möchte. Sobald wir also Menschen von außen in die Gemeinde einladen, müssen wir uns fragen, was sie für Bedürfnisse haben, die wir aus Gastfreundschaft und Respekt beachten sollten.

1. Orientierung

Menschen, die als Gäste in eine Gemeinde kommen, bringen eine große Unsicherheit mit. Was wird ihnen hier begegnen? Was wird von ihnen erwartet? Kurze Infos über den Zeitrahmen und das hier übliche Verhalten können Menschen entspannen. Sie verstehen, was auf sie zukommt. Das ermöglicht ihnen schneller, Teil dessen zu werden oder auch einfach nur als Beobachter dabei zu sein.

Kleine Überleitungen und Moderationen (Ansagen, Hinführungen zu einem Thema) helfen, das, was jetzt geschieht, auch als Gast einordnen zu können. Im Radio ist eine Anmoderation das, was vor dem ersten Original-Ton eines Beitrags gesprochen wird. Sie informiert über den Zusammenhang, in den dieser Beitrag eingebettet ist und erklärt den Anlass, warum das jetzt gerade kommt. Sie soll Interesse und Neugier wecken und eine Orientierung über den weiteren Verlauf geben. Was Gemeindemitgliedern schon in Fleisch und Blut übergegangen ist, muss Gästen oft erst vermittelt werden. Das Übergehen ihrer Unsicherheit interpretieren viele Menschen als unhöflich und ausgrenzend. Ein Gefühl von „die sind sich selbst genug“ breitet sich aus und verhindert weitere Annäherung. Darum brauchen Gäste in einem Gottesdienst ein feines Maß an einführender und einordnender Information. Das erinnert auch die Gemeinde immer wieder daran, dass sie ihren Glauben vor einer sie beobachtenden Welt leben muss.

Gäste brauchen ein feines Maß an einführender und einordnender Information.

Die Gemeinde sollte den Gottesdienst nicht nur als ihr selbstverständliches Eigentum ansehen. Er ist nicht nur ein privater Rückzugsraum, sondern ein Raum, den man sich mit Menschen anderen Denkens teilen muss[25]. Wo das völlig ausgeklammert wird, verkommt der Glaube zur Vereinsmeierei, die nur wenigen Eingeweihten zugänglich ist.

25 In 1.Kor.14 ruft Paulus die Glaubenden immer wieder dazu auf, darüber nachzudenken, wie das, was sie sagen und tun auf „Unkundige und Ungläubige“ (V.16 und 24) wirkt, die mit im Raum sind. In der heutigen Zeit bekommt der Gottesdienst als Event noch mehr als in früheren Zeiten die Funktion einer ersten Anlaufstelle für Suchende. Er hat in weiten Teilen die Evangelisation als Missionierungsinstrument abgelöst und setzt auf die Attraktivität und Plausibilität der Kernveranstaltung christlicher Gemeinden.

Geben Sie den eingeladenen Gästen eine kurze, aber gute Orientierung darüber, was sie in einer Zeit des gemeinsamen Singens und Betens erwartet. Grenzen Sie den zeitlichen Rahmen der Anbetung ein.

2. Respektvolle Distanz und Einladung zur Teilhabe

Wenn Menschen Gäste einer religiösen Gemeinschaft sind, ist noch nicht klar, wie sie sich zu den Inhalten des Glaubens stellen werden. Sie dürfen weder vereinnahmt noch vom Geschehen ausgeschlossen werden. Das erfordert einen Balanceakt zwischen Distanz und Inklusion.

Respektvolle Distanz zeigt sich, wenn wir durchblicken lassen, dass wir damit leben können, wenn Menschen in unserer Mitte andere Standpunkte und Überzeugungen haben. Sie müssen sich nicht „unterwerfen", müssen nicht allem zustimmen, was gesagt und gesungen wird. Sie dürfen ihre Skepsis so lange bewahren, bis ein Geist der Wahrheit und eine Atmosphäre der Liebe sie für ein tieferes Vertrauen gewonnen haben. Sie sind Gäste, Freunde und Besucher. Sie genießen Gastfreundschaft. Das kann man ab und zu auch sagen. Es ist aber vielmehr eine Sache der inneren Gelassenheit, die wir als Gestalter von Gottesdienst, Gebet und Anbetung brauchen. Wir müssen uns immer wieder vor Augen führen, dass eine gute Atmosphäre nicht davon abhängt, dass alle Anwesenden ein hohes Maß an Zustimmung und Hingabe zeigen.

„Der Glaube ist nicht jedermanns Ding", übersetzt Martin Luther Paulus' Worte aus 2.Thess. 3,2. Paulus wollte die Thessalonicher für eine realistische Sicht des Lebens gewinnen. Auch wenn unsere Botschaft noch so wahr und gut ist, werden sich nicht alle Menschen diesem Glauben zuwenden. Sie fühlen sich nicht immer davon angesprochen und haben Gründe, warum sie sich uns nicht anschließen wollen. Während für uns der Glaube an Jesus eine ganze Welt erschließt, ist dieser Glaube für Außenstehende erst einmal nur „ein Ding", was nicht ihr Ding ist. Gerade in unserer Zeit ist Glaube eine Angelegenheit persönlicher Meinung, Prägung und Einstellung. Er hat mit der Geschichte der Menschen zu tun und ist eine intime, persönliche Angelegenheit.

Wir haben Jahrhunderte der Glaubenskriege, Drangsalierungen und Streitereien um den wahren Glauben in unserer Geschichte erlebt. Eine gewisse Trennung von Kirche und Staat gibt uns ein Gefühl von Sicherheit in einer neutralen Zone, wo man sich nicht mehr ständig auf eine Seite schlagen muss. Aus dieser neutralen Zone bewegt sich nun ein Mensch in den Gottesdienst eines Freundes oder einer guten Bekannten, um sich das Ganze mal anzuschauen und anzuhören.

Die meisten Gäste tragen keine „gottlose Ideologie" in sich. Sie sind weniger Atheisten (die Einspruch gegen eine Existenz Gottes erheben) als vielmehr Agnostiker, was bedeutet, dass sie es nicht wissen, aber auch nicht ausschließen können[26]. Sie sagen: „Bis jetzt hat sich diese Art von Wissen oder Erkenntnis für mich noch nicht erschlossen. Ich habe keinen Zugang dazu." Die vielleicht eleganteste Ausdrucksweise in der Moderne für vornehme Distanz zum Glauben heißt: „Ich bin religiös unmusikalisch." Der Satz stammt von dem großen Gelehrten Max Weber, der 1920 starb und in einem Brief dieses Zitat hinterließ.[27]

So haben wir in einem Gottesdienst, der zum Glauben an Gott und zur liebevollen Betrachtung seines Wesens und seiner Wege aufrufen will, Menschen, die es nicht wissen, nicht so verstehen und begreifen können, wie wir es tun. Das kann als ein „Noch nicht" von uns verstanden werden, weil wir davon ausgehen dürfen, dass Gott selbst den inneren Widerstand oder eine hartnäckige Skepsis in liebevolles Vertrauen umwandeln kann. Es muss aber auch als grundsätzliche und legitime Möglichkeit akzeptiert werden. Nur Gott kann in die Herzen von Menschen schauen.

Von gelesenen Texten und Predigtvorträgen kann man sich privat und innerlich distanzieren. Aber wenn man unkommentiert dazu aufgefordert wird, in Lieder der Hingabe und Anbetung einzustimmen,

---

26 Von altgriech. *a-gnosis* – ohne Wissen/ Erkenntnis. Agnostizismus ist eine Weltanschauung, die die prinzipielle Begrenztheit menschlichen Wissens, Verstehens und Begreifens betont. Die Möglichkeit der Existenz transzendenter Wesen oder Prinzipien wird nicht bestritten. Agnostizismus ist sowohl mit Theismus als auch mit Atheismus vereinbar, da der Glaube an Gott möglich ist, selbst wenn man die Möglichkeit der Gewissheit seiner Existenz verneint. https://de.wikipedia.org/wiki/Agnostizismus (Abruf 3.7.2018)

27 „Denn ich bin zwar religiös absolut ‚unmusikalisch' und habe weder Bedürfnis noch Fähigkeit, irgendwelche seelischen ‚Bauwerke' religiösen Charakters in mir zu errichten – das geht einfach nicht, resp. ich lehne es ab. Aber ich bin nach genauer Prüfung weder antireligiös noch irreligiös. Ich empfinde mich auch in dieser Hinsicht als einen Krüppel, als einen verkrüppelten Menschen, dessen inneres Schicksal es ist, sich dies ehrlich eingestehen zu müssen, sich damit – um nicht in romantischen Schwindel zu verfallen – abzufinden, auch nicht als einen Baumstumpf, der hie und da noch auszuschlagen vermag, mich als einen vollen Baum aufzuspielen. Aus dieser Attitüde folgt viel [...]." Max Weber [1864-1920] in einem Brief vom 9.2.1909 an Ferdinand Tönnies.

können sich Gäste leicht vereinnahmt fühlen. Eine kleine Bemerkung, dass man mit der Zeit des gemeinsamen Singens einen Bereich betritt, den nicht alle gleichermaßen nachvollziehen können, hilft schon. Es sollte vermittelt werden, dass man dem Gast Respekt erweist und eine Distanz ermöglicht, in der er sich nicht verbiegen muss. Er sollte keine Zustimmung zu etwas heucheln müssen, das er noch nicht für sich entschieden hat. Er darf Zuschauer und Zuhörer sein. Das trifft auch auf diejenigen zu, die zwar schon eine persönliche Beziehung zu Gott für sich gefunden haben, aber im Blick auf einzelne Aussagen und Darstellungen christlichen Glaubens unsicher sind. Gleichzeitig sollten sie herzlich eingeladen werden, sich dazuzugesellen und zu kosten, was es mit Menschen macht, die sich betend und singend der Gegenwart Gottes öffnen.

Gäste müssen solange Zuschauer und Zuhörer bleiben dürfen, bis sie selbst eine andere Rolle als Teilnehmer wählen.

Anbetung ist eine annehmende, inklusive Einladung zur Feier eines lebendigen Gottes, eines Zugangs zum Leben, der groß genug ist, dass Menschen ihn aus allen Befindlichkeiten heraus erfahren und für sich erleben können. Vielleicht hilft es, eine Brücke zu den Agnostikern und „religiös unmusikalischen" Menschen zu bauen, indem man als religiös überzeugter Mensch zugibt, nur Bruchstücke einer Wahrheit zu kennen[28] und in vielem selbst „Agnostiker" zu sein. Trotzdem reden, beten und singen wir im Modus der Gewissheit des Glaubens. Wir stehen im Vertrauen auf einen wahren, lebendigen und liebenden Gott, der uns annimmt und verändert.

3. Kürze und Würze

Je mehr eine Gemeinde Menschen „von außen" in ihren Gottesdienst integrieren möchte, desto mehr muss sie darauf achten, die Zeit gut einzuschätzen. Der normale Gemeindebesucher, der Anbetung schätzen gelernt hat, will so lange wie möglich darin verweilen. Er will ihre kostbaren Momente, Prozesse und Stimmungen auskosten. Das variiert allerdings auch unter Gläubigen und hat mit Vorlieben oder Blockaden im Blick auf bestimmte Ausdrucksformen der Anbetung zu tun.

Der Gast jedoch ist auf jeden Fall erst einmal nur ein höflicher Teilnehmer mit einer gewissen Distanz zum Thema. Er ist aus

28 „… denn unser Wissen ist Stückwerk" (1.Kor. 13,9 LÜ).

Gefallen einem Bekannten gegenüber mitgekommen. Man kann ihm das Befremdetsein nicht nehmen. Man kann ihm auch nicht die Entscheidung abnehmen, wie er sich zu den Inhalten stellt. Man kann aber immer all das vermeiden, was bei aller Liebe zur Anbetung unnötig ist. Dazu gehören umständliche Wechsel von einem Gottesdienstelement zum anderen, ausufernd lange Textlesungen, selbstgefällige lange Einleitungen und zu häufige Wiederholungen von Liedelementen.

Wer sich auf Gäste ausrichten will, sollte das Stichwort „Kürze und Würze" bei der Planung im Hinterkopf behalten.

III. Was brauchen die Mitwirkenden?

Nachdem wir uns Gedanken über die Gemeinde und ihre Gäste gemacht haben, sollten wir auch danach fragen, was die Menschen, die an der Gestaltung des Gottesdienstes mitwirken, für Bedürfnisse haben. Was würde den Musikern, Sängern, Technikern und Helfern im laufenden Betrieb eines Gottesdienstes helfen? Welche Bedürfnisse bringen sie mit?

1. Klare Richtlinien

Wer mitwirken möchte, will wissen, was von ihm erwartet wird, z. B., welcher zeitliche Aufwand zu seiner Aufgabe dazugehört. Klare Abmachungen helfen ihm, seine Aufgabe in der Gemeinde in sein Leben einzupflegen. Damit Einzelnen auf die Dauer nicht zu viel aufgeladen wird, sollte ständig dafür geworben werden, dass neue Mitwirkende dazukommen. Je mehr Musiker, Techniker und Helfer man in einem Zeitabschnitt von aufeinanderfolgenden Sonntagen zur Verfügung hat, desto leichter wird die Aufgabe für jeden Einzelnen. Außerdem gewinnt die Gemeinde im Erscheinungsbild an Vielfalt, denn jeder Neuzugang und Mitspieler wird seine eigene Note einbringen.

Je klarer ein Mitspieler weiß, was von ihm erwartet wird, desto besser. Dazu gehört z. B. die verbindliche Teilnahme an den Proben, wenn man sich für ein Team zur Verfügung stellt. Das gleiche gilt für Ersatzsuche und Kommunikation, wenn man verhindert ist (ein gemeinsamer Kontaktpool auf der Gemeinde-Webseite mit Passwortzugang ist hilfreich). Auch die Grenzen sollten klar sein. Die Kompetenz des Leiters für die Gruppe sollte geklärt sein. Er trifft die Liedauswahl, hat das letzte Wort für Vorschläge zu den Arrangements der Lieder etc. Jeder sollte wissen, dass bei entsprechender Eignung eine Leitungsaufgabe auch für andere zugänglich ist. Das verhindert die Angst vor als diktatorisch empfundenen Verhältnissen, wenn Menschen in ihren bisherigen Bands immer nur das demokratische Prinzip kennen, dass alle alles mitentscheiden dürfen. Gelegentlicher Rollentausch mit wechselnder Ein- und Unterordnung hilft, eingefahrene „Machtstrukturen“ flexibel und zweckdienlich zu machen. Klare Entscheidungsbefugnis ist aber ein wichtiger Schlüssel zur Effizienz.

Insgesamt ist es aber wichtig, dass Regeln auf ein Minimum reduziert werden, damit nicht alles in einer schwerfälligen Bürokratie erstickt. Besser nur wenige Richtlinien als ein großer Regelkatalog für alle Fälle, das entlastet die Mitwirkenden. Vieles kann im laufenden Betrieb geklärt werden. Man darf auftauchende Probleme nur nicht schleifen lassen. Dann eskalieren die Missverständnisse und Probleme. Eine Mischung aus Pragmatismus, Flexibilität und klaren Vorstellungen unterstützt das Leben aber immer besser als ein Wust von Erklärungen über möglicherweise eintretende Situationen und Probleme.

Machen Sie es Menschen leicht und schmackhaft, in den verschiedenen Feldern Ihrer Anbetungsgemeinschaft mitzuwirken, aber leiten Sie mit klaren Prinzipien und transparenten Aufgabenbeschreibungen.

2. Ermutigung und Wertschätzung

Wer sich mit seinen Talenten im Anbetungsbereich der Gemeinde einsetzt, braucht Anerkennung und Ermutigung. Die schönste Resonanz für einen mitwirkenden Musiker ist das Erlebnis, mit anderen gemeinsam in einen Fluss der Anbetung zu kommen. Doch auch die soziale Wertschätzung ist wichtig. Leiter und Mitmusiker sollten denen, die Gutes beigetragen haben, ihre Dankbarkeit zum Ausdruck bringen. Dabei sollte man so konkret wie möglich benennen, was jemand getan hat, das uns berührt oder begeistert hat (einfühlsam gespielt, sich zurückgenommen und dennoch unterstützend und präsent eingebracht, flexibel auf Störungen und Änderungen reagiert etc.).

Innere Bestätigung zum geistlichen Dienst

Während man auf einem Konzert „nur“ sein musikalisches Können zeigt, geht es in der Musik der Anbetung um eine Art geistlichen

Dienst. Etwas von Gott wird den Menschen vermittelt, etwas Heiliges ist im Spiel. Der Musikleiter oder Anbetungsleiter übernimmt hier auch die Rolle eines Vermittlers von geistlicher Wahrheit. Das übersteigt das reine Musizieren und schüchtert manchen Mitwirkenden ein. Da kämpft man ohnehin noch um eine gewisse Sicherheit in der Beherrschung seines Instrumentes. Dann kommt noch dieses mulmige Gefühl hinzu: Bin ich der geistlichen Dimension dieser Aufgabe gewachsen? Fromm ausgedrückt: Bin ich ein Anbeter, ein Levit, ein geistlich Berufener? Oder bin ich vielleicht eine Bremse für das Geistliche, das hier stattfinden soll? Habe ich etwas an mir oder in mir, das den geistlichen Fluss, der hier entstehen soll, blockiert?

Diese Fragen hat so mancher sensible Musiker, den wir für die Aufgabe der Leitung eines Anbetungsblocks im Gottesdienst gewinnen wollen. Wir sollten ihm deshalb eine geistliche Erkenntnis mitgeben, mit der Paulus auch in seinem Dienst als Verkündiger der guten Nachricht lebte: Unsere Kompetenz für geistliche Aufgaben kommt aus Gott selbst. Sie ist ein Geschenk, eine Gnade und kein erworbener Verdienst wie etwa die Beherrschung von Tonleitern und Akkordsymbolen.

„Nicht dass wir tüchtig sind von uns selber, uns etwas zuzurechnen als von uns selber; sondern dass wir tüchtig sind, ist von Gott, der uns auch tüchtig gemacht hat zu Dienern des neuen Bundes, nicht des Buchstabens, sondern des Geistes. Denn der Buchstabe tötet, aber der Geist macht lebendig." (2.Kor. 3,5-6 LÜ)

Tüchtig machen ist in der alten Sprache Martin Luthers die Bezeichnung für qualifizieren. Wer qualifiziert ist, hat sich in unserer heutigen Sprache Kompetenzen angeeignet. Er ist kompetent (lat.: geeignet), weil in ihm etwas gewachsen oder zusammengekommen ist, das ihn fähig macht, eine Aufgabe auszuführen. Eine Qualifikation im normalen Arbeitswesen setzt sich aus Fachkompetenz[29]

29 Unter Fachkompetenz versteht man die Fähigkeit, berufstypische Aufgaben und Sachverhalte den theoretischen Anforderungen gemäß selbstständig und eigenverantwortlich zu bewältigen. Die hierzu erforderlichen Fertigkeiten und Kenntnisse bestehen hauptsächlich aus Erfahrung, Verständnis fachspezifischer Fragen und Zusammenhänge sowie der Fähigkeit, diese Probleme technisch einwandfrei und zielgerecht zu lösen. Voraussetzung ist in der Regel eine entsprechende Ausbildung. https://de.wikipedia.org/wiki/Fachkompetenz, Abruf 16. Juni 2016.

(Sachkenntnis und Fachwissen) und Sozialkompetenz[30] (Fähigkeiten, die im Sinne der Kooperation nützlich sind) zusammen. Diese Eignungen werden in der Gemeinde um eine geistliche Kompetenz erweitert. Geistliche Kompetenz kommt nicht aus uns, sondern aus Gott. Wir öffnen uns nur seinem Geist, lassen uns leiten, stellen uns in sein Licht, damit wir es reflektieren.

Ein Anbetungsleiter braucht einen gewissen Verständnishorizont des christlichen Glaubens. Eine charakterliche Grundstabilität sollte vorhanden sein, damit das pure Musiker-Ego ein Gegengewicht hat. Er muss aber kein Theologe und schon gar kein „Musterheiliger" sein. Dennoch sollte er nicht nur für gute Musik brennen und eine Bühne für die eigene Darstellung suchen.

Als Leiter muss er den Geist der Anbetung suchen. Er sollte in einer gewissen Ehrfurcht vor Gott stehen und sich der Liebe Gottes bewusst sein, die ihn vorbehaltlos annimmt. Er sollte sich als ein Jünger Jesu verstehen, einer, der auf dem Weg mit ihm ist. Es sollte ihm wichtig sein, andere im Glauben zu ermutigen. Eine reine Beschäftigungs- oder Kreativgruppe, um Menschen an die Kirche zu binden, kann niemals lebendige Anbetung hervorbringen.

Aber alle Menschen, die eine innere Beziehung zu dieser Welt des Glaubens gefunden haben, brauchen die Ermutigung, sich mit ihren Gaben in den Prozess der Anbetungsentwicklung mit einzubringen. Auch wenn sie sich im Gebiet des geistlichen Lebens noch unsicher fühlen, dürfen sie wissen, dass sie grundsätzlich dafür geeignet sind. Wir müssen ihnen den Mut, die Freiheit und die Würde für diese Aufgabe konkret zusprechen.

Eine vom normalen Leben abgehobene Priesterkaste ist für die Vermittlung des Glaubens nicht mehr nötig.

Ich bin der Auffassung, dass man für Aufgaben, die keine modellhafte und leitende Funktion haben (wie die Aufgabe von Pastoren, Hauskreisleitern und Lehrern des Glaubens), Menschen auf jeder geistlichen Wachstumsstufe an den

30 Soziale Kompetenz (englisch *social skills*) ist die Gesamtheit individueller Einstellungen und Fähigkeiten, die im Sinne der Kooperation nützlich sind, eigene Handlungsziele mit den Einstellungen und Werten einer Gruppe zu verknüpfen und so auch beim Verhalten und der Einstellungen dieser Gruppe mitzuwirken. https://de.wikipedia.org/wiki/Soziale_Kompetenz, Abruf 16.Juni 2016.

Gottesdiensten beteiligen sollte. Alle geistlichen Aufgaben, die früher nur geweihten Priestern oder Leviten anvertraut wurden, dürfen heute grundsätzlich vom „einfachen Volk des Glaubens[31]" ausgeübt werden. Eine der Kernthesen der Reformation ist die Priesterschaft aller Gläubigen. Man entscheidet zwar immer noch zwischen dem allgemeinen Priestertum und dem Dieneramt (für gehobene Aufgaben geistlicher Leitung), aber der Grundsatz ist klar: Eine vom normalen Leben abgehobene Priesterkaste ist für die Vermittlung des Glaubens nicht mehr nötig. Das gilt auch für eine sogenannte Leviten-Rolle, die Mitwirkung an der gottesdienstlichen Gestaltung mit Musik, Gebet und Gesang. Jeder kann, ausgerüstet mit Glauben und dem Heiligen Geist, Träger und Vermittler des Göttlichen in der Welt sein. Dazu muss man denen, die an einer Mitarbeit interessiert sind, immer wieder Mut machen, sie involvieren und ihnen etwas zutrauen.

3. Freiräume zum Rückzug

Manche Gemeinden behandeln ihre freiwillig Mitwirkenden wie fest angestellte Mitarbeiter einer Firma. Sie nehmen ihr Engagement als selbstverständlich hin. Wer jedoch Anbetungsgruppen betreut, hat immer wieder damit zu tun, dass Menschen angefangene Aufgaben nicht mehr weiterführen können oder wollen. Das bringt unser modernes und mobiles Leben einfach mit sich. Unsere Prioritäten und Einschätzungen verändern sich. Das ist ein Ausdruck von Notwendigkeit und Freiheit. Es braucht wohlwollendes Verständnis und kluge Regelungen in der Praxis. Das Leben richtet sich nicht immer nach unseren Plänen. Die Wirklichkeit fordert immer wieder Phasen der Umorientierung und Neuorganisation. Das bringt eine gewisse Spannung und Unsicherheit für alle mit. Wer das nicht ignoriert und sich darauf einstellt, kann besser damit umgehen.

Menschen müssen die Freiheit spüren, sich bei Bedarf auch wieder aus der Anbetungsarbeit zurückziehen zu können.

31 Jesus, „der uns zu Königen und Priestern gemacht hat vor Gott, seinem Vater" (Offb. 1,6 LÜ). „Ihr aber seid das auserwählte Geschlecht, die königliche Priesterschaft, das heilige Volk, das Volk des Eigentums, dass ihr verkündigen sollt die Wohltaten dessen, der euch berufen hat von der Finsternis zu seinem wunderbaren Licht" (1.Petr. 2,9 LÜ).

Menschen müssen die Freiheit spüren, sich bei Bedarf auch wieder aus der Anbetungsarbeit zurückziehen zu können. Das sollte ohne Scham- und Schuldgefühle möglich sein.

Deshalb sollten Sie zeitlich begrenzte Aufgabenbeschreibungen erstellen, z. B. „Wir suchen einen ... für ein halbes Jahr." Außerdem sollten Sie eine funktionierende Tausch- und Springerkultur aufbauen. Jeder sollte wissen, wer bei Krankheit und Notfall einspringt. Sie sollten unkompliziert miteinander in Kontakt treten und eine eigene funktionierende Regelung entwickeln können. Die Balance zwischen Verpflichtung und Freiheit sollte kommuniziert werden. Ermutigen Sie ein Team, sowohl beständig und verlässlich als auch zu Veränderungen bereit zu sein. Der Anbetungsleiter selbst muss auch die besten Leute, die er bisher hatte, loslassen können und sich wieder auf neue Mitarbeiter einlassen. Er muss der Versuchung widerstehen, seinen Traum von der perfekten Anbetungsgruppe zu verwirklichen und ihn dann zu zementieren. Das ist eine Überforderung der Lebenswirklichkeit der meisten Gemeinden. Es gehört zu einer gesunden Lebenshaltung, die Unwägbarkeiten des Lebens als Teil des Spiels zu umarmen, sie mit Humor und Flexibilität zu nehmen. Das gilt besonders für planende und organisierende Gruppen wie Anbetungsteams in Gemeinden.

Exkurs: Warum Künstler es in christlichen Gemeinden oft schwer haben

Zu den allgemeinen Bedürfnissen der Mitwirkenden kommen manchmal die besonderen Bedürfnisse einer künstlerischen Persönlichkeit hinzu. Mitwirkende Musiker in christlichen Gemeinden sind nämlich manchmal auch ausgebildete Musiker und damit Künstler im professionellen Sinne. Demgegenüber stehen die vielen Laienmusiker und semiprofessionellen Musiker. Ihre Vorstellung vom Musikmachen besteht oft darin, ein musikalisches Vorbild gut abzubilden. Dass so etwas auch künstlerische Gestaltungsfähigkeit erfordert, kann keiner verleugnen. Solche Laienmusiker sind handwerklich gut und können manchmal sogar die besondere Stimmung eines Liedes so gut treffen, dass sie Menschen damit verzaubern und beglücken können. Dabei sind sie häufig auch gut organisierte, nüchterne Menschen, die ihre Kunst als eine Dienstleistung verstehen[32]. Solche Menschen finden auch in christlichen Gemeinden ideale Voraussetzungen für ihren Dienst im Musikbereich und unterstützen ehrenamtlich das Gottesdienstprogramm. Geistlich gesprochen dienen sie mit ihrer Gabe. „Dienstleistungs-Künstler" im säkularen[33] Bereich sind Performer (wörtlich Aufführer oder Durchführer) und Präsentatoren, Anleiter und Unterstützer gemeinsamen Singens. Sie führen gerne etwas auf, das andere komponiert haben, um eine Gemeinschaft im Geist oder Stil desjenigen zu begeistern und zu berühren. Auch hier gibt es eine hohe Zahl an semiprofessionellen und Laienmusikern. Heute wird in vielen jungen Gemeinden Anbetungsmusik nach den Vorbildern großer internationaler Kirchen im Internet nachgeahmt. Das ist vor allem für musikbegeisterte junge Menschen eine hilfreiche Vorlage, um die Gemeinde zu inspirieren und ins Gebet zu führen. Das ist im handwerklichen Sinne künstlerisch, entspricht aber eher der Mentalität eines „Dienstleistungs-Künstlers".

Das Kreuz mit der Kunst

Professionelle Künstler, die auch von ihrer Kunst leben, sind häufig etwas anders gepolt. Sie haben manchmal eine Anomalie, eine Besonderheit, die sich mit der reinen Dienstleister-Mentalität nicht immer gut verträgt. Künstler-Persönlichkeiten haben einen unstillbaren Drang nach Originalität und dem Schaffen von etwas ganz Neuartigem. Sie leben in einer inneren Spannung, die typisch für die Kunst ist – das Dasein an der Grenze zwischen genialem Empfinden und einem normalen Anpassungsmodus an die Wirklichkeit.

Künstler-Persönlichkeiten haben einen unstillbaren Drang nach Originalität und dem Schaffen von etwas ganz Neuartigem.

Diese Künstler gibt es immer wieder sowohl in der Szene der Profi-Musiker wie auch in unseren Gemeinden, unter Umständen auch

32 Dienstleistung (englisch *service*, französisch *service*) ist in der Umgangssprache und in der Wirtschaftswissenschaft ein immaterielles Gut, das entsteht, wenn ein Wirtschaftssubjekt für ein anderes eine entgeltliche Tätigkeit ausübt. https://de.wikipedia.org/wiki/Dienstleistung, Abruf 18.09.2018

33 Unter „säkular" versteht man *weltlich, profan* (auch *nicht kirchlich, kirchenunabhängig*); Gegensatz zu „geistlich". https://de.wikipedia.org/wiki/Säkular, Abruf 18.09.2018

als Hauptamtliche, wie es in den Großkirchen der Fall ist. Gemeinden sind also gut beraten, wenn sie das Wesen der Kunst selbst respektieren und Künstlern Verständnis für ihren Drang nach einmaliger Kreativität entgegenzubringen. Sie dürfen den Glauben nicht zu einer Einstampfung des kreativen Denkens missbrauchen. Andernfalls werden solche Menschen die Gemeinde auch wieder verlassen.

Was ist Kunst? Manche sagen: „Kunst kommt von Können" und meinen damit, dass ein gewisses handwerkliches Niveau den Künstler auszeichnet. Konsequenterweise wäre dann jeder, der häufig übt und das musikalische Handwerk versteht, ein Künstler. Das wäre im Blick auf das Besondere und Eigentliche der Kunst jedoch viel zu wenig. Die Unterschiede zum professionellen Künstler und zur künstlerischen Persönlichkeit in der Gemeinde wurden bereits erläutert. Das weithin rätselhafte Wesen der Kunst wird damit nicht getroffen. Kunst ist im allgemeinen eine Erfahrung und Praxis, die es schafft, den Menschen aus seiner Sicht der Welt herauszuholen und ihm eine andere Perspektive vor Augen zu führen. So erzeugt sie durch die Musik ein anderes Gefühl und einen anderen Geschmack für das Leben. Kunst ist nicht nur eine kleine ästhetische Verschönerung, eine nette Illusion, um den tristen Alltag aufzufrischen. Kunst ist kein Anstrich, sondern ein Gemälde. Kunst ist kein Echo, sondern ein eigener Klang. Kunst kommt aus einer Zwischenwelt und öffnet die Pforten für eine andere Wahrnehmung als die der oberflächlichen Betrachtung. Sie will nicht nur eine weitere praktische Lebenserleichterung sein, nicht nur ein ästhetischer Nutzen. Sie hat manchmal eine Magie und einen Zauber, der sich nicht erklären lässt. Kunst kann deshalb revolutionär sein, subversiv und umgestaltend wirken. Deshalb fürchten alle gleichschaltenden ideologischen Systeme die Kunst. Sie hat eine Kraft, die wir sonst nur aus der archaischen Religion oder dem Rausch kennen.

Religion ist Widerspruch

Religion ist vom reinen Wortverständnis her „Rückbindung" (lat. *religio*). Sie verkörpert ein Urgefühl im Menschen, dass es irgendwann ein idealeres Sein gegeben hat, das wir verloren haben. Sie nimmt ein Störgefühl in der menschlichen Seele wahr und gibt ihm eine Stimme. Dieses religiöse Urgefühl erhebt mit lauter Stimme Einspruch gegen die reine Akzeptanz des Daseins. Es ruft: „Das kann nicht alles sein!" und „Die Welt ist nicht genug!". Wer religiös wird, bekennt sich zu einem Leiden an dieser Welt, wie sie ist. Er muss kein Verlierer der Gesellschaft sein, um so zu fühlen. Er spürt aber eine Differenz zwischen dem, was ist und dem, was sein könnte, ja vielleicht sogar sein sollte. Er begehrt auf gegen den Status Quo und drängt zu einer höheren Ordnung durch eine andere Sicht der Dinge. Jeder wie auch immer geartete Glaube an Gott bildet einen provokativen Standpunkt. Wer von ihm ergriffen ist, stellt die Welt infrage, gerät in einen Zwiespalt und findet doch in seinem Glauben eine tiefere Gewissheit als alle anderen Gewissheiten. Er will nicht nur verschönern und beschönigen, sondern die Wurzel des Hässlichen suchen und bekämpfen. Darin wird der Religiöse wie der Künstler oft radikal und kompromisslos, wenn seine Religion und seine Vorstellungen vom Ideal ihm nicht Sanftheit und Demut gebieten, wie es bei Jesus zum Ausdruck kommt. Kunst hat in ihrem Wesen diese alles in Frage stellende Urkraft der Religion. Der evangelische Theologe Paul Tillich ist sogar der festen Überzeugung, dass Kunst immer eine religiöse Dimension hat, auch wenn der Künstler selbst sich als unreligiös bezeichnen würde[34].

Rausch und Nüchternheit

Die zweite Kraft, die dem Künstler nahesteht, ist der Rausch. Wir wollen versuchen, den Rausch ohne eine sofortige moralische Wertung anzuschauen. Rausch ist zunächst einmal der Gegensatz zur nüchternen Erfahrung der Wirklichkeit. Es ist ein emotionaler Zustand der Ekstase, der jemanden über seine normale Gefühlslage hinaushebt. Das kann in der Sexualität, bei Drogen- oder Alkoholkonsum und in der Entfaltung eines Arbeitsflusses geschehen, der uns „wie im Rausch" kreativ sein und schaffend wirken lässt. Der Rausch ist das Mitreißende, das Ungewöhnliche und Herausgehobene in der Normalität. Er ist etwas, dass uns eine Art der Vergewisserung schenkt, dass wir lebendig sind. Rausch als Intensiverfahrung gehört zu jedem Leben, ganz gewiss jedoch zur Kunst. Er wird zur Gefahr, wenn er zur Weltflucht und zur Sucht wird. Es ist immer tragisch mitanzusehen, wenn Menschen durch eine Fixierung auf Rauschzustände die

34 „Kunst kann religiös sein, ob sie sogenannte religiöse oder sogenannte profane Kunst ist. Sie ist religiös, sofern in ihr die Erfahrung letzten Sinnes und Seins zum Ausdruck kommt." Tillich, Paul: Auf der Grenze, Piper, München 1987, S. 228

Normalität des Lebens nicht mehr ertragen können. Auf der Suche nach Rauschzuständen aller Art bezahlen sie dann immer einen viel zu hohen Preis für kurze Momente des Glücks und des Vergessens. Manche von ihnen ruinieren dadurch ihr Leben.

Der christliche Glaube hat auch immer wieder Befreiung von der Sucht nach Rauschzuständen gebracht und Menschen zur Wertschätzung eines „normalen" Lebens geführt. Leider wurde dabei immer wieder auch der Rausch an sich verteufelt. Man predigt selbst heute noch in manchen christlichen Kreisen die totale Abstinenz von allen aufhellenden Stimmungsmachern wie Wein, Musik und Tanz und unterschlägt, dass Kaffee und stark zuckerhaltige Nahrung ebensolche Stimmungs-Aufheller sind, die der Gesundheit im Übermaß schaden. Manche schüren sogar die Angst vor den kleinen rauschhaften Zuständen, die in fast jeder uns berührenden Musik vorkommen. Das kann panikartige Dimensionen annehmen, wie einige Diskussionen zu euphorisierender Worship-Musik im Netz zeigen.

Zu echter Kunst gehört immer auch ein Element des Rausches oder der Ekstase. Kunst sucht die Grenze und die Tiefe, um sich nicht an der Oberfläche der Welt zu verlieren.

„Man muss noch Chaos in sich tragen, um einen tanzenden Stern zu gebären", hat Friedrich Nietzsche in „Also sprach Zarathustra" (1886) so wunderbar poetisch formuliert. Selbst wenn Friedrich Nietzsche ein Christenschreck seiner Zeit war und das konventionelle Christentum schwer angriff, können wir von seinen scharfsinnigen Analysen angepasster Mentalitäten viel lernen. Man könnte es heute auch so sagen: Man muss manchmal etwas „verrückt" sein und von den Regeln und Gepflogenheiten abweichen, um etwas Künstlerisches zu schaffen. Kunst will das Gewöhnliche durchbrechen und etwas Höheres in die Niederungen des Daseins bringen. Was wäre unsere geordnete Welt ohne tanzende Sterne? Was wäre Kunst ohne den Rausch der Sinne, ohne die Verwandlung von Chaos in Sinn und Ordnung oder andersherum ohne die Verwandlung lebloser Ordnungen in ein belebendes Chaos? Künstler suchen deshalb von ihrem Wesen her immer das Spiel der Kräfte, den Rausch des Schaffens, die Berührung mit der Intensität. Sie können nicht einfach nur Verwalter von Formen,

Kunst will das Gewöhnliche durchbrechen und etwas Höheres in die Niederungen des Daseins bringen.

Sätzen und Gedanken sein. Sie müssen von ihnen ergriffen und fortgerissen werden. Deshalb leben echte Künstler immer auf einer Grenze und tragen große Spannungen in sich.

Christliche Gemeinden und Künstler

Professionelle Künstler in der christlichen Gemeinde zu begleiten, ist deshalb eine „Kunst für sich". Christliche Gemeinden sind oft keine guten Unterstützungsgemeinschaften für künstlerische Existenzen, weil sie den Drang zur Suche nach Originellem, Einmaligem und Herausragendem zu sehr kontrollieren, manchmal sogar fast „einstampfen" wollen. Sie leben natürlich nach dem Auftrag Jesu, Menschen zu lehren (Missionsauftrag), sich am Beispiel Jesu zu orientieren (Nachfolge Jesu) und eine Erneuerung des Sinnes oder der Gesinnung herbeizuführen (was auch immer eine gewisse Disziplin und Moral mit sich bringt). Je nach theologischer Prägung kann das sehr einengende und gesetzliche Anpassungsforderungen mit sich bringen. Das aber wird von jedem echten Künstler schnell als bürgerliches Diktat von Konventionen verstanden. Er fühlt sich entmündigt und bevormundet, wenn ihm nicht in allen Stadien seiner eigenen Entwicklung das Recht und die Freiheit zugestanden werden, selbst dorthin vorzudringen.

Glaube ist leider häufig kein offenes Angebot, sondern ein Glaube nach Schablone, die Einnahme eines Medikaments nach verordnetem Rezept. Das ist keine lebendige Inspiration zu einem Vertrauen auf Gott in den Spannungsfeldern auch des künstlerischen Lebens. Künstler brauchen in Gemeinden mehr Verständnis für ihre radikale Suche nach Echtheit und Tiefe. Man darf sie nicht schon deshalb verurteilen, weil sie damit manche Konvention verletzen. Es zeigt vielmehr wirkliche Größe, wenn wir zugeben, dass wir in unseren Gemeinden oft sehr bieder und bürgerlich angepasst sind, anstatt aus der Liebe zu Gott heraus neue Maßstäbe zu setzen. Doch das ist nur die eine Seite der Wahrheit.

Anbetungsmusik ist mehr als Selbstvergewisserung

Denn letztlich ist der Glaube an Gott nicht mit einem Glauben an die Kunst gleichzusetzen. Die Kunst ist kein guter „Herr und Hirte" unserer Existenz. Kunst ist wie ein wildes Pferd, das gezähmt werden muss, aber nie so, dass es seine Kraft und Wildheit ganz verliert.

Wer immer nur völlig authentisch in den Parametern seiner eigenwilligen künstlerischen Existenz leben will, wird das Leben, von dem Jesus spricht, nicht finden. Es gehört auch ein Stück Selbstverleugnung oder Einschränkung des Selbstentfaltungstriebes dazu, das Leben in seiner Fülle zu finden. Dazu gehören nach unserem Verständnis von Gottes Willen auch immer harmonische Beziehungen zu anderen Menschen. Das zähmt die krank machende Vorstellung von der totalen Kunst. Sie kann durch unbeherrschte Impulsivität und die Unfähigkeit zur Akzeptanz des gesellschaftlichen Lebens Chaos und Verzweiflung erzeugen. Sie kann Menschen auch auf tragische Weise vom Leben isolieren, wie es in manchen Künstlerbiografien zum Ausdruck kommt. Darum brauchen Künstler immer wieder auch eine konstruktive Distanz zu ihrem Schaffen und ihren Idealvorstellungen.

Kunst ist wie ein wildes Pferd, das gezähmt werden muss, aber nie so, dass es seine Kraft und Wildheit ganz verliert.

Christian Schlüter schreibt in der Frankfurter Rundschau:

„Der sich im Rausch seiner schöpferischen Kräfte selbst verwirklichende Künstler darf nie ganz seinem Selbstgenuss erliegen, sondern muss in einer gewissen, vielleicht nur minimalen Entfernung zu sich selbst verharren, um den Rausch als solchen überhaupt erleben zu können; zugleich entfernt sich der Künstler vom gesellschaftlich Allgemeinen mit dessen praktischen Erfordernissen, den Normen, Gesetzen und Zwecken, um sich im ästhetischen, rauschhaft erfahrenen Ausdruck seiner selbst als Künstler zu vergewissern.“ (Christian Schlüter, FR, 3.2.2009)

Ein Balanceakt der Harmonie

So ist die Spannung zwischen widersprüchlichen Elementen charakteristisch für alles Künstlerische. Der Soziologe Hartmut Rosa beschreibt Kunst als ein Resonanzgeschehen, das nur dann erscheinen (oder erklingen) kann, wenn zwei widersprüchliche Elemente in einem Balanceakt der Harmonie zusammenfinden.

„Kunstgeschehen ist ein Resonanzgeschehen, ein Antwortverhältnis zwischen zwei eigenständigen, sich stets auch widersprechenden, oftmals auseinanderstrebenden und sich in gestaltendem Ringen transformierenden Stimmen. Es kann deshalb auch scheitern (zu große Offenheit oder Rigidität, zu enge Bestimmtheit oder zu vage

Unbestimmtheit des kreativen Impulses. Weil Kunst in diesem Sinne ein unkontrollierter Balanceakt ist, bleibt sie unverfügbar und unwahrscheinlich, kann scheitern und wird im Schaffensprozess oft als Leidensgeschichte erfahren." (Hartmut Rosa: Resonanz, Suhrkamp 2018 S.478)

Die christliche Gemeinde hat hier viel mit der Kunst gemeinsam, denn sie kann auch scheitern, wenn sie eine zu große Offenheit auf der einen Seite oder eine zu große Starrheit (Rigidität und Rigorosität) andererseits vermittelt. Gesunder Glaube braucht eine Balance zwischen enger Bestimmtheit in der Anlehnung an die Quellen und Traditionen des christlichen Glaubens und einer vagen Unbestimmtheit, die Raum für das persönliche Denken, Fühlen und Experimentieren lässt. Konservativ geprägte Gemeinden betonen oft die Notwendigkeit der rigiden Bestimmtheit. Ihre Prediger polemisieren: „Wer für alles offen ist, kann nicht ganz dicht sein!" Das ist zunächst einmal eine Unterstellung. Wer für alles offen ist, kann sich am Ende immer noch entscheiden, was er davon gutheißt und übernimmt. Wer aber von vornherein die Mauern hoch und die Zäune eng zieht, hat nur einen eingeschränkten Blickwinkel und einen begrenzten Spielraum. Wer die angeblich bedrohte Sicherheit zu stark betont, tötet die Freiheit. In der Politik ist das immer eine Bewegung hin zum Faschismus (ein Übermaß an Recht und Ordnung, straffe Führung durch starke Führergestalten). In der Religion ist das immer eine Bewegung hin zum Fundamentalismus, dem kompromisslosen Festhalten als religiösen Weltbildern, die keinen zeitlichen Wandel erlauben. „Die Freiheit stirbt mit Sicherheit", d. h., sie stirbt mit Gewissheit, wenn die Sicherheit zu stark betont wird.

„Die Freiheit stirbt mit Sicherheit", das heißt, sie stirbt mit Gewissheit, wenn die Sicherheit zu stark betont wird.

Der Glaube an Gott soll Sicherheit geben, aber auch gleichzeitig in die Freiheit führen. „Zur Freiheit hat uns Christus befreit" und „Wo der Geist des Herrn ist, da ist Freiheit", schreibt Paulus im Blick auf die religiösen Fundamentalisten seiner Zeit. In der Gemeinde ist die Freiheit der Kunst nicht das höchste Gut. Sie ist aber auch kein Paria. Christlicher Glaube führt in eine Balance zwischen innerem Gesetz und äußerer Freiheit, Sicherheit und Risiko, autonomer Selbstbestimmung und dem freiwilligen Verzicht darauf in besonderen Situationen.

Authentische Erfahrung und Stilisierung

Ausgehend von den hier vorgestellten Gedanken gibt es durchaus so etwas wie einen „christlichen“ Künstler. Ich verstehe darunter einen professionellen Künstler, der eine besondere Berufung zum geistlichen Dienst bekommen hat. Zur Erläuterung nehme ich ein Beispiel aus einem ganz anderen nicht-christlichen Bereich: Der deutsche Maler und ehemalige Kunstfälscher Wolfgang Beltracchi schuf Bilder im Stil bekannter Künstler früherer Epochen, die so gut nachempfunden waren, dass sie die ganze Kunstwelt über Jahre täuschten. Sie wurden als lang verschollene Bilder dieser Künstler gefeiert. Nach eigenen Angaben schuf und verkaufte er zwischen 200 und 300 solcher Bilder, die z. T. bis heute als angebliche Originale dieser Künstler noch in Museen hängen. Kriminell an seinem Vorgehen war die bewusste Fälschung mit der Absicht, einen unredlichen Gewinn daraus zu erzielen. Am Ende seines Malprozesses setzte er dann statt seiner Unterschrift die Unterschrift des lange verstorbenen Malers unter das Bild. Außerdem fälschte er Urkunden, die die Herkunft des Bildes beglaubigen sollten. Seine Reue über diese Täuschung und den Missbrauch seiner Kunst hat mich überzeugt. Seinen gesunden Stolz über die außergewöhnlichen künstlerischen Fähigkeiten, die ihm durch natürliches Talent und großen Fleiß zu eigen sind, hat er darüber nicht verloren. Nachdem er seine Gefängnisstrafe abgesessen hatte, malte er in den vergangenen Jahren weiterhin im Stil großer Maler, setzte aber dieses Mal immer seine eigene Unterschrift unter das Bild. So ist ein solches Bild jetzt ein Beltracchi im Stil von Monet, Degas oder Max Ernst. Diese Kunst ist legitim, ehrlich und sehr gut nachempfunden. Jetzt bewegt er sich in einem Bereich von künstlerischer Dienstleistung, die mit echten Kunstelementen erfüllt ist. Beltracchi kann sich als Künstler in die Diese Kunst ist legitim Meister und modernen Kunstikonen hineinversetzen, ihren Impuls nachempfinden und ein Werk in der Linie ihrer Erfahrungswelt schaffen. Gleichzeitig entwickelt er ein lebendiges, zeitgenössisches Original, in dem er Gestalten und Elemente der Gegenwart einbaut. So schafft er mit seiner Malkunst eine lebendige Brücke zwischen Vergangenheit und Gegenwart, authentischem Blickwinkel und stilisierter Perspektive.

Religiöse Erfahrung ist wie Kunst ein authentisches und unverfügbares Erleben der Wirklichkeit Gottes. Wer sie nur covert, erlebt nur die Oberfläche. Wer sie aber empfindet, durchlebt und erleidet, nimmt an ihrer Wirklichkeit teil. Er wird von ihr berührt oder gar transformiert. Das Ziel unserer musikalischen Gottesdienstkultur muss sein, dass wir die Tiefe echter religiöser Erfahrungen nachempfinden, kunstvoll (im Sinne von gekonnt) (re)produzieren und als Rahmen für religiöse Erlebnisse anderen zur Verfügung stellen können. Das ist dann sowohl authentische künstlerische Leistung wie auch ein Dienst an der Gemeinde. Wenn es nur ein Dienst im Sinne einer Pflicht ist, verliert die Erfahrung ihre Kraft und ihren Zauber. Das, was wir Menschen nahebringen wollen, haben wir selbst nicht im Griff. Wir sind im besten Fall ergriffen von Gott. Das kann sowohl in der Erfahrung seiner Nähe als auch in einer Erfahrung der Verborgenheit und Distanz geschehen. Dann ist die Nähe Gottes in unserer Sehnsucht erfahrbar, auch wenn wir die Distanz noch schmerzhaft spüren.

Religiöse Erfahrung ist wie Kunst authentisches und unverfügbares Erleben der Wirklichkeit Gottes. Wer sie nur covert, erlebt nur die Oberfläche.

Christliche Kunst darf also nicht zur reinen Propaganda-Kunst ausarten, einem leblosen Vergrößern vorgegebener Inhalte, Slogans und Klischees. Sie muss ein lebendiger und authentischer Prozess der Begegnung mit der Wirklichkeit Gottes sein – ein Ringen zwischen Klarheit und Verborgenheit, Orientierung und Offenheit, Sättigung und Anregung des Appetits. „Christliche" Profikünstler aller Kunstsparten mit einer geistlichen Berufung haben hier eine wichtige Funktion in den Gemeinden wahrzunehmen.

IV. Was braucht die Gemeinde als Rechtskörper?

Das Urheberrecht ist eine komplexe Materie, die hier nur angerissen werden kann. Außerdem ist vor allem die Umsetzung der Gesetzesvorlagen immer wieder Veränderungen unterworfen. Diese Ausführungen sind daher neben einigen grundsätzlichen Informationen eine Zeitansage zur Drucklegung dieses Bandes Ende 2018. Um die Materie möglichst komplex und praxisnah darzustellen, habe ich freundlicherweise die Unterstützung von Thomas Nowack erhalten, der seit Jahren als Fachmann vor allem für Urheberrecht und Kirchen als Referent beim Verband für christliche Popularmusik in Bayern e.V. tätig ist. Detailinformationen können beim Verband (www.popularmusikverband.de) oder für die Großkirchen auch über die Rechtsabteilungen der EKD in Hannover oder des Verbandes der Diözesen Deutschlands in Bonn eingeholt werden.

1. Urheberrecht im Anbetungsgeschehen

Anbetung findet nicht nur im privaten Bereich in einem rechtsfreien Raum statt. Die Gemeinde ist trotz ihres innerlich auf Gott ausgerichteten Charakters ein Ort, an dem geltende Gesetze des Urheber- und Aufführungsrechtes eingehalten werden müssen, das gilt auch für Privatveranstaltungen und Feiern. Deshalb muss man auch die Bedürfnisse und in diesem Fall sogar gesetzlich verankerten Rechte der Musikschaffenden, Texter und Liedverleger in den Blick nehmen.

Auch wenn Anbetung aus einem sehr intimen, persönlichen inneren Gefühl heraus geschieht und sich an Gott allein wendet, ist die Nutzung von Anbetungsliedern, die von Autoren getextet und komponiert und nicht älter als 70 Jahre sind, dem Urheberrecht unterworfen.

Was braucht die Gemeinde also an Erlaubnis, um Lieder singen, Texte kopieren oder an eine Leinwand projizieren und ihren Gästen zugänglich machen zu dürfen?

Was darf man nutzen, kopieren, präsentieren?

Man kann Lieder heute nicht mehr einfach so nutzen, indem man die Noten aus irgendeiner Quelle für die Musiker und die Gemeinde kopiert oder die Lieder per Beamer verfügbar macht. Das wurde mit neuerem Liedgut lange in Kirchen und Gemeinden so gemacht. Das entspricht aber heutzutage weder ethisch noch rechtlich den Ordnungen, in denen wir leben[35]. Durch das Gesetz zum Schutz des geistigen Eigentums besteht die Verpflichtung, den Autoren von Liedern eine Nutzungsgebühr für ihre Arbeit zukommen zu lassen. Die Verpflichtung erlischt erst 70 Jahre nach dem Tod des Texters oder Komponisten. Das Kopieren ohne Erwerb des Originals und ohne Einwilligung des Berechtigten ist laut Paragraph 53 Absatz 4 verboten, auch für private Zwecke, Übungszwecke oder zum Schonen des Originals. Es gibt keine Erlaubnis, sich für den Privatbereich Kopien anzufertigen, wie das bei musikalischen Medien der Fall ist. Hier darf man sich z. B. von einer CD bis zu sieben Kopien für den

35 In Paragraph 52 Absatz 2 des Urheberrechtsgesetzes heißt es: „Der Veranstalter hat dem Urheber eine angemessene Vergütung zu zahlen."

persönlichen Gebrauch in den unterschiedlichsten Situationen ziehen. So etwas ist mit einem grafischen Text oder einem Notenblatt nicht erlaubt. Jede Kopie muss für sich genehmigt werden.

Gema, VG Musikedition und CCLI

Jede Gemeinde muss im Sinne der Legalität zwei Rechte beachten: Das akustische Aufführungsrecht und das grafische Darstellungsrecht. Das Recht auf eine musikalische Aufführung geschützter Titel wird von der GEMA[36] wahrgenommen. Die VG Musikedition, die VG Wort und die CCLI (Christian Copyright Licensing International) sind für das grafische Darstellungsrecht zuständig. Um es in einem Bild zu sagen: Die Gema deckt die Lautsprecher ab, die VG und CCLI den Beamer oder das Liederbuch. Diese Organisationen sind – bis auf die CCLI – keine gewinnorientierten Wirtschaftsunternehmen, sondern zahlen alle eingenommenen Gelder abzüglich einer Verwaltungspauschale (bei der VG Musikedition sind das z. B. ca. 6%) an die Künstler und Verlage. Die beiden Großkirchen in Deutschland haben – außer mit der CCLI – mit allen Rechteverwertern sogenannte Pauschal- oder Rahmenverträge abgeschlossen, die bis auf wenige Details deckungsgleich sind. Manche freikirchlichen Gemeinschaften wie etwa die „Freien evangelischen Gemeinden" haben zum Teil, meist aber nur eingeschränkt, ähnliche Regelungen. Wer sich hier unklar ist sollte nachfragen. In Österreich und der deutschsprachigen Schweiz sind die Gegebenheiten häufig analog.

Die Gema deckt die Lautsprecher ab, die VG und CCLI den Beamer oder das Liederbuch.

2. Die öffentliche Wiedergabe von Musik

Zur rechtlichen Lage der Musiknutzung informiert die CCLI[37]:

„Die Wiedergabe von Musik in Gottesdiensten ist im Urhebergesetz besonders geregelt (in § 52 UrhG):

36 GEMA steht für *Gesellschaft für musikalische Aufführungs- und mechanische Vervielfältigungsrechte*. Sie ist eine staatlich legitimierte Verwertungsgesellschaft, die Nutzungsrechte aus dem Urheberrecht von Komponisten, Textdichtern und Verlegern wahrnimmt. Sie hat Verträge mit beiden großen Kirchen sowie weit mehr als tausend freikirchlichen Gemeinden und Verbänden, die es diesen erlauben, für den kirchlichen Gebrauch Vervielfältigungen (Kopien, Folien, Beamer) herzustellen und zu nutzen.

37 http://de.ccli.com/urheberrecht/

§ 52 Öffentliche Wiedergabe

(2) Zulässig ist die öffentliche Wiedergabe eines erschienenen Werkes auch bei einem Gottesdienst oder einer kirchlichen Feier der Kirchen oder Religionsgemeinschaften. Jedoch hat der Veranstalter dem Urheber eine angemessene Vergütung zu zahlen.

Das heißt, dass für Gottesdienste oder kirchliche Feiern (Taufen, Hochzeiten etc.) keine Zustimmung des Rechteinhabers für die Wiedergabe von Musikwerken erforderlich ist, es besteht jedoch ein gesetzlicher Vergütungsanspruch.

Dieser wird in aller Regel mit dem Tarif WR-K 2 der GEMA abgegolten. Jedoch greift dieser Tarif NUR für das gemeinsame Singen.“

Dies wird etwas später begründet:

„Eine Vergütungspflicht gelte nicht für den Gemeindegesang und dessen Begleitung, weil es sich dabei nicht um eine Aufführung handle; denn zu jeder Aufführung gehöre die Zweiteilung in Darbietende und Zuhörerschaft. Beim Gemeindegesang und seiner musikalischen Begleitung gebe es nur Beteiligte, aber kein Auditorium.“

Im Grunde kann man sagen, dass nur das gemeinsame Singen frei von jeglicher Verpflichtung ist. Jede Art von Aufführung wie in Vortragsstücken oder Instrumentalstücken und Einspielungen von Liedern dagegen ist anmeldepflichtig.

Für die beiden Großkirchen in Deutschland gibt es dennoch eine Meldung der Gottesdienste. Ausgewählte Gemeinden, ca. 4% bundesweit, melden dazu alle Musikteile ihrer Gottesdienste an die GEMA. Aus diesen Meldungen wird hochgerechnet. Die CCLI verlangt von allen Gemeinden, die eine Lizenz erworben haben, grundsätzlich die Meldung jeder Veranstaltung, in der gesungen und musiziert wird.

3. Die öffentliche Nutzung von Texten

In Deutschland gibt es drei Organisationen, die das geistige Eigentum der Künstler verwalten: Die VG Musikedition (www.vg-musikedition.de), die VG Wort (www.vgwort.de) und die CCLI (www.ccli.de). Alle drei haben eine Einverständniserklärung der Künstler und Verlage, in ihrem Auftrag Nutzungserlaubnisse gegen eine entsprechende Gebühr zu erteilen. Die VG Musikedition und die VG Wort sind keine christlich-kirchlichen Organisationen, sind aber als Rechteverwerter für diese Arbeit verantwortlich und übernehmen die Rechteverwaltung auch in Kirchen und Freikirchen. Ihr Abrechnungssystem ist pauschaler. Jedes Lied wird nur einmal gewertet, auch wenn es häufiger in Gebrauch ist als andere. (Erhebungen finden nur alle vier Jahre statt, Ausschüttungen basieren daraufhin immer auf diesen Vorlagen). Bei der CCLI finden die Erhebungen jährlich statt, Mehrfachnutzungen eines Liedes werden berücksichtigt.

Die CCLI hingegen ist eine Lizenzagentur zur Unterstützung von Kirchen und Gemeinden, die sich, aus den USA kommend, mittlerweile weltweit aufgestellt hat. Erst vor wenigen Jahren hat sie in Deutschland angefangen, parallel zur VG Musikedition vor allem in den Freikirchen diese Aufgabe ebenfalls wahrzunehmen – übrigens ganz im Sinne der EU, die hier ein Aufbrechen der Monopolstellung einzelner Anbieter fördern möchte. Sie bietet neben der Rechteverwaltung auch ein ganzes Paket von Dienstleistungen zur Unterstützung des Musikbereiches im Gottesdienst bis hin zu Filmaufführungsrechten an. Man spürt den Verantwortlichen ab, dass sie sehr motiviert sind, die Gottesdienstkultur in Kirchen und Gemeinden insgesamt zu stärken und zu modernisieren. Die auftretende Konkurrenz hat anfangs zu einigen Spannungen und Verunsicherungen geführt, die noch nicht ganz beseitigt sind. An dieser Stelle noch der Hinweis, dass sich die Rechtsformen der Rechteverwerter von dem der CCLI als Lizenzagentur unterscheiden. Alle Rechteverwerter sind eingetragene wirtschaftliche Vereine, dürfen also keine Gewinne machen, die CCLI ist eine GmbH.

VG Musikedition und CCLI haben inzwischen einen großen Pool von Verlagen und Künstlern, die sich manchmal überschneiden. Man muss sich anschauen, welche Lieder durch welche Organisationen abgedeckt sind. Die CCLI hat dabei den Löwenanteil der Lieder im Bereich „Praise and Worship“. Wer sichergehen will, dass alle Lieder mit christlichen Texten abgedeckt sind, sollte mit beiden Organisationen einen Vertrag abschließen. Die Gebühren für Gemeinden sind sehr moderat. Man hat sich schließlich im „Kampf um Marktanteile“ jahrelang gegenseitig unterboten, um für die Gemeindeverbände attraktiv zu sein.

Für Texter, Musikschaffende und Songwriter in den christlichen Kirchen sind diese Verwertungsgesellschaften die einzige Möglichkeit, für ihre geistigen Leistungen wenigstens einigermaßen angemessen vergütet zu werden. Die GEMA zahlt ordentlichen Mitgliedern, die über mehrere Jahre hinweg eine Art Grundeinkommen von mehr als 3000 Euro im Jahr generiert haben, sogar eine kleine Zusatzrente. Wer GEMA, VG Musikedition, VG Wort und CCLI in seiner Nutzung und Aufführung von Musik und Texten unterstützt, trägt seinen Teil zu einer gewissen Form von Gerechtigkeit bei. Das ist nach den Propheten Micha und Amos ein Aspekt, nach dem Gott in der Anbetung seines Volkes sucht.[38] Auch wenn sich Anbetung durch Gerechtigkeit in solch kleinen formaljuristischen Handlungen nicht erschöpft, ist es ein wichtiger Beitrag zu einer Anbetung, die Gott gefällt.

4. Weitere urheberrechtliche Hinweise

Es soll an dieser Stelle abschließend darauf hingewiesen werden, dass es noch eine ganze Reihe weiterer urheberrechtsrelevanter Tatbestände im Kontext gemeindlicher Arbeit gibt. So ist vor allem die Nutzung von Bildern und Filmen relevant. Aber auch eine Predigt an sich ist eine geistige Schöpfung und in dieser Hinsicht urheberrechtlich geschützt. Dies kann vor allem auf dem Hintergrund der vielen Gemeindewebseiten, die mittlerweile auch Gottesdienstmitschnitte (auch als Video) und anderes Material enthalten, nicht deutlich genug gesagt werden. Hier werden zudem auch noch Datenschutzbestimmungen berührt, etwa das Recht am eigenen Bild. Es kann nur dringend geraten werden, sich in diesem Bereich weiterzubilden, denn Gemeinden und Kirchen agieren nicht im rechtsfreien Raum, und Verstöße gegen geltendes Recht können nicht nur zivil-, sondern auch strafrechtliche Konsequenzen haben. Dass zudem auch erhebliche finanzielle Forderungen geltend gemacht werden können, dürfte sich nach diesen Ausführungen von selbst verstehen. Hier ist die GEMA bei einem nichtgemeldeten Konzert mit dem doppelten Satz noch vergleichsweise zurückhaltend.

Gemeinden und Kirchen agieren nicht im rechtsfreien Raum. Verstöße gegen geltendes Recht können nicht nur zivil-, sondern auch strafrechtliche Konsequenzen haben.

38 „Tu weg von mir das Geplärr deiner Lieder; denn ich mag dein Harfenspiel nicht hören! Es ströme aber das Recht wie Wasser und die Gerechtigkeit wie ein nie versiegender Bach." (Amos 5,23-24 LÜ) (Womit soll ich vor den Herrn treten, wie mich beugen vor Gott in der Höhe?) „... was fordert der HERR von dir, als Recht zu üben und Güte zu lieben und bescheiden zu gehen mit deinem Gott?" (Micha 6,8 ElbÜ)

1.3 Die Seele vorbereiten – Inspiration finden

Anregende Beispiele und Spaziergänge

Manche Menschen lassen sich davon inspirieren, wie andere anbeten. Sie gehen ins Internet und suchen auf Youtube und Gemeindeseiten Anbetungslieder, die sie inspirieren. Sie studieren ihre Gestik und Mimik, schauen sich ihre Instrumente und Chöre an, betrachten die Wirkung, die ihre Anbetung auf die mitsingenden Menschen hat. Ihre Idee von Anbetung wird von den neuesten Modellen einer öffentlich vorgestellten internationalen Anbetungskultur befruchtet und beflügelt. Jetzt müssen sie nur noch die Substanz des Geschauten und Gehörten abstrahieren und überlegen, wie sie das in ihrem Kontext umsetzen können.

Andere gehen lieber in die Natur, machen einen ausgedehnten Spaziergang, verweilen an schönen Orten und lassen die Stimmen und Geräusche der Natur auf sich wirken. Sie träumen davon, wie ihr Gefühl für Gott, Erfahrungen wie zartes Belebtwerden, Erlösung und Ehrfurcht oder heilige Leidenschaft eine Stimme durch ein Lied, ein Gebet oder ein Gedicht finden kann.

Die ganz andere Welt

Wieder andere finden Inspiration in der Welt der Kunst. Architektur, Bilder und Gemälde, Fotografien, Videos und Toncollagen versetzen sie in eine Stimmung der Empfänglichkeit. Sie spüren dem „Darüber hinaus", dem „Größeren" und „Ganz Anderen" nach, um ein Gefühl der Lebendigkeit, Klarheit und Dringlichkeit entstehen zu lassen. Sie fragen sich: Wie kann unsere Anbetung Gottes Wesen und Willen mit bedeutungsvollen Aktionen, berührenden Installationen und ästhetischen Erfahrungen verknüpfen. Wie kann man Menschen aus ihrem Alltagstrott von Konsum, Anpassung und wachsender Gleichgültigkeit allem gegenüber, das nicht in ihrem kleinsten Kreis geschieht, herausreißen, um sie über die Liebe zu Gott neu zur Mitwirkung an einer besseren

Wie kann unsere Anbetung Gottes Wesen und Willen mit bedeutungsvollen Aktionen, berührenden Installationen und ästhetischen Erfahrungen verknüpfen?

Welt zu gewinnen? Solche Anbetungsvorbereiter gehen vielleicht auf die Straßen, um sich von der Armut, Orientierungslosigkeit, Flachheit und Abgestumpftheit mancher Menschen erschüttern zu lassen und in ihrem Herzen für Mitleid und Veränderungskraft zu bitten.

Religiöse Abgeschiedenheit und charismatische Spiritualität

Manche Menschen ziehen sich in eine religiöse Abgeschiedenheit zurück, haben einen Ort der Stille und Begegnung mit Gott, zünden vielleicht eine Kerze an, um in einer Atmosphäre von lebendigem Licht zu beten. Sie kommen zur Ruhe, hören in sich hinein, beten still oder mit formulierten Gebeten. Manche beten auch gern in der geheimnisvoll anmutenden Welt des charismatischen Sprachengebetes, einem vertrauensvollen Formen von Silben und Lauten in unterer bis mittlerer Tonhöhe in unbestimmten Rhythmen und sprachähnlichen Mustern. Dabei äußern sie im Geist Geheimnisvolles, das den Menschen für Gott sensibilisiert und energetisch aufbaut. So kann es aus dem 1.Korintherbrief Kap. 14 gedeutet werden. Ich selbst habe damit immer wieder heilsame und kraftvolle Erfahrungen gemacht.

Andere nehmen sich eine Gitarre oder setzen sich ans Keyboard, um einige ihrer Lieblingslieder zu spielen oder gar spontan ein neues Lied zu schreiben. Auch die musikalische Schwester von Sprachengebet und Glossolalie[39], das Singen in anderen Zungen mit auf und abschwellenden Melodiegefügen stößt in ihnen etwas an, erinnert und beflügelt sie zur Anbetung. Sie suchen das Gefühl für das, was sie mit anderen in einer Anbetungszeit machen wollen, vielleicht nicht ganz so intim, mystisch und versunken, aber doch so, dass etwas vom Geist dieser Anbetung spürbar wird.

Bibel und theologische Literatur

Wieder andere nehmen ein Buch zur Hand, lesen in der Bibel und suchen in theologischen Werken nach inspirierenden Zusammenhängen, Geschichten und Zitaten. Sie sehnen sich danach, dass wichtige Glaubenslektionen in den Liedern und Gebeten der christlichen Gemeinde vorkommen. Sie wollen inspirierende Lehre und vertiefende Wahrheit in die eigene Anbetung hineinweben. Diese finden sich häufig auch in alten Liedern der Kirchengesangsbücher, die sich

39 Eine Form der lautlichen Äußerung, die in ekstatischen Zuständen auftreten kann.

deshalb als Inspirationslektüre sehr gut eignen. Gleichwohl muss man in alten Texten die dort gewonnene Inspiration etwas mühsam aufarbeiten und die Verständigung über den Inhalt in einer zeitgemäßen Sprache ermöglichen. Nur noch sehr wenige Menschen sind mit den Kulturschätzen alter kirchlicher Gesangbücher vertraut. Die meisten Menschen unserer Zeit brauchen vorher einen Einführungskurs, hilfreiche Leitlinien und vor allem Verständnishilfen. Ich kann nur jedem Leiter stilistisch moderner urbaner Worshipmusik empfehlen, sich ein evangelisches Kirchengesangbuch anzuschaffen und ein- oder zwei Mal im Jahr einen traditionellen Gottesdienst zu besuchen, um die alten Weisen und Texte auf sich einwirken zu lassen, und sei es nur als Kontrastprogramm und Folie für das, was er mit seinen neueren Liedern heute bewirken will. Es wird ihn mit Sicherheit inspirieren.

Nur noch sehr wenige Menschen sind mit den Kulturschätzen alter kirchlicher Gesangbücher vertraut.

Fragen, die zu den Wurzeln führen

Wer den frischen Hauch eines Gefühls von lebendiger Verbundenheit zu einer Sache finden will, muss sich einfach noch einmal die Grundfragen stellen. Warum will ich das überhaupt? Warum ist mir das wichtig? Was fasziniert und begeistert mich grundsätzlich an dieser Aktion? Wofür mache ich das eigentlich? Was bringt es mir und anderen? Wohin könnte das führen, wenn es erfolgreich ist? Wer sich diese Fragen im Blick auf die vor ihm liegende Anbetungszeit stellt und dabei innerlich betet, wird sicher irgendwann eine Resonanz in seinem Inneren spüren. Der Glaube und das Verhältnis mit Gott werden neu aufleuchten. Etwas wird sich regen und zeigen. Diese Fragen führen an die Wurzeln. Die Wurzeln tragen den Lebenssaft zu den Stielen und Ästen, damit sie Blätter und Blüten hervorbringen.

Anliegen und Archetypen der Anbetung

Zur Vielfalt einer inspirierenden Anbetungskultur gehört ein Überblick über die großen biblischen Themen, Anbetungsprachen und Grundtypen. Wer sich noch einmal die von mir vorgestellten Anliegen, Archetypen und Grundhaltungen aus den ersten beiden Büchern dieser Trilogie anschauen möchte, um seine Akzente für eine aktuell bevorstehende Anbetungszeit zu finden, findet im Anhang dieses Buches einen Überblick (siehe Seite 226).

1.4 Das Repertoire sichten

Sucht man ein Bild für eine begrenzte Auswahl unterschiedlicher Angebote zur Stillung eines elementaren Bedürfnisses, drängt sich einem die Speisekarte eines Restaurants auf. Mit 20 bis 30 Vorspeisen, Hauptgerichten und Desserts wird der Kunde im Stil dieses Restaurants gut bedient. Die Küche hat für diese Gerichte eingekauft, und der Koch kann sie gut zubereiten. Man grenzt in der Gastronomie sein Angebot auf eine Auswahl ein, die man in hoher Qualität relativ schnell erstellen kann.

Wenn wir die gängigen christlichen Gottesdienstmodelle anschauen, könnte sich der Vergleich mit verschiedenen Restaurantketten aufdrängen. Es gibt nicht nur kleine individuelle Pizzerien, Sushi-Stände und Gasthäuser mit traditioneller deutscher Küche, sondern auch große Marken, die für eine bestimmte Esskultur und ihre Geschmacksrichtungen bekannt sind. So gibt es traditionelle Kirchen mit einem traditionellen Angebot, Freikirchen mit unterschiedlichen Schwerpunkten, Haus-Gemeinden und Gemeindegründungen mit individuellem Charme, ethnische Gemeinden anderer Kulturen und größere Event-Gemeinden nach internationalen Vorbildern mit modernem Appeal für junge Erwachsene. Allen gemeinsam ist, dass sie dem geistlichen Hunger der Menschen ein Angebot machen, das auf die Vorlieben und Gewohnheiten bestimmte Gruppen ausgerichtet ist. Wenn man davon absieht, dass manche von ihnen die anderen abwerten und grundsätzlich in Frage stellen, ist dies an sich ein bereicherndes Spektrum, eine Fülle, die Auswahl und individuelle Zugänge möglich macht.

Grundsätzlich unterscheide ich drei Formen von christlichem Gottesdienst, wenn es um die Zusammenstellung einer Liedfolge für die Anbetung geht: Den liturgischen, den thematisch-konzeptionellen und den charismatisch-energetischen Gottesdienst.

1. Der liturgische Gottesdienst

Er entspricht dem Klischee des Gottesdienstes, das auch über unsere Radio- und Fernsehgottesdienste das Bild christlicher Feierkultur geprägt hat. Mit dem Begriff Klischee meine ich in diesem Fall keine Abwertung, sondern das normale Muster. Er beginnt mit liturgischen Formeln (z. B. „Im Namen des Vaters und des Sohnes und des heiligen Geistes“) und endet mit einem an der Bibel ausgerichteten Segensspruch. Er ist in Liedern und Themen dem Ritus und Rhythmus des Kirchenjahres nachempfunden.

Vorgegebene Texte, Lesungen und ausformulierte Gebete bestimmen das Gesamtbild. Die Lieder ergänzen, illustrieren und füllen diesen liturgischen Rahmen (das altgriechische Ursprungswort *leiturgeia* heißt übrigens „Dienst am Volk"). Die Liedauswahl für einen liturgischen Gottesdienst ist dominiert vom Repertoire der jahrhundertealten Liedkultur kirchlicher Gesangbücher. Neues geistliches Liedgut wird dort eher auf Sonderveranstaltungen vorgestellt und aufgegriffen. In solch einem Gottesdienst sind modernere Anbetungslieder bisher nur Farbtupfer und Einzelphänomene. Die Liedauswahl beschränkt sich auf das altvertraute Kirchenliedgut, das allerdings periodisch mit neueren Liedern aufgefrischt wird. Gesangsbücher wie das katholisches Gotteslob und das Evangelische Kirchengesangbuch werden auch in gewissen Abständen immer wieder neu gefasst. Das allerdings kommt schon einem besonderen Ereignis nahe. Schließlich müssen hier Millionen von Büchern neu gedruckt und verteilt werden.

Im liturgischen Gottesdienst dominiert altvertrautes Kirchenliedgut.

2. Der thematisch-konzeptionelle Gottesdienst

In den Freikirchen hat man sich in vieler Hinsicht von liturgischen Vorgaben gelöst. Der Gottesdienst dreht sich um die Verkündigung, das Singen von Liedern dient überwiegend dem Heranführen an und Reflektieren über die Verkündigung. Das musikalische Erscheinungsbild vieler Freikirchen ist eine sehr spezielle kulturelle Erfahrung. Sie ist noch nicht die existenziell-persönliche Erlebniswelt, die in der Popmusik und in der dritten Gruppe kirchlicher Liedkultur vorkommt. Sie steht irgendwo zwischen dem liturgisch-traditionellen Zugang und der emotional-ergriffenen Welt charismatisch-energetischer Gottesdienstwelten.

Hier gibt es vielfach noch Liederbücher mit einem einheitlichen Repertoire. Doch das enthält nur noch wenige altkirchliche Klassiker und mehr ein gewachsenen Sonderliedgut aus Zeiten mit großen Gemeinschaftstagungen oder Zeltevangelisationen, das schwer zu beschreiben ist. Es ist noch nicht modern und zeitgemäß im Sinne unserer heutigen Liedkultur, aber auch schon anders und manchmal fast revolutionär gegenüber der klassisch-liturgischen Liedwelt.

Die Lieder haben zum Teil etwas sehr Volkstümliches, manchmal aber auch etwas Intellektuell-Sperriges an sich. Sie zeugen vom Geist ihrer Bewegung und haben innerhalb dieser gewachsenen Glaubenskultur eine hohe Identifikationskraft („Das sind wirklich unsere Lieder"). Sie sind aber für Neuzugänge musikalisch äußerst gewöhnungsbedürftig. Hier mischt sich allerdings auch immer mehr neueres Liedgut in die Gottesdiensterfahrung. Häufig werden hier zusätzlich zu den Gesangbüchern auch Beamer eingesetzt.

Das Liedersingen hat zunächst einen eher kognitiven Schwerpunkt. Es ist ein bewusstes und manchmal auch umständlich bemühtes Nachdenken über theologische Inhalte. Die Zusammenstellung einer Liedgruppe hat häufig keinen „Flow", keine Erfahrung des Fließens. Es ist vielmehr ein ständiger Stop-and-go-Modus mit sehr viel erklärender Anmoderation. Für manchen lebenslustigen Zeitgenossen wirkt es eher verhalten, distanziert, nachdenklich, vornehm, gesetzt, ein wenig bürgerlich-intellektuell. Es hat alles in allem etwas sehr Konventionelles, Vorsichtiges und Bemühtes. Das wird aber je nach Menschenschlag und persönlichem Empfinden auch als sehr wohltuend empfunden und zieht immer noch und immer wieder Menschen an. Die Liedauswahl wird sich hier sehr stark mit der Frage des Predigt-Themas beschäftigen.

Im thematisch-konzeptionellen Gottesdienst hat das Liedersingen einen kognitiven Schwerpunkt.

3. Der charismatisch-energetische Gottesdienst

Dieser Gottesdiensttyp hat das Ziel, eine unmittelbare Lebendigkeit spürbar werden zu lassen, Begegnungen zwischen Mensch und Mensch einerseits und Mensch und Gott andererseits zu ermöglichen. Charismatisch muss hier nicht pfingstlich-theologisch verstanden werden. Das Pflegen einer Wirkungswelt biblischer Charismen (Gaben des Geistes nach 1.Kor. 12-14) ist nicht notwendig. Dieses Glaubensgut mit der Betonung auf dem Wunder als Erweis der Gegenwart und Wirklichkeit Gottes wird heute selbst in pfingstkirchlichen Kreisen wegen der Umstrittenheit einzelner Begleitphänomene oft zurückgefahren. Charismatisch-energetisch ist der Gottesdienst schon wegen seinem Eventcharakter – charismatische Persönlichkeiten, anziehende und faszinierende Musikwelten im Stil zeitgemäßer Popkulturen und eine Gottesdienst-Ausrichtung an praktischen Erkenntnissen. Das sind die modernen Charismen (Gnadengaben Gottes), nach denen junge Gemeinden streben.[40]

Hier wird Lebenshilfe aus der Quelle christlicher Glaubenserfahrung angeboten. Menschen kommen, um etwas zu erleben und etwas „Handfestes“ für sich mitzunehmen. Und das ist hier nicht nur etwas Gedankliches oder Soziales, sondern immer auch etwas Emotionales und persönlich Stärkendes. Lieder werden hier meist in einem Block vorgetragen, damit sich die Dynamik einer Konzertatmosphäre entwickeln kann. Hier geht es vor allem darum, etwas freizusetzen, einen Erlebnisraum zu entfalten. Man ist offen für Emotionen der Freude.

Im charismatisch-energetischen Gottesdienst will man mit einem inspirierenden Event ein positives Gemeinschaftsgefühl erzeugen.

Das Klatschen zu den Liedern, rhythmisches Mitschwingen, Wippen oder Hüpfen gehören zu einer allgemeinen Ausgelassenheit, die hier gesucht und gepflegt wird. Lieder werden nicht nur nach dem theologischen Inhalt ausgesucht, sondern nach ihrer emotionalen und verbindenden Wirkung. Die Stimmigkeit der Atmosphäre, die Energie eines gemeinsamen Erlebnisses und der Wunsch nach einer positiven Demonstration des Glaubens stehen im Vordergrund.

Das sind die Gottesdienstkategorien, die ich in meinem bisherigen Leben als Teilnehmer, Pastor und reisender Künstler überwiegend besucht und begleitet habe. Alle drei Formen haben ihre Anhänger und ihre Berechtigung. Der Hunger nach Lebenssinn, innerer Orientierung und Verbundenheit mit Gott wird mit unterschiedlichen Angeboten gestillt. Alles ist Gottesdienst und enthält Nahrung für die Seele. Geistlich gespeist wird in ihnen allen, mal mehr und mal weniger gehaltvoll. Gott wird überall gesucht und „verinnerlicht“, nur mit unterschiedlichen Esskulturen und Vorlieben für die Art der Zubereitung einer Glaubensmahlzeit.

Mehr als ein Dienstleistungsangebot

Es gibt allerdings einen kleinen Schönheitsfehler in dem Vergleich von Restaurantketten mit der Anbetungskultur eines Gottesdienstes: Im Restaurantbetrieb herrscht eine ganz andere Philosophie

40 Ich kann schon die alten Recken poltern hören:
„Und das genau ist das Problem mit der heutigen Zeit!“

als in einem Gottesdienst. In ersterem ist der Kunde König, seinen Geschmack zu befriedigen ist oberstes Gebot. Außerdem geht es darum, ein Geschäft zu machen, für ein Restaurant eine legitime Philosophie.

Anders sieht es bei der Ausrichtung eines Gottesdienstes aus.

Seit Ende der 80er Jahre sorgt der US-amerikanische Autor George Barna[41] mit seinen Veröffentlichungen zur „Marktfähigkeit der Gemeinde" mit Titeln wie „Die verbraucherfreundliche Gemeinde" und „Die Vermarktung der Gemeinde" für Aufsehen und Aufruhr. Seine Bücher sind nüchterne Gegenüberstellungen von dem, was Unternehmen beachten müssen, um Kunden zu gewinnen, und dem, was Kirchen tun, um ihre Botschaft und ihr Angebot zu den Menschen zu bringen. Es scheint, dass seine Botschaft in vielen US-amerikanischen Kirchen und darüber hinaus Gehör fand und sie aus blinden Flecken einer religiösen Überheblichkeit herausführte. Das ist sicher positiv zu bewerten. Gleichzeitig provozierte allein seine Sprache von Zielgruppen und Marktfähigkeit einen berechtigten Widerspruch, ein Aufbegehren und Hinterfragen dieser Position. Sollten Gemeinden es vor allem darauf anlegen, bei den Menschen gut anzukommen? Dann müsste man sich nur mit Umfragen danach erkundigen, was die Leute sich von der Kirche wünschen und diese Wünsche konsequent umsetzen. Es könnte sogar zu einer zynischen Haltung führend, die stillschweigend akzeptiert, dass die wirtschaftliche Selbsterhaltung einer Gemeinde und ihrer Institutionen das höchste Ziel einer Kirchenarbeit ist. Dem muss man aus einer theologischen Perspektive selbstverständlich entgegentreten, weil Hingabe an die Armen und Schwachen, Konfrontation von Egoismus und Verlogenheit, das hartnäckige Eintreten für eine faire und universale Gerechtigkeit in diese „Mission" nicht passt. Wenn die Kirche nur zu einem Mechanismus verkommt, der erfolgreich Menschen anzieht und an religiöse Angebote bindet, hat sie ihre Berufung und Würde verloren.

Es geht im Gottesdienst und speziell in Zeiten der Anbetung um die Kultur der Ehrung Gottes, die Unterstützung eines christlich geprägten Lebens und den Versuch, ein gemeinsames Bekenntnis zu Christus aufzurichten. Das Entertainment-Element oder die Suche nach „Kundenzufriedenheit" ist zwar nicht außen vor, steht aber

41 https://en.wikipedia.org/wiki/George_Barna, Abruf 6.09.2018

weiter unten auf der Skala der Prioritäten. Barna selbst prägte die Wortschöpfung „Spiritainment" – die Kombination von Spiritualität und Entertainment, um die geistliche Sichtweise von Menschen zu beeinflussen. Die Kombination eines höheren Wertes mit Entertainment, einer unterhaltsamen Vermittlung, ist schon in der Pädagogik eine sinnvolle und erfolgreiche Angelegenheit geworden. Sie darf im Anteil des Unterhaltsamen nur nicht „aus dem Ruder" geraten.

In der christlichen Kirche herrschen erkenntnistheoretische, seelsorgerliche und pädagogische Aspekte vor. Gott ist das, was uns als Menschen „unbedingt angeht" (Paul Tillich). Wir dürfen ihn nicht auf eine Vorliebe reduzieren. Wir dürfen die Glaubenssubstanz nicht für das schale Glitzern und Funkeln von Unterhaltungsmechanismen opfern. Glaube ist nach der Bibel auch ein Gerettetwerden aus Verlorenheit, ein Befreitwerden von der Macht der Finsternis, eine prophetische Konfrontation des Geistes dieser Welt und ein Ruf in die Öffnung für den Geist Gottes. Wahrer Glaube an Gott führt immer zu einer vertrauensvollen Hingabe an Gott, verlangt am Ende eine innere Einsicht und Umkehr, einen Sinneswandel. Das kann man nie auf den rein ästhetischen oder erbaulichen Faktor einer Veranstaltung reduzieren. Es geht also immer um „mehr als nur ein Wort", auch wenn dieses Wort so verständlich und zugänglich wie möglich ausgedrückt werden sollte.

Ich suche als christlicher Gestalter einer Anbetungserfahrung also Lieder aus, die einem höheren Zweck dienen, aber gleichzeitig so gestaltet sind, dass sie den Teilnehmern entgegenkommen. Die Lieder müssen nicht nur theologisch unserem Glauben entsprechen und sprachlich angemessen sein. Sie müssen darüber hinaus gefällig, eingängig und gut singbar sein. Sie sollten außerdem für die mitwirkenden Musiker und das vorhandene Instrumentarium spielbar sein.

Gründe für ein begrenztes Liedrepertoire

Je größer eine Sammlung von Anbetungsliedern ist, desto schwieriger ist es, neue Leute auf einen gemeinsamen Stand zu bringen, vor allem, wenn man erwartet, dass die Leute alles auswendig spielen (was in den neueren Event-Gemeinden häufig vorkommt). Ein aktuelles Programm der Gemeinde darf dann eigentlich die Zahl 20 nicht übersteigen. Manche Gemeinden begrenzen ihr Repertoire auf 20 Lieder im Quartal. Alle beteiligten Musiker müssen diese 20

Lieder abrufbar spielen können. In den Gottesdiensten werden dann nur Variationen von Sets aus dieser Top Twenty-Sammlung gespielt.

Der Nachteil ist: Man grenzt sich so stark ein, dass die Zuhörer nach einer Weile das Gefühl bekommen, alles schon gehört zu haben und wie in einer Wiederholungsschleife bei den Spartenradios unserer Tage zu stecken. Auch die Bezüge zur Predigt sind dann sehr eingeschränkt. Doch das andere Ideal – „Alles muss zu allem passen" –, das manche Gemeinden für ihre Gottesdienste hochhalten, hat auch etwas Perfektionistisches. Der normale Gottesdienstbesucher erwartet sicherlich nicht, dass man in jedem Lied und jeder Moderation immer „das große Thema" mithört.

Lebensnah ist ein Gottesdienst, der wichtige Elemente enthält, die Menschen berühren, stärken und trösten, ohne durch allzu große Vorhersehbarkeit zu ermüden oder zu langweilen. Wenn die Anbetungszeit einen eigenen lebendigen Charakter hat, kann die Predigt sich thematisch in ganz anderen Gedankenwelten bewegen und ihr eigenes Leben entfalten, ohne dass das wie ein Bruch empfunden wird. Solange ein Gottesdienst nicht zu einem ungenießbaren Kraut-und-Rüben-Gemisch wird, wo alles völlig unkoordiniert erscheint, kann man „frei aufspielen".

Wenn die Anbetungszeit einen eigenen lebendigen Charakter hat, kann die Predigt sich thematisch in ganz anderen Gedankenwelten bewegen, ohne dass das wie ein Bruch empfunden wird.

Gründe für ein größeres Liedrepertoire

Wer die Top Twenty-Begrenzung einer schlanken zielgruppenorientierten Arbeit nicht unbedingt braucht, kann auf mehr Lieder zurückgreifen, eine Stilvielfalt kultivieren und mehr Menschen mit unterschiedlichen Geschmacksvorlieben integrieren. Dafür spricht einiges!

Dabei sollte man aber Musikteams mit unterschiedlichen Neigungen ein Repertoire von nicht mehr als 20 bis 30 Liedern ihrer Wahl nahelegen. Für alle sollten vielleicht 20 Titel grenzüberschreitend abrufbar sein, die man in einem spontan zusammengewürfelten Mix immer noch schnell und sicher aufführen oder einleiten kann.

Man könnte dann ein großes Repertoire aus 50 bis 100 Liedern sammeln, von denen jedes Team 16 plus 10 gut spielbar parat hat. Vor allem, wenn Gemeinden darauf bestehen, dass ihre Lieder auswendig gespielt werden, reduziert sich die Anzahl der stets vorhandenen Lieder noch einmal. Ich persönlich denke, dass eine unauffällige Unterstützung wie ein iPad oder ein Ablaufsheet auf einem Notenständer kein Hindernis für ein gelungenes Konzert- oder Anbetungserlebnis ist. Im Vordergrund steht das Singen und Beten der Menschen im Publikum. Die Aufmerksamkeit ist ohnehin in hohem Maß auf die Leinwand mit dem Liedtext gerichtet. Die Orientierung der Musiker an einem Hilfsmittel zur Erinnerung sollte keine große Ablenkung sein. Es darf aber nicht zu langen Suchpausen nach dem richtigen Lied kommen. Jede Vorbereitung sollte gründlich und gut überlegt sein, darf aber nicht perfektionistisch werden.

Das Sichten der Liedsammlung

Mit der Zeit sammeln sich durch Gewohnheit und das Bedürfnis nach Vollständigkeit erhebliche Liedbestände an. Die Tendenz in vielen Gemeinden geht heute zu einem schlankeren Arbeitsmaterial für das laufende Gottesdienstangebot. Wer sein vorhandenes Liedgut verschlanken und für den Zeitkorridor der nächsten Monate aufstellen will, kommt deshalb nicht umhin, eine praxistaugliche Auswahl zu ermitteln und sich von anderen Liedern zu trennen.

Ich will nicht das Wort „Ballast" benutzen, weil Lieder über Heiliges mit der Zeit auch eine Aura des Heiligen annehmen. Von Heiligem selbst will man sich aber nicht trennen. Das Heilige kann und sollte auch nicht zum Ballast werden. Es ist die Verquickung von Heiligem und Vorübergehendem in den Liedern (Wahrheit ist ewig, Sprache und Gebrauchskultur sind vergänglich), was uns zögern lässt. Die Spannung zwischen ewig Gültigem und zeitlich Nützlichem wird auch in der Liedkultur der Gemeinde sichtbar. Die Trennung wird leichter, wenn wir nur nach dem Nutzen der Lieder für die Gegenwart und ihre unmittelbare Zukunft fragen. Wir stellen ihren grundsätzlichen Wert nicht infrage. Man kann eine Liedsammlung nach zwei Fragen sichten, d.h. überprüfen, ob Lieder bleibenden Bestand haben sollten.

Die Spannung zwischen ewig Gültigem und zeitlich Nützlichem wird auch in der Liedkultur der Gemeinde sichtbar.

Die erste Frage lautet: Welche Lieder dürfen auf keinen Fall fehlen, weil sie für unser Glaubens- und Lebensgefühl heute definierend sind? Welche Songs sind unverzichtbar und unantastbar?

Die zweite Frage ist: Von welchen Liedern können wir uns trennen? Bei welchen Liedern spüren wir schon länger gewisse Mängel, haben kleine oder größere Störgefühle in sprachlichen oder stilistischen Aspekten? Die Ehrfurcht vor dem grundsätzlich guten Anliegen jedes christlichen Liedes darf uns nicht davon abhalten, eine sinnvolle Auslese vorzunehmen.

1. Finden Sie Ihre unverzichtbaren Lieder.

Welche Lieder dürfen auf keinen Fall fehlen? Was muss aktuell bleiben?

Welche Lieder haben in Ihrer Gemeinschaft des Glaubens schon immer den richtigen Ton getroffen? Bei welchen Liedern geht den Menschen das Herz auf? Das kann man an der Körpersprache und Mimik der Teilnehmer oft gut erkennen. Welche Lieder würden die Mehrheit ihrer Besucher schwer vermissen? Das Liedgut älterer Menschen kann natürlich nicht auf Dauer den Gottesdienst mit der jüngeren und mittleren Generation dominieren. Sie brauchen ab einer gewissen Unverträglichkeit ihrer Lieder mit dem allgemeinen Befinden einen extra Termin, einen anderen Raum für ihre Erinnerungskultur. Doch die Lieder aus dem älteren Repertoire, die auch bei den anderen gut ankommen, sollten unbedingt verbleiben. Klassiker und Evergreens gehören zu einer gesunden Glaubensdiät.

2. Trennen Sie sich von Liedern mit „Störgefühlen".

Was ist vielleicht Kunst, kann aber trotzdem weg? (*Ist das Kunst, oder kann das weg?* hieß ein Programm des Komikers Mike Krüger. Es wurde zu einem geflügelten Wort.)

Trennen Sie sich zunächst einmal von schlechten Übersetzungen englischsprachiger Lieder.

Manche Hits der internationalen Anbetungscommunity sind so ins Deutsche übertragen worden, dass es fast unzumutbar ist, sie so singen zu lassen. Sie lassen an einzelnen Stellen ein falsches Gefühl aufkommen, führen gedanklich in die Irre und rufen einen sperrigen Irgendwas-stimmt-nicht-Impuls in den Singenden hervor. Eine solche Phrase ist aus meiner Sicht die Zeile „Du beherrschst alle Welt" in der Übersetzung des Liedes „Lord of all creation". Für mein Empfinden beschwört das Wort „beherrscht" sofort einen kontrollierenden Klammergriff herauf, der zu einem liebevoll Raum gebenden Gott nicht passt.

Hier bleibt für mich neben der Entsorgung des Liedes nur die Alternative:

- Lied in Englisch singen und deutsche Untertitel darunter. Die müssen sich dann nicht reimen und in den Rhythmus passen, nur sprachlich stimmig und sprachlich unmissverständlich sein.
- Dem Verlag eine E-Mail schreiben und das Problem schildern. Wenn mehrere Gemeinden Protest einlegen und fragen, ob es möglich ist, eine Übersetzung zu ändern, hätte das sicher Auswirkungen. Andererseits kann man auch als Verlag nicht allen empfindlichen Seelen gerecht werden, die bei irgendwelchen unwesentlichen Aspekten aus persönlichen Gründen „Störgefühle" entwickeln.

Trennen Sie sich auch von Liedern, die sprachlich und stilistisch nicht zu Ihrer Gruppe passen. Es gibt viele Dinge in der christlichen Theologie und Erfahrungswelt, die mit einer leichten Alltagssprache nicht ausgedrückt werden können – Gnade, Herrlichkeit usw. Man muss sie manchmal akzeptieren, weil in ihnen etwas Zentrales und Tiefes zum Ausdruck kommt, das zu unserem Glauben gehört. Man muss aber auch nicht in ihnen schwelgen, sie überhöhen und eine nostalgisch rückwärts gewandte Wortkultur pflegen. Stellen Sie die Frage: Gibt es auch Lieder, die dasselbe in einer etwas zugänglicheren und zeitgemäßen Sprache zum Ausdruck bringen? Sprache ist ein vergängliches dynamisches Element des Lebens, das Wort Gottes selbst findet im Laufe der Zeit neue Sprachformen, Wortbilder und Gefäße der Kommunikation. Es bleibt als Wort in Ewigkeit, aber nicht in Sprache und Wortlaut!

Sprache ist ein vergängliches Element des Lebens. Auch das Wort Gottes muss im Laufe der Zeit in immer neuen Sprachvehikeln kommuniziert werden.

Das Bemühen um eine moderne Liedkultur, die das Ewige bewahrt, aber in neuen Begriffswelten ausdrückt, ist heute überall groß, auch und zum Glück vor allem in unserer deutschen Sprache. Wer sucht, hört und vergleicht, wird finden.

Liedkatalog mit Kategorien

Eine gute Maßnahme, um für immer wiederkehrende Motive, Stimmungen und Situationen passende Lieder zu finden, ist die Entwicklung eines Liedkataloges nach eigenen Nutzungskriterien.

Fast alle kirchlichen Liederbücher sind nach einem solchen System gegliedert. Ihr Reichtum aus mehreren Jahrhunderten Kirchenmusik wird mit Recht in vielen Kirchen gepflegt, bewahrt und an künftige Generationen weitergegeben.

Gleichzeitig ist vieles an diesen alten Liedern stilistisch und sprachlich so sperrig geworden, dass man besser neben diesem Großkompendium ein kleineres, praktisches und für unsere Zeit besser passendes System entwickelt.

Sechs wiederkehrende Lied-Kategorien

1. Einstiegslieder (Sammlung und Motivation)

Welche Lieder passen zu der Anfangsphase eines Gottesdienstes? Sie sollten leicht und zugänglich genug sein, um von allen schnell aufgegriffen und mitgesungen zu werden.

2. Bekenntnislieder (Ehre und Dank)

Welche Lieder bauen auf dem Gefühl der Dankbarkeit auf? Welche Lieder bekennen das Wesen und die Wirklichkeit Gottes in einer kraftvollen und tröstlichen Weise?

3. Gebets- und Anbetungslieder (Stille und Staunen)

Welche Lieder führen in eine Atmosphäre der Nähe vor Gott? Was löst Staunen, Ehrfurcht, Betroffenheit und eine tiefe Liebe zu Gott aus?

4. Sonderliedgut zu Kirchenfesten und besonderen Anlässen

Jedes Jahr gibt es mit Weihnachten, Ostern, Pfingsten und Co. wiederkehrende Highlights, die danach rufen, dass ihre speziellen Inhalte auch im Liedgut der Anbetung besondere Erwähnung finden. In vielen Kirchen kommen Erntedank, Totensonntag, Volkstrauertag oder Buß- und Bettag noch als besondere Schwerpunktgottesdienste hinzu. Auch spezielle Lieder zum Abendmahl oder zu Taufen, Kindersegnungen, Hochzeiten und Beerdigungen werden periodisch immer wieder gebraucht.

5. Hingabelieder (Loslassen und Vertrauen)

Nach einer Predigt, die am Ende oft einen Appellcharakter hat, wollen Menschen mit neuer Hingabe Antwort geben. Sie sollten zwar nicht pathetisch Treue bis zum Untergang schwören müssen, aber es hilft, wenn man auf eine Erkenntnis mit einer inneren Resolution antwortet und sagt: „Das will ich umsetzen. Ich will dieser Mensch sein, der hier vorgestellt wurde. Ich will meine Betroffenheit, Offenheit und Bereitschaft zur Kooperation mit dieser Wahrheit zum Ausdruck bringen." Viele Lieder bringen diese Haltung auf den Punkt, weil es eine zentrale Glaubenserfahrung im lebendigen Christsein ist. Es ist gut, seinen Köcher mit solchen Liedern gut gefüllt zu haben.

6. Abschlusslieder (Segen und Aufbruch)

Am Ende jedes Gottesdienstes gibt es einen Moment, wo man alle wieder auf das Leben „in der realen Welt" ausrichten will. Man braucht eine Brücke, eine Erinnerung an unseren Auftrag, eine Art Sendung in die Welt. Segenslieder, Sendungslieder und Aufbruchsstimmung gehören ebenso hierhin wie Lieder, die zur Versöhnung aufrufen. Den Frieden Gottes empfangen und in unsere zerbrochene Welt tragen, um dort als Instrument des Segens zu wirken. Sich der Gegenwart Gottes vergewissern und gleichzeitig die Welt mit ihren Brüchen und Spannungen in den Blick nehmen.

Dies sind sechs Kategorien, für die man sich zusätzlich zu den neuesten beliebten Liedern jeweils ein paar passende Lieder zurechtlegen sollte.

1.5 Die Liedfolge erstellen

In meinem Umfeld, das bisher überwiegend aus Gottesdiensten bestand, in denen eine relative Freiheit im Gestalten der Anbetungszeit gegeben war, gehe ich nach folgenden Fragen vor:

1. Wie viel Zeit habe ich zur Verfügung?

Als konzertierender Musiker wird mir in einem Gottesdienst immer ein größerer Raum als normal für die Lobpreiszeit oder den Anbetungspart eingeräumt. In den Zeiten, als ich manchmal Pastor und Anbetungsleiter in Personalunion war, habe ich die Frage in eine andere Grundfrage für den Gottesdienst eingebettet. Wie hoch ist die Aufmerksamkeitsspanne bzw. wie lang lässt sie sich für einen Aspekt innerhalb des Gottesdienstes aufrechterhalten?

Dazu gibt es sicherlich eine Art gefühlter Norm in unserer Kultur, die man respektieren sollte.

Wenn ich freikirchliche Pastoren heute frage, wie lang ihr Gottesdienst normalerweise geht, liegt die Antwort meist zwischen 70 und 100 Minuten, also eine gute Stunde oder gut eineinhalb Stunden. In der evangelischen Kirche ist der Gottesdienst nach einer knappen oder guten Stunde meistens vorbei. Manche Gottesdienste, vor allem in der dritten Rubrik (charismatisch-energetische Gottesdienste), mit starker Emotionalität und Erlebniskultur dauern auch durchaus mal zwei Stunden oder länger. Doch damit kommen wir definitiv schon an die Grenzen der Geduld und Aufnahmefähigkeit. Andere Gemeinden haben ein straff geführtes Minutenprogramm, was seine Vor- und Nachteile hat. Ich finde mich meistens in dem Bereich dazwischen wohl, weil eine extrem getaktete Planbarkeit häufig mit einer starken Formalität und Distanz einhergeht. Das Leben braucht Spielraum und „Dehnungsfugen". Das familiäre Element einer Gemeinde erlaubt eine gewisse Lässigkeit und Spontaneität, die aber immer wieder in ein gesundes Maß zurückgeführt werden muss.

Je nachdem, wie viel Zeit Predigt, Informationen und aktuelle Besonderheiten im Gottesdienst einnehmen, bleibt ein Zeitrahmen zwischen 15 und 35 Minuten, der in Gemeinden unter der Rubrik Anbetungszeit geführt wird. Das Anfangslied und ein Schlusslied würde ich aus dieser Rechnung herausnehmen. Zwischen 15 Minuten und einer halben Stunde habe ich also für einen Anbetungsblock zur Verfügung. Darin enthalten sind das Ankündigen oder Einführen des Liedes mit erklärenden Worten und Gebetspausen.

Wie lang sind die Lieder, die ich zusammenfügen möchte?

Moderne Anbetungslieder haben mit zwei Versen, einem Chorus und manchmal auch einer Bridge schon eine Länge zwischen vier und sechs Minuten. Nur die frühen Chorusse (z. B.: „Preist den Namen Jesus" oder „Er ist Herr") aus einfachen Vierzeilern konnte man in zwei Minuten singen.

So schätze ich eine Liedauswahl von vier, fünf oder sechs Liedern als gutes Maß einer inspirierenden Anbetungzeit. Davon wähle ich drei als unbedingt gesetzt und weitere ein bis drei als Optionen, die unter Umständen auch wegfallen können. Drei Lieder wären mein gefühltes Minimum, sechs Lieder mein Maximum, aber auch nur dann, wenn eines davon ein relativ kurzes Lied ist.

2. Was eignet sich als Auftakt bzw. als Schlusslied?

Ein gutes Auftaktlied setzt den Ton für den Gottesdienst. Hier suche ich nach einer guten Stimmung, einer leichten Mitsingbarkeit und einem Element des Sammelns um eine zentrale Wahrheit des Glaubens. Was ist „Common Ground" – allen gemeinsamer Boden, unser aller Glaube, Wunsch und Ziel? Es ist gut, dafür einen gut sortierten Köcher mit Spezialpfeilen zu haben.

Welche Lieder haben Aussendungscharakter? Welcher „Ohrwurm" soll die Leute in den Übergang zu ihrer normalen Lebenswelt begleiten? Was richtet die Menschen auch nach einer herausfordernden Predigt und inneren Betroffenheit wieder auf? Etwas Positives, Mutmachendes und Belebendes sollte hier geschehen, eine Art Sammlung und innere Ausrichtung.

3. Woraus soll der Hauptblock bestehen?

1. Beginnen Sie mit etwas Leichterem und Bekanntem

Für ein normales Gespräch zwischen Menschen ist ein gewisses Maß an Smalltalk auf einer entspannten Ebene wichtig, um sich zu orientieren und für persönlicheren Austausch aufzuwärmen. In unserer Kommunikation mit Gott ist es ähnlich. Es gibt eine „Aufwärmphase", dann die Zeit für tieferen Austausch und inneres

Berührtsein und einen Abschluss, der uns ermöglicht, zu anderen Dingen überzugehen. Darum schlage ich vor, in der Regel nicht mit einem melancholischen oder introvertierten Song zu beginnen, sondern etwas Gemeinschaftsorientiertes oder Zuversichtliches auszuwählen.

2. Bilden Sie einen Zusammenhang, der fließt und harmoniert

Suchen Sie einen Fluss, eine Zusammenstellung von ineinander übergehenden Musikmustern, die miteinander gefühlsmäßig harmonieren. Natürlich sollte es auch um ein Thema gehen: Die Verehrung Gottes, selbst wenn Klage und Zweifel nicht verschwiegen werden. Gruppieren Sie zwei bis drei Lieder um eine Stimmung, ein Thema oder einen Rhythmus.

Fragen Sie sich: Was fließt und harmoniert miteinander? Wodurch entstehen Schwung und Dynamik? Was bringt (musikalisch oder inhaltlich) einen Zusammenhang zum Ausdruck?

Das darf aber auch nicht zum ehernen Gesetz werden. Harmonie entsteht manchmal auch in Kontrasten und Gegensätzen, die sich aber ergänzen und wieder zusammenfinden. Manchmal ist Anbetung eine Art Kaleidoskop, das zusammengemischte Lichtspiel einzelner Farben und Formen. Mit jeder Drehung der Form fällt das Licht auf andere Glasstücke und zeichnet ein anderes Bild. Weben Sie ruhig an einem vielfältigen Quilt[42] im Patchwork-Verfahren. Behalten Sie dabei eine innere Übersicht, was harmonieren könnte – welche Klangmuster und Gedankentexturen zusammenpassen. Wenn die Teilnehmer auf eine sinnvolle und bereichernde Reise durch verschiedene Themen und Welten der Anbetung genommen werden, haben Sie alles „richtig" gemacht. Bei manchem wird ein innerer Zusammenhang nachklingen, andere werden nur partiell berührt und angesprochen. Das ist in einer Gruppe immer so.

Ein gewinnender Einstieg und ein lebendiges Gebilde harmonierender Lieder mit wertvollen Aussagen bilden einen fliegenden Teppich, der Menschen auf angenehme Weise zu Gott trägt.

42 *Quilt* = englisch für Steppdecke, Tagesdecke mit eingewebten Mustern

Der „fliegende Teppich"

Arbeiten Sie an einem „fliegenden Teppich", einem Gewebe aus guten Gedanken, das „fliegt"[43]. Suchen Sie nach einem Mix aus Inhalten und Gedanken, den man gut gemeinsam verarbeiten kann. Vermeiden Sie allzu krasse Stilbrüche und Sinnsprünge. Suchen Sie immer nach einer Art Kitt, der das Ganze zusammenhält. Das kann nicht immer thematisch oder stilistisch getrennt sein. Kunst ist am Ende ein unverfügbares, kreatives Ringen mit den Elementen, die sich einem anbieten oder entziehen.

Eine gute und funktionierende Liedauswahl hat man dann vor sich, wenn sie „zu uns spricht". Sie muss in uns das Gefühl auslösen: Jetzt lebt sie und kann etwas aussagen und bewirken. So wird sie zu einem geistlichen Erleben von Gnade, einem Gefühl lebendiger Verbundenheit und Resonanz. Vertrauen Sie ihrem eigenen Bauchgefühl. Tasten Sie sich vor. Wagen Sie Ihren Entwurf und Ihre Mischung, aber denken Sie nicht zu individualistisch von sich aus. Fragen Sie immer, was vielen Menschen dienen und ihnen eine Hilfe sein könnte. Es ist am Ende das Evangelium, die Botschaft erlösenden Glaubens, das in Verbindung mit unserem persönlichen Lebensgefühl in unserer Sprache erklingen soll.

43 Dass „etwas fliegt" ist eine Umschreibung für jede Dynamik, die nicht schwerfällig und mühselig wirkt, sondern vom Boden abhebt, andere mitreißt und spürbar Fahrt aufnimmt.

1.6 Technik und Präsentationsmedien updaten

Der Einsatz von Technik, vor allem neuer technischer Möglichkeiten, wurde in den Kreisen der Gläubigen oft kritisiert und blockiert. Technik hat etwas „Welthaftes", gehört immer zu einer ganzen Kultur von Konsum und Kommunikation, die auch andere Inhalte als die des christlichen Glaubens transportiert. Ist eine immer moderner werdende Technik eine Gefahr für den christlichen Glauben? Sollten wir, ähnlich wie viele Christen vor uns, der Technik grundsätzlich Vorbehalte entgegenbringen? Es lohnt sich, noch einmal grundsätzlich über Technik in der Welt des Glaubens nachzudenken.

Technik ist Machbarkeit

In der Bibel wird die Technik durch den Auftrag legitimiert: „Macht euch die Erde untertan" (1.Mo. 1,28 LÜ). Während Luther das hebräische Wort *kabasch* (untertan machen) noch mit einem Begriff von Unterwerfung und Herrschaft übersetzte, hat man heute in der Exegese des hebräischen Urtextes stärker die Bedeutung im Sinne von „kultivieren" (als Kulturland in Besitz nehmen, urbar, dienstbar machen) hervorgehoben. Es ist also mehr eine kultivierende Entwicklung gemeint als eine Unterwerfung oder Ausbeutung. Doch grundsätzlich ist dieser Satz eine Aufforderung, sich die Welt nutzbar zu machen, ihre Wildheit zu zähmen und ihr Potenzial zu entwickeln.

Gott fordert die Menschen auf, sich die Welt nutzbar zu machen, ihre Wildheit zu zähmen und ihr Potenzial zu entwickeln. Darin klingt die Notwendigkeit der technischen Entwicklung an.

Diese Welt ist für euch da, sagt Gott, ihr dürft und müsst sie euch in einer guten Weise aneignen und zunutze machen. Dabei ist euer Handeln, Denken und Erfinden gefragt. Steht nicht nur passiv den Phänomenen und Rhythmen des Lebens gegenüber, sondern beobachtet, lernt und zieht einen Nutzen daraus. Es ist eine Aufforderung zum „Machen". Technik ist Machbarkeit. Alle Zivilisation beruht auf diesem Willen zur Gestaltung des Lebens.

Zwei Arten der Technik

Das Wort Technik stammt vom griechischen *technikós* und leitet sich ab von *téchne*, dt. etwa Kunst, Handwerk, Kunstfertigkeit. „Technik“ kann bedeuten:

1. Die Gesamtheit der menschengemachten Gegenstände (Maschinen, Geräte, Apparate usw.).

2. Ein besonderes Können in beliebigen Bereichen menschlicher Tätigkeit (Fertigkeit, Geschicklichkeit; Gewandtheit usw.).[44]

In der Welt der Anbetung kommt beides zur Anwendung. Wir brauchen die Technik von Maschinen. Bei der Anbetung kommt heute in der Regel Darstellungstechnik wie auch Übertragungstechnik zum Einsatz. Um gemeinsam Texte sehen und miteinander singen zu können, wird Präsentationstechnik mit computergestützten Wort- und Grafikprogrammen eingesetzt. Damit man die Mitwirkenden auf der Bühne sehen und hören kann, kommen Licht und Soundtechnik zum Einsatz. Dazu gehören Scheinwerfer, Mikrofone, elektronische und akustische Musikinstrumente, Mischpulte und Lautsprecher. Um ihre Noten und Texte lesen zu können, benutzen immer mehr Musiker und Sänger Tabletcomputer. Diese Techniken des digitalen Zeitalters erleichtern das Arbeiten und verbessern die Qualität des Hörens und Sehens.

Wir brauchen aber auch die zweite Art von Technik: Das besondere Können begabter Menschen, die ihre Begabungen zu einer Technik ausgebaut haben. Dazu gehören die Technik des Spielens von Musikinstrumenten, Gesangstechnik und Kommunikationstechnik, d. h. ein Know-how über das Vermitteln von Inhalten.

Technik in der Bibel

Gibt man das Wort Technik in Suchmaschinen der Bibel ein (z. B. bei www.bibleserver.com, wo allein neun deutsche Bibelübersetzungen zu finden sind), wird man nur an einer Stelle fündig. Das seltene Vorkommen eines Wortes aus unserem heutigen Sprachgebrauch sagt aber nichts darüber aus, das dieser Aspekt der Wirklichkeit zur Zeit der Bibel noch nicht da war. Er ist in der Regel nur hinter anderen Beschreibungen verborgen. Aber nur wenige Übersetzungen sprechen von der künstlerischen Technik derer, die Edelsteine

44 https://de.wikipedia.org/wiki/Technik, Abruf 16.Juni 2016

gut beschneiden und Holz kunstvoll verarbeiten konnten (2.Mo. 31,5 GNB).

Technisches Können wird als etwas geschildert, das sowohl auf einer besonderen Begabung durch den Geist Gottes wie auch auf Fleiß, Ausbildung und gewachsener Lebenserfahrung beruht. Ein Mann namens Bezalel wurde von Gott berufen, mit dem Geist erfüllt und dadurch auch mit Weisheit, Verstand und kunsthandwerklichem Geschick ausgestattet[45]. Diese Begabung musste dann entwickelt, ausgestaltet und zu einer kontrollierten Technik gemacht werden. Seine Erfahrung gab Bezalel sicher, wie es damals üblich war, an seine Söhne weiter.

Geschenk Gottes und menschliches Entwicklungsgeschehen

So wurde Technik gleichermaßen als Geschenk Gottes wie auch als menschliches Entwicklungsgeschehen verstanden. Einerseits erfüllte der Geist Menschen mit Weisheit, Sachverstand und Feingefühl. Andererseits mussten Menschen durch Fleiß, Übung und mechanische Wiederholungen etwas entwickeln. Nicht zuletzt war und ist die Technik eines besonderen Könnens auch ein Beziehungsgeschenk. Kinder oder Freunde eines erfahrenen Künstlers hatten bessere Chancen, diese Technik früh zu erlernen. Das ist bis heute so geblieben.

Die Technik einer besonderen Fertigkeit muss durch Fleiß, Übung und mechanische Wiederholungen entwickelt werden.

Technik im Sinne eines künstlerischen Könnens fällt also nicht vom Himmel. Es ist eine dynamische Mischung aus Geschenk, Entwicklung, Erfahrung und Beziehung. Wer eine bestimmte Technik erlernen will, muss sich prüfen, ob er das Zeug dazu hat: Reicht das Interesse, habe ich das Feingefühl, bringe ich die Ausdauer mit?

Dann sollte er die Nähe derer suchen, die sein Interessengebiet beherrschen, um sich durch Beobachtung und Imitation von ihnen ausbilden zu lassen. Wer in der christlichen Welt mit Musik

45 „Siehe, ich habe mit Namen berufen Bezalel, den Sohn Uris, des Sohnes Hurs, vom Stamm Juda, und habe ihn erfüllt mit dem Geist Gottes, mit Weisheit und Verstand und Erkenntnis und mit aller Geschicklichkeit, kunstreich zu arbeiten in Gold, Silber, Kupfer, kunstreich Steine zu schneiden und einzusetzen und kunstreich zu schnitzen in Holz, um jede Arbeit zu vollbringen." (2.Mo. 31,2-5 LÜ)

und technischen Fähigkeiten mitwirken will, muss sich auch mit dem Instrumentarium und den musikalischen Techniken vertraut machen. Und das findet man häufig nur in Ausbildungsstätten, die mit dem Glauben keine besondere Allianz eingehen wollen. Junge Menschen brauchen deshalb den Mut, aus der sicheren, ihren Glauben bestätigenden Umgebung ihrer Gemeinde herauszutreten und in einem Umfeld Technik und Techniken zu erwerben, die dann wieder für die Gemeinde zum Segen werden können.

Christliche Eltern sollten ihre Kinder darin bestätigen und ihnen das Vertrauen einflössen, dass ihr Glaube auch die Bewährungsprobe einer nicht-christlichen Umgebung bestehen wird.

Übertragungstechnik und Kulturtechniken zur Zeit Jesu

Die Technik hat sich im Laufe der letzten Jahrtausende immer weiterentwickelt und in den letzten 150 Jahren durch einen Boom von Forschung und Wissenschaft eine schwindelerregende Steilkurve erklommen. Wir finden den Einsatz von Technik auf den Seiten der Bibel nur in einem sehr rudimentären Sinne. Jesus benutzte die Technik eines Bootes, um auf den See zu fahren. Dort benutzte er die Technik der Schallübertragung über eine glatte Wasseroberfläche, um zu vielen Hunderten Menschen zu sprechen. Jesus nutzte auch die räumliche Erhöhung bei der Bergpredigt, um das Wort an viele Menschen zu richten.

Was Technik im Sinne einer Kulturtechnik betrifft, beruht die grundsätzliche Kommunikation der biblischen Botschaft auf der Technik des Codierens von Bildern und Erfahrungen in Worte, die durch Schriftzeichen auf Tafeln oder Pergamentrollen überliefert werden.

Jesus nutzte diese Kulturtechnik seiner Zeit. Durch die Schriftrollen verstand er, was Menschen in der Geschichte mit Gott erlebt hatten. Er konnte nachvollziehen, wie sie dachten, was sie als den Ausdruck des Willens Gottes in ihrer Welt deuteten. Das verband ihn auch mit den Menschen seiner Zeit, die in den Schriften lasen (oder sich vorlesen ließen, wenn sie die Technik des Lesens nicht beherrschten). Jesus las in der Synagoge selbst aus der Schriftrolle des Jesaja vor, diskutierte mit den Schriftgelehrten über die Bedeutung der Schriften und hatte ein ganzes Arsenal von Bibelstellen auswendig gelernt, das er bei Gelegenheit zitieren und kommentieren konnte. Gott und Technik sind keine Widersacher. Gott ermöglicht Technik. Menschen Gottes nutzen Technik, um Gottes Anliegen in die Welt zu tragen. Technik verbindet.

Was Technik ermöglicht und verhindert

Wenn akustische Signale zu leise oder zu laut sind, kann eine gemeinsame, von vorn geleitete Anbetung nicht stattfinden. Wenn kein Mikrofon da ist, um sich über störende Nebengeräusche hinweg bemerkbar zu machen, ist keine Kommunikation möglich. Das Licht hat sowohl einen ästhetischen, atmosphärischen Wert wie auch die Funktion, die Kommunikation von Gedanken und Gefühlen optisch sichtbar und präsent zu machen. Letzteres ist besonders wichtig. Wir lassen uns nicht gerne von Stimmen aus dem Off dirigieren. Wir sehen gerne einen Menschen und ein Gesicht dazu. Haltungen und innere Einstellungen werden durch Gestik und Gesichtsausdruck transportiert. Wir brauchen Augenkontakt, um in Verbindung mit einem Menschen zu treten. Eine angemessene Bühnen- oder Altarbeleuchtung hilft, die singenden und moderierenden Akteure zu sehen. Technik ermöglicht dies alles. Ohne Technik bleibt man in den Begrenzungen von Körper und Natur stecken.

Ohne Technik bleibt man in den Begrenzungen von Körper und Natur stecken.

Schattenseiten moderner Techniken

Es gibt auch eine Diskussion darüber, dass man sich moderneren Techniken in der Gemeinde widersetzen sollte, da sie unsere Wahrnehmungsgewohnheiten verändern und in manchen Fällen negativ beeinträchtigen.

Leider gab es gerade in der christlichen Kirche immer einen erheblichen Verzögerungseffekt in der Nutzung sich neu entwickelnder Techniken. In jeder Neuheit vermutete man häufig einen Mechanismus der Verführung. Das führt bis heute dazu, dass man im christlichen Bereich oft technisch hinterherhinkt. Eine deutsche Automarke warb eine Zeit lang mit dem Spruch: *Vorsprung durch Technik!* Diesen Vorsprung verlieren Menschen, die das Evangelium nur mit den alten Geräten und Methoden ihrer vertrauten und scheinbar sicheren Welt kommunizieren. Segen und Fluch sind in jeder Technik nah beieinander. Wenn wir uns mit einer neuen

Technik vertraut machen, entstehen neue Abhängigkeiten, während alte verschwinden. Neue Freiheiten wachsen *und* neue Abhängigkeiten entstehen. Dieses Wechselspiel gehört zum Leben. Vor- und Nachteile muss man gegeneinander abwägen. Es ist immer hilfreich, wenn man sich klar vor Augen führt, was man mit der neuen Technik verliert, während man anderes gewinnt. Hierzu zwei Beispiele aus meinem Erleben. Obwohl ich grundsätzlich ein Befürworter des Einsatzes jeder hilfreichen Technik bin, sind es Beispiele über den Verlust von Lebendigkeit durch zu viel moderne Technik.

Vorsprung durch Technik kann zu einem Verlust von Lebendigkeit und innerer Agilität führen.

Neue Genusswelten durch Stromausfall

Eine Gruppe von Sound-verwöhnten christlichen Musikern erlebte während der Anbetungszeit auf einem ihrer Jahrestreffen einen Stromausfall. Über eine längere Zeit konnten sie an diesem Abend nur noch mit akustischen Instrumenten bekannte Lieder singen. Es gab keinen Beamer und keine Verstärker. Dabei entstand eine ganz andere Atmosphäre. Man hörte sich jetzt nur noch allein in einer großen Gruppe zusammen mit anderen Menschen singen. Da es sich hier auch um ausgebildete Musiker handelte, klang es sehr schön. Als das Problem behoben war, wurde in der Leitungsrunde gemeinsam beschlossen, dass in Zukunft auf jedem Jahrestreffen wenigstens ein paar Lieder gesungen werden, die komplett ohne elektrische Verstärkung auskommen. Man hatte unverhofft entdeckt, dass auch die Abwesenheit von gewohnter technischer Verstärkung kostbare Gemeinschafts- und Musikerlebnisse fördern konnte.

Reduzierung visueller Medien

Ähnlich verhält es sich mit dem Beamer.

Heute sind viele Gemeinden gewohnt, dass sie alle Texte über den Beamer auf der Leinwand lesen können. Ein meinungsstarker Kollege machte mich darauf aufmerksam, dass diese Entwicklung zum Beamer als Standardtechnik für jeden Gottesdienst auch eine „Engführung" der Aufmerksamkeit und eine Fixierung auf die Leinwand sei. Er „hasse" die ganze Vereinnahmung des visuellen Geschehens durch den Beamer. Das schöne und inspirierende Zusammenspiel der Musiker wird seiner Ansicht nach nicht mehr wahrgenommen.

Die künstlerische Qualität der Band gerät zur Randerscheinung. Ebenso bekommt man den Wortwitz und die sich entwickelnden Pointen der Liedtexte nicht mehr in ihrer Natürlichkeit mit, da sie immer schon fertig „an die Wand geklatscht" dastehen. Darum sollte es seiner Meinung nach viel mehr Liedvorträge und Musikstücke geben, die ganz ohne eine visuelle Begleitpräsentation auskommen.

Das sind jedoch Ausnahmen. Im Großen und Ganzen bringt gut eingesetzte Technik immer eine Erleichterung und oft eine Qualitätssteigerung des Erlebens mit sich. Wir sollten den technischen Möglichkeiten und Entwicklungen im Umfeld der Anbetung grundsätzlich aufgeschlossen gegenüberstehen und Neuerungen nicht prinzipiell hinauszögern oder gar verhindern. Wir dürfen aber auch nicht von der Technik das erwarten, was von Geist und Wahrheit innerlich ausgehen muss. Technik kann nur übertragen und verstärken, was in Mensch und Persönlichkeit durch Reife, Hingabe und Erfahrung gewachsen ist. Wo das fehlt, bleibt die Technik blutleer, so sehr es auch überall funkelt, knistert, blinkt und klingt.

Technik an sich ist weder Monster noch Messias, sondern ein Hilfsmittel zur Erweiterung unserer Möglichkeiten.

1.7. Mit dem Musikteam proben

Nachdem wir das Liedgut gesichtet, die Liedfolge vorbereitet, hilfreiche Tontechnik, Beleuchtungstechnik und Präsentationsmedien am Start haben, geht es nun an den Feinschliff der Präsentation mit dem Team. Das geschieht in der Probe.

Proben sind sinnvoll

Nur professionellen Musikern reicht ein Notenblatt, um spontan sauber und sicher ein Lied oder gar ein ganzes Programm zu begleiten. Übergänge, kleine Akzentuierungen, dynamische Elemente und Schlussvarianten müssen geprobt werden. Das gilt sowohl für das private Üben wie auch den Probedurchlauf in der Gruppe. Es gibt einen paradoxen Spruch mit einem Schuss Sarkasmus unter Musikern: „Wer übt, fallt den Kollegen in den Rücken." Der Witz dieser Aussage besteht darin, dass der Übende durch seine bessere Beherrschung des Songs nicht übende Kollegen bloßstellt. Appelliert wird also an eine falsche Solidarität mit den Mittelmäßigen und Unmotivierten. Das ist in der Realität natürlich genau umgekehrt: Je mehr jeder Einzelne für sich schon geübt hat, desto einfacher wird die Probe und desto besser der gemeinsame Auftritt in der Anbetungsbegleitung. Wer übt, unterstützt seine Kollegen und bringt das Team schneller nach vorne, weil man weniger an den Schwächen Einzelner feilen muss. Und wer als Gruppe übt und die Stücke vor dem Auftritt gemeinsam sicher einübt, sorgt für eine gute Erfahrung der gesamten Anbetungsgemeinschaft.

Gute Voraussetzungen schaffen

Damit die Probe gelingt, muss der Anbetungsleiter sicherstellen, dass im Vorfeld alle das haben, was sie brauchen. So können sie für sich alles einüben und müssen mit den anderen nur noch den Feinschliff und das Zusammenspiel proben. Dazu gehört, sich in die Stücke hineinzuhören und mit den Liedabläufen vertraut zu werden. Das geschieht am bequemsten über das Internet. Heute stellen immer mehr Gemeinden eine geschützte Seite mit dem Songpool und seinem gesamten Hör- und Notenmaterial ins Netz. Wer zum Team gehört, bekommt einen Passwortzugang. Wer die Probe vorbereitet, braucht eine Liste mit allen E-Mailadressen und Telefonnummern der Musiker.

Bei der Probe darf es dann nicht mehr darum gehen, ein Stück kennenzulernen und erste Lernschritte in der Umsetzung zu machen, sondern es geht nur noch um das gemeinsame Abstimmen, das „finetuning" des Arrangements.

Bei einer guten Probe darf es nicht mehr darum gehen, ein neues Lied kennenzulernen, sondern um das gemeinsame Entwickeln des optimalen Zusammenspiels.

Wenn Musiker unvorbereitet erst bei der Probe mit neuen Liedern konfrontiert werden, ist der folgende Prozess für alle Beteiligten ungleich mühevoller, als wenn sich jeder schon im Vorfeld mit den Liedern beschäftigt hat.

Checkliste für einen Probetermin

1. Legen Sie am besten einen bestimmten Wochentag fest, an dem die Probe turnusmäßig stattfindet. Das hilft sowohl dem Team als auch der Raumplanung.

Klären Sie, ob der Raum für diesen Zeitpunkt zur Verfügung steht. Wer ist in der Gemeinde der Ansprechpartner für die Raumbelegung? Wo meldet man den Wunsch an, an einem bestimmten Tag zu proben? Welche Alternative besteht zur Probe in der Gemeinde? Gibt es einen Bandproberaum außerhalb der Gemeinde?

2. Benachrichtigen Sie alle Teilnehmer rechtzeitig. Legen Sie einen Zeitraum fest, innerhalb dessen alle Musiker ihre Lieder zur eigenen Vorbereitung haben sollten (z. B. zwei Wochen vor dem Probetermin).

Das sind in der Regel die begleitenden Musiker und im Idealfall auch ein Techniker[46], der sich zumindest mit dem Soundpult auskennt und eine gute Hörmöglichkeit für alle einrichten kann.

3. Garantieren Sie die Zugänglichkeit der Räume.

Wer hat den Hauptschlüssel? Gibt es einen Schlüssel für den Technikbereich, der als erstes aufgeschlossen werden muss, damit Bühnenstrom für Verstärkung und Licht eingeschaltet werden kann? Welche Umwege muss man nehmen, wenn es nicht über den

46 Falls der Techniker nicht zur Probe erscheint, muss er zumindest informiert werden, in welcher Instrumentenbesetzung gespielt wird, damit er sich beim letzten Soundcheck vor dem Gottesdienst darauf einstellen kann.

Haupteingang geht? Wer hat den Schlüssel für einen Abstellraum, in dem wichtige Instrumente oder Verstärker für die Probe stehen könnten? Sind Toiletten oder die Gemeindeküche in verschlossenen Bereichen?

4. Beachten Sie besondere Umstände zu verschiedenen Jahreszeiten.
Ist die Heizung im Winter zu diesem Zeitpunkt rechtzeitig angestellt oder will die Gemeinde bei großen Räumen den extra Kostenaufwand dafür vermeiden? Dann müssen die Musiker informiert werden, sich besonders warm anzuziehen, um in kühleren Temperaturen proben zu können, ohne am Sonntag mit einer Erkältung fernbleiben zu müssen.

Eine effiziente Probe

Wer Proben effizient und produktiv halten möchte, sollte auf Disziplin, reibungslosen Ablauf und ein gutes Miteinander achten. Wir haben in unserer individualisierten Gesellschaft manchmal ein mentales Problem, Disziplin als wertvoll zu betrachten. Sie erinnert an preußische Tugenden, Pflicht, Drill, Unterordnung unter Vorgesetzte und Verfahren. Sie riecht nach Schule, Pauken, Selbstunterwerfung und Anpassung. Alles Begriffe, die der moderne Rock- und Popmusiker gerne über den Haufen wirft, um seine individuelle Besonderheit im Gegensatz zur artigen Angepasstheit zu beweisen. Doch bei aller Begabung, Spontaneität und Inspiration ist die Weiterentwicklung des Talentierten zum Könner nur durch Disziplin, regelmäßige Übung, Selbstbeschränkung und Fokussierung möglich. Das gilt für Einzelne im Erwerb ihrer musikalischen Fähigkeiten. Das gilt in der Gruppe für die Effizienz in der Ausnutzung einer gemeinsam gewählten Zeit.

Bitten Sie die Musiker, eine Viertelstunde früher da zu sein, um sich in Ruhe einzurichten und dann auf den Punkt loslegen zu können!

Disziplin beginnt mit der Pünktlichkeit. Darüber sollte man gemeinsam sprechen und den Wert des rechtzeitigen Ankommens allen vermitteln. Bitten Sie die Musiker, eine Viertelstunde früher da zu sein, um sich in Ruhe einzurichten und dann auf den Punkt loslegen zu können. Wenn die Probe um 19 Uhr losgehen soll, sollten die Musiker nicht erst um 19 Uhr ankommen, sondern möglichst entspannt mit ihrem angeschlossenen Instrument und ihrem Material vor sich an ihrem Platz sein. Je mehr man dies vorher im Blick hat, desto weniger wiederholen sich zeitverzögerte Proben durch Nachzügler, die sich noch organisieren müssen.

Ebenso sollte das Ende der Probe feststehen und die Durchgänge sollten so geplant werden, dass das Wichtigste in dieser Zeit stattgefunden hat. Endlose Proben ermatten und frustrieren auf lange Sicht. Zwei bis zweieinhalb Stunden sollten ausreichen. Dann ist Schluss und man kann noch etwas gemeinsam unternehmen oder seiner Wege gehen. So weiß jeder über den Aufwand Bescheid.

Schön ist außerdem, wenn man das volle Zeitmaß, das angesetzt wurde, gar nicht ausreizen muss, sondern früher sagen kann: Eigentlich haben wir alles im Griff und sind fertig.

Wurde einmal eine Zeit vereinbart, sollte die auch plus/minus zehn Minuten als gemeinsamer Start eingehalten werden. Immer zu warten, bis alle da sind, verärgert alle gut vorbereiteten Mitarbeiter. Wer zu spät kommt, muss in Kauf nehmen, dass es schon ohne ihn oder sie losgeht. Wer mehrfach zu spät kommt, sollte unter vier Augen darauf hingewiesen werden, dass dies für alle eine Belastung ist.

Eine wertschätzende Atmosphäre

Allen macht das Arbeiten mehr Spaß, wenn eine gute Atmosphäre herrscht. Dabei spielt vor allem Wertschätzung eine große Rolle. Sie sollte nicht bemüht und strategisch geschehen. Das wird eher als Schmeichelei oder Manipulation verstanden. Sie muss spontan aus einem Herzen der Dankbarkeit kommen, jeder kann dafür die Augen offen halten. So etwas wie „Ich finde es toll, wie du das machst, mir gefällt dein Spiel, du hast echt eine tolle Stimme“ oder „Hier ist alles so super vorbereitet, es macht Spaß, mit euch zu arbeiten“ hören andere Menschen immer gerne. Wenn diese menschlichen Töne die musikalischen Töne begleiten, entsteht ein Resonanzraum der Harmonie. Gemeinsamer Glaube klingt und schmeckt anders mit herzlicher Verbundenheit. In manchen Gottesdiensten und Anbetungsveranstaltungen hört und spürt man: Hier sind Menschen, denen Gott oder ein bestimmtes Bekenntnis zu Gott sehr wichtig ist. In anderen spürt man aber zusätzlich noch: Hier sind Menschen, die sich in einem Klima gegenseitiger Wertschätzung gemeinsam Gott öffnen.

Praktische Vorbereitungen vor Ort

1. Einen reibungslosen Ablauf gewährleisten

Folgende Fragen sollten geklärt sein:

- Sind alle Instrumente aufgebaut? (Stative, Mikros, Gitarren, Notenständer, Keyboard)
- Sind alle Kabel und DI-Boxen für die Anschlüsse zum Mischpult gelegt? Achtung: Kabel mit Wackler und Störgeräuschen am besten sofort ersetzen und nicht zu den anderen Kabeln zurücklegen – kennzeichnen mit Bändchen oder rotem Klebeband!
- Sind die Verstärker eingestellt, die Monitore laut genug, aber nicht zu laut? Ist das Drumset nicht zu nahe an akustischen Instrumenten? Die Sänger sollen ja nicht brüllen müssen, um sich durchsetzen zu können.
- Sind bei Keyboardern und Gitarristen alle Sounds am Start? Bitten Sie die Musiker, diese vorher zurechtzulegen und nicht erst vor anderen alle Möglichkeiten durchzutesten.
- Ist das Liedmaterial zum Proben für alle bereit? Dazu gehören in manchen Gemeinden noch Songbooks oder legale Kopien aus Songbooks und andere Notenvorlagen. Hörmaterial hat man in Form von CDs, mp3-Downloads auf dem iPad oder Handy in Playlisten. Webseiten mit Probehilfen für Gemeinden sind z. B. churchtools, planningcenteronline und elvanto.
- Die Proben kann man per Handy oder über das Mischpult aufnehmen und mit Dropbox/Google Drive oder WeTransfer der ganzen Band zum weiteren Üben zu Hause zur Verfügung stellen. Es ist auch hilfreich, mal einen Gottesdienst per Handykamera aufzunehmen und nachher gemeinsam zu analysieren. Vieles spricht dafür, sich einmal „performen“ zu sehen und sich selbst als außenstehenden Beobachter wahrzunehmen. Es ermöglicht einem, andere Dinge zu bemerken als die, auf die man schon innerlich eingestellt ist. Das muss nicht ständig geschehen, aber vielleicht einmal alle zwei bis drei Monate, um blinde Flecken und sich einschleichende Wiederholungsfehler wie eine schlechte Grundhaltung beim Stehen oder Sitzen zu beseitigen. Dabei fallen einem vielleicht auch griesgrämige Blicke und verbissene Gesichtszüge auf. Vielleicht können Menschen, die eine gewisse

Steifheit ausstrahlen, auch lernen, eine leichte und passende Körperlichkeit zu entwickeln, die stimmig zum Ausdruck der anderen Musiker ist. Wenn drei Leute „total abgehen" und einer einen Stock verschluckt hat, möchte man als Zuschauer am liebsten den Notarzt rufen.

2. Aufeinander hören

Einen Halbkreis bilden

Es hilft, wenn man bei der Probe die anderen Mitwirkenden nicht nur hört, sondern auch sieht. Deshalb empfiehlt sich, wenn möglich, eine Art Halbkreis als Probeformation.

Für den Anbetungsleiter ist es dabei wichtig, wie ein Dirigent oder Arrangeur zu denken anstatt wie ein Solist. Aber auch die anderen sollten diesen Aspekt auf ihrem inneren Radar haben. Alle müssen lernen, die Musik als Ganzes betrachten, um eine Gesamtharmonie herzustellen. Das führt manchmal dazu, dass einzelne Elemente reduziert, leiser, leichter oder luftiger gespielt werden, damit die Gesamtwirkung klarer und kraftvoller ist. Beim Spielen auch gleichzeitig auf die anderen zu hören, ist nicht nur für den Leiter wichtig.

Die Frequenzen verteilen

Ein guter Mix zeichnet sich durch eine wohlverteilte Mischung der tiefen, mittigen und hohen Frequenzen aus. Da es einige Instrumente gibt, deren Frequenzen sich überschneiden, muss man darauf achten, diese als Einzelstimmen zu verschlanken oder auf andere Frequenzebenen des Instrumentes zu verlagern. Sobald ein eigenständiger Bass im Spiel ist, sollten Keyboards nicht mehr so spielen, als ob sie alles selbst füllen müssten. Man nennt das Legen von Tönen für einen Akkord „Voicing" – das Zusammenstellen von Stimmen. Dabei wird eine spannende und stimmige Mischung von Tönen, Klangfarben und Frequenzen angestrebt.

Alle Musiker müssen zusammen nach einem durchsichtigen, stimmigen Sound suchen.

Bands müssen diese Gesamtdynamik immer im Blick behalten. Wenn der Bass sich sehr sparsam und akzentuiert verhält, kann das Piano etwas mehr machen. Orgelsounds und Padsound sollte man immer nur mit zwei bis drei Tönen mit einer Hand spielen, nicht genauso, wie man ein Klavier oder einen Pianosound spielen würde. Alle Musiker müssen zusammen nach einem durchsichtigen, stimmigen Sound suchen, der nicht nur eine Ansammlung von vielen Tönen und musikalischen Aktivitäten einzelner ist. Einer gut zusammenspielenden Band hört man an, dass sie gelernt hat, diese Mischung gemeinsam aufzubauen und zu tragen.

Dynamik ermöglichen

Hier stellt sich die Frage nach dem Spannungsverlauf eines Musikstückes. Spielen alle Musiker immer auf demselben Level? Das ermüdet den Zuhörer schnell. Besser ist ein dynamisches Auf- und Abschwellen. Natürlich gibt es Lieder, die von vornherein eine agile, laute Mitwirkung fordern. Manche Musikstile sind auf einer starken Partizipation aller Beteiligten aufgebaut, sie versacken in sich, wenn man zu leise wird. Aber diese Powerakzente kann man nicht ständig setzen.

Natürlich ist dies eine Klangreise durch verschiedene Ebenen. Ein Lied wird interessanter und lebendiger, wenn es in Intro und Strophe eine Art Vorspiel gibt, auf das in Refrain und Bridge ein spürbarer Höhepunkt folgen kann.

Monotonie ist ein maschineller Gleichklang, der abstumpft. Musik sucht das Bewusstsein der Lebendigkeit mit einer Wanderung wie durch Ebenen und Anhöhen. Es muss Täler und Berge geben, um nicht in der ewigen Höhe irgendwann die Luft zu verlieren. Versuchen Sie, nicht nur auf die Frequenzen und das Zusammenspiel zu achten, sondern stellen Sie sich das Lied wie ein eigenes Lebewesen vor, das in wechselnden Phasen unterschiedliche Aspekte seiner Lebendigkeit und Ausdruckskraft zeigt.

Stellen Sie sich ein Lied wie ein eigenes Lebewesen vor, das in wechselnden Phasen unterschiedliche Aspekte seiner Lebendigkeit und Ausdruckskraft zeigt.

Ein gefühltes Flüstern kann tiefer gehen als ein permanentes Rufen, ein einzelnes Instrument manchmal mehr ausdrücken als der große Gesamtklang. Deshalb suchen Sie nach einer Art Schichtung und Aufbau. Wo kann man z. B. reduzierter anfangen und „Stimmen" rausnehmen? Wie bekommt man eine lebendige Kurve in das Klangbild eines Liedes? Wie kann man von Höhenflügen wieder herunterkommen? Häufig kann man sich an den Originalaufnahmen orientieren. Manchmal sind diese aber nur rudimentäre Vorlagen.

Schärfen Sie in der ganzen Gruppe das Gespür für Dynamik. Man kann es in der Begeisterung des Spielens sehr schnell verlieren. Arbeiten Sie bewusst an Kontrasten und Unterschieden in einzelnen Liedsegmenten, damit Steigerungen und unterschiedliche Intensitäten möglich werden. Das belebt den gemeinsamen Gesang und diszipliniert die mitwirkenden Musiker.

3. Tempo und Timing finden

Tempo ist die Standardgeschwindigkeit des Liedes, Timing die richtige Verteilung der Musikmasse innerhalb der Feinstruktur des Liedes. Beim Timing geht es darum, wann man einsetzt und wie dicht und gleichmäßig man die Töne aneinanderreiht. Das Tempo normiert die Grundgeschwindigkeit, das Timing sorgt dafür, dass die Töne richtig sitzen und miteinander harmonieren. Eine Schwäche im Timing ist übrigens das zu frühe Einsetzen, das häufig einer gewissen Aufregung geschuldet ist. Man will auf keinen Fall zu spät einsetzen und jagt deshalb lieber vor. Das erzeugt aber eine Nuance des Gehetztseins. Viel besser ist es, darauf zu achten, genau auf „die Eins" zu kommen oder auch lässig kurz danach. Das bringt eine Entspanntheit und einen anderen „Sitz" in die Melodie.

Das richtige Tempo finden

Manchmal ist es gut, wenn man bei einem neuen Lied unterschiedliche Tempi probiert. Taktgeber kann ein Metronom oder Drumcomputer sein, der einen durchlaufenden Zähler im Hintergrund laufen lässt. Es gibt auch sogenannte Grooveboxen mit einer Tap-Funktion, bei denen man sich dynamisch steigern kann, um auszuprobieren, welches Tempo für ein Lied sich am besten anfühlt. Das sollte man dann notieren und dabei bleiben.

Richtig ist ein Tempo, wenn man sich „in der Mitte des Songs" fühlt, d. h., wenn es weder zu gehetzt noch zu schläfrig und müde klingt. Grundsätzlich neigen wir dazu, Songs etwas schneller zu spielen, als es ihnen guttut. Darum sollte man immer bereit sein, den Fuß mal vom Gas zu nehmen und eine ruhigere Gangart einzuschlagen, auch wenn das zunächst ungewohnt ist. Dafür spricht, dass sich dann kleine Akzentuierungen innerhalb des Liedes oft viel besser entfalten können. Sie verschwimmen

Richtig ist ein Tempo, wenn man sich „in der Mitte des Songs" fühlt.

und verpuffen sonst in einem „mitgerissenen" Tempo, das nur noch antreibt, aber kein „Feinschmecker-Element" mehr erlaubt.

Der Schlagzeuger zählt meistens ein. Ein elektronisches Metronom im Kopfhörer hilft ihm manchmal dabei, im richtigen Tempo zu starten und dann auch auf dem Beat zu bleiben. Wenn alle Musiker einen solchen Impuls im Ohr haben, nennt man das „auf Klick spielen". Das hat Vor- und Nachteile. Besonders bei sehr ruhigen Songs mit längeren dynamischen Pausen wird der Klick gerne ausgestellt. Als Übungselement ist es für die Probe in der Regel eine große Hilfe. Wir richten uns sonst zu schnell auf einem gefühlt richtigen Tempo ein, das seine Norm aber aus unserer Gewohnheit zieht. Der Klick zeigt uns, wo das Tempo wirklich sein müsste. Das Spielen mit dem Klick erzieht uns aber manchmal zu einem etwas zu mechanischen Spiel, das man dann wieder lebendig machen muss. Es ist deshalb eine hilfreiche Krücke, die man nach dem Erlangen einer gewissen Sicherheit ablegen sollte.

Im Vorfeld mit Metronom proben

Wenn die Band zusammenkommt, sollte das Timing der einzelnen Musiker innerhalb ihres Instrumentes möglichst schon stimmen. Unsichere Musiker sollten Songs vorher alleine mit Metronom im festgelegten Tempo üben. Gleichzeitig muss man sich im Live-Spiel dem Timing der anderen anpassen. Im Englischen sagt man *tightness* – fest zusammengezurrt spielen. Neben der richtigen Form (wo sind wir, welche Akkorde sind gerade im Spiel) muss jeder einzelne Musiker das gemeinsame Tempo suchen. Nur der Drummer oder der Anbetungsleiter darf die anderen aus einem als zu langsam empfundenen Tempo heraustreiben oder aus der überhöhten Schnelligkeit zurückführen. Alle anderen müssen ständig mit darauf hören, wo die anderen gerade „sind" und daran entlang ihren eigenen Fluss finden.

4. Störquellen eliminieren

Komplexität reduzieren

Manchmal möchten Solisten eine schicke Intro-Figur oder ein faszinierendes Riff auf der Gitarre einbringen, schaffen es aber in der Komplexität der Original-Vorlage einfach nicht. Hier hilft es, miteinander diesen Part etwas einfacher zu gestalten, damit man wieder sicher mitspielen kann. Fast alle musikalischen Figuren lassen sich etwas vereinfachen. Wenn das gar nicht geht, sollte man sie weglassen und durch etwas Schlichteres ersetzen, ohne das Lied dadurch zu sehr zu verfremden. Ziel ist es immer, den Charakter des Stückes möglichst beizubehalten. Wer sich bei einem schwierigen Part ständig verhaspelt, kann den Rest der Band ganz schön herausbringen. Hier müssen Musiker ehrlich werden und sich auch offene Beurteilungen ihres noch nicht ausreichenden Könnens durch andere gefallen lassen. Falsche Rücksichtnahme auf schwächelnde Spieler in der Probe haben Auswirkungen auf das Gesamtgefühl der singenden Gemeinde.

Einzelne Passagen analysieren

Manchmal hilft es auch, sich die Zeit zu nehmen, um einzelne Passagen systematisch zu untersuchen. Wenn eine musikalische Strecke immer wieder holpert und scheppert, weil irgendein Missklang oder Störgefühl entsteht, sollte man sie auseinandernehmen und nacheinander in Paaren isoliert durchspielen. Fragen Sie die Mitwirkenden einzeln: Was spielst du da genau (z. B. nur Rhythmus, dann nur Bass und Drum, dann mit einem Rhythmusinstrument wie Gitarre oder Piano)? So kommt man einer falsch dargestellten Note oder einem falsch eingeübten Akzent auf die Spur, um ihn dann auszumerzen und wieder auf Kurs zu bringen.

Dasselbe kann man im harmonischen Bereich machen. Kurzzeitig treten immer wieder merkwürdige Klänge auf, kleine Fehler und Dissonanzen, die sich dann wieder einrenken. Wenn aber immer wieder an derselben Stelle etwas holpert oder seltsam klingt, sollte man auch Harmonien und Melodieparts unter die Lupe nehmen.

- Bass und Melodie
- Bass und Akkorde
- Akkorde und Vocals

„Übeltäter" können eine Akkorderweiterung oder ein Durchgangston im Akkordarrangement sein, die sich mit der Melodie der Sänger beißen. Weil die Hauptmelodie durch die Komposition feststeht und bleiben muss, muss man sich die Umrahmungstöne der sogenannten *Backing vocals* (wörtl. Unterstützungsgesang) vornehmen.

Manchmal hilft es der Band, die Probe in verschiedenen Räumen unterteilt nach Rhythmusgruppe und Harmonie bzw. Melodieinstrumenten und Stimmen aufzuteilen, um dann wieder zusammenzukommen. Wichtig ist es, unbeteiligte Leute nicht zu lange warten zu lassen, bis sie wieder einen Nutzen aus der Probe ziehen können.

Der Überfluss des Emsigen

Zu schnelles und unüberlegtes Handeln zeigt Mängel und Defizite auf. Eine gründliche Planung und Vorbereitung dagegen sorgt für einen entspannten Fluss, erzeugt häufig sogar einen Mehrwert.

Gründliche Planung und Vorbereitung sorgt für einen entspannten Erlebnis-Fluss und erzeugt einen Mehrwert.

„Das Planen eines Emsigen bringt Überfluss, wer aber allzu rasch handelt, dem wird's mangeln" (Spr. 21,5 LÜ). Das Ziel aller Vorbereitungen zur Anbetung in der Praxis ist das Erzeugen und Sichern von Überfluss. Wir freuen uns, wenn Menschen in einem Gottesdienst während der Anbetungszeit die Erfahrung machen: „Du schenkst mir voll ein, mein Becher fließt über" (Psalm 23,5 LÜ und ElbÜ).

Lassen Sie mich die wichtigsten Punkte dieses Kapitels noch einmal in eine To-do-Liste verwandeln:

1. Nehmen Sie das Ziel einer Anbetung, die „ins Schwarze trifft", in den Blick. Stellen Sie sich vor, wie Sie mit anderen Menschen zusammen Gott wahrnehmen, erleben und vielleicht sogar in sich finden.
2. Nehmen Sie die unterschiedlichen Bedürfnisse aller Beteiligten in den Blick. Fragen Sie sich, was die Gemeinde, die Gäste und die mitwirkenden Künstler an Wünschen, Erwartungen und Befürchtungen mitbringen. Entwickeln Sie eine Schnittmenge, die Ihnen allen entgegenkommt.
3. Bereiten Sie ihre eigene Seele vor. Kommen Sie selbst in einen Geist der Anbetung durch Gebet, Lektüre, Anschauungsmaterial und andere Inspirationsquellen.
4. Sichten Sie das Repertoire der Gemeinde und machen Sie es für die Arbeit in einem begrenzten Zeitfenster der Gegenwart tauglich. Trennen Sie sich von Liedern mit „Störgefühl".
5. Entwickeln Sie eine Liedfolge, die einen Fluss hat, harmoniert und zu Ihnen „spricht".

6. Stellen Sie mit Hilfe funktioneller Technik eine ungestörte akustische und visuelle Teilnahme der Gottesdienstbesucher sicher.
7. Lassen Sie dem Musikteam rechtzeitig alle Materialien für den Einsatz zukommen und entwickeln Sie mit ihnen in einer Probe Sicherheit im Zusammenspiel.

Nachdem wir diese 7 Punkte geklärt haben, bleibt nur noch ein letzter Punkt, der an der Nahtstelle zwischen der Vorbereitung und dem Auftritt selbst steht. Es ist der Zeitraum unmittelbar vor dem Auftritt.

Der Zeitraum vor dem Auftritt

1. Ein Vorprogramm festlegen

Wie gestaltet man die Zeit vor einem Gottesdienst? In evangelischen und katholischen Kirchen sind in der letzten Viertelstunde vor dem Gottesdienst Stille und Zeit zur Besinnung angesagt. Dann werden Glocken geläutet, der Gottesdienst beginnt mit Orgelspiel oder einem Gemeindelied im Stehen. Welche anderen Möglichkeiten der Gestaltung dieser „Fugenzeit“ zwischen Anreise und Beginn gibt es? Was davon macht Sinn für Ihre Situation?

Hintergrundmusik vom Band und Countdown am Beamer

In vielen freikirchlichen Gemeinden gibt es auf der letzten Strecke bis zum Gottesdienstbeginn häufig leise Hintergrundmusik, bei der sich Ankommende noch unterhalten und ihre Plätze langsam einnehmen können. In Gemeinden mit hohem Modernitätsprofil gibt es meistens einen Countdown mit Musik auf erhöhtem Level, der das Publikum optisch und akustisch gemeinsam an den Punkt des tatsächlichen Beginns lenkt. Das ist ein dramatischer Effekt, der aber nur dann funktionieren kann, wenn auch genau zum Zielpunkt jemand ins Scheinwerferlicht tritt und mit einem funktionieren Mikrofon die Leute begrüßt. Es ist sehr irritierend, wenn dieses nach Aufmerksamkeit schreiende Medium im Moment der höchsten Aufmerksamkeit und Startbereitschaft zum Rohrkrepierer wird, weil der Startmoderator oder Gottesdienstleiter noch im Gespräch ist oder das Mikrofon noch nicht funktioniert.

„Lieder lernen“ als Vorprogramm

In manchen Gemeinden bemüht man sich schon vor dem Gottesdienst darum, dass die Leute neue Lieder lernen können, die dann im Gottesdienst vorgetragen werden.

Ich halte das persönlich nicht für sinnvoll, weil es den natürlichen Bedürfnissen widerspricht, den Gottesdienstbesuch gleich mit einer Lernerfahrung zu beginnen. Man braucht immer einen gewissen Zeitraum, um sich auf die Erfahrungswelt „Gemeinde/Gottesdienst“ einzulassen, auch wenn man schon grundsätzlich mit dieser Welt vertraut ist. Wenn am Anfang der Begegnung mit anderen Menschen etwas passiert, das man kennt, baut sich die Akzeptanz, danach gemeinsam auch etwas Neues dazuzulernen, viel leichter auf. Wenn die Begegnung mit dem Fremden am Anfang steht, bleibt man länger auf Distanz. Es könnte sich sogar eine gewisse Antistimmung aufbauen, weil man beim Lernen mehr eine Forderung spürt als beim Wiederholen einer vertrauten Handlung. Wenn ein guter, vertrauter Einstieg gelungen ist, geht alles danach viel leichter. Eine Gemeinde, die unmittelbar vor dem Gottesdienst mit allen Anwesenden Lieder einübt, macht einen etwas seltsamen Eindruck für Menschen, die von außen dazu kommen. Der Lerneffekt, den man eventuell als Gewinn verbuchen könnte, wird bei den Gästen mit dem Eindruck einer unsensiblen Hemdsärmeligkeit verspielt. Das zweite wiegt in meinen Augen schwerer. Darum würde ich davon abraten.

Die Lieder instrumental auf leisem Level vorwegspielen

Ich habe immer wieder die Erfahrung gemacht, dass es hilft, in der halben Stunde vor dem Gottesdienst die Lieder, die dann gesungen werden, schon einmal auf sehr leisem Level ohne Gesang zu spielen. Sie sollten wirklich sehr reduziert und gedämpft vorgetragen werden, damit man nicht schon die Hauptwirkung der Lieder vorwegnimmt. Songs mit dramatischen, fordernden Merkmalen müssen „entschärft“, regelrecht blass und nett gespielt werden. „Kommando geduckt“ könnte man diesen Vortragsmodus nennen. Das sollte man evtl. mit den Musikern einmal kurz proben, damit sie darauf eingestellt sind, das Lied auch auf diese Weise zu spielen. Meistens gelingt dies aber auch spontan, wenn der Leiter diesen geduckten Ton angibt. Damit hat man sowohl Hintergrundmusik als auch eine den Gesang vorbereitende Maßnahme. Wichtig ist vor allem, dass dieses Vorspiel rein instrumental gehalten wird. Man muss hier unweigerlich an die berühmte Fahrstuhlmusik oder Kaufhausberieselung denken, die nicht nur eine angenehm niedrige Lautstärke haben muss, sondern häufig stimmen- und textfrei ist. Psychologische Studien haben ergeben, dass bei Menschen der Klang einer Stimme unbewusst einen stärkeren Aufmerksamkeitsreiz ausübt. Sie fühlen sich beim Erklingen einer Stimme unbewusst verpflichtet, einer Person zuzuhören und sie damit zu respektieren. Selbst wenn sie sich entscheiden, das einfach zu ignorieren und weiter mit ihren Freunden zu reden, bleibt ein unterschwelliges Unwohlsein (schlechtes Gewissen, kleines Fremdschämen, weil alle im Raum jemanden ignorieren, der versucht, Aufmerksamkeit zu erzielen). Spielt im Vorfeld zum Gottesdienst nur Musik, weiß jeder instinktiv: Das ist atmosphärisch gemeint und braucht keine akute Aufmerksamkeit.

Es gibt zudem zwei Vorteile dieser Zeitüberbrückung:

1. Das Unterbewusstsein der Gemeindebesucher nimmt die Melodien bereits auf, sodass man beim gemeinsamen Singen auf eine kleine vertraute Substanz aufbauen kann.

2. Die Band bekommt noch einmal eine entspannte Miniprobe der Lieder, um Wechsel, Übergänge und knifflige Passagen zu üben. Die Gesangsstimme sollte von einem auch leise spielbaren Instrument übernommen werden (meistens bietet sich das Piano an). Das Kurzzeitgedächtnis unterstützt den nun folgenden Auftritt bei größerer Lautstärke und höherer Aufmerksamkeit. Augenkontakt zwischen Musikern und Musikleiter ist hier besonders wichtig. Die Mikrofone sollten draußen ausgeschaltet sein, aber noch auf dem Monitor liegen. Die Lautstärke der Musik auf der Bühne sollte so leise sein, dass man darüber noch die Stimme des Musikleiters akustisch hören kann.

Das gedämpfte Vorwegspielen der Setliste baut eine Vertrautheit der Melodien bei den eintreffenden Menschen auf und ermöglicht den Musikern eine letzte entspannte Mini-Probe.

2. Kleidungsfragen klären

Ein offizieller oder unausgesprochen erwarteter Dresscode ist heute nur noch in wenigen traditionell geprägten Gemeinden üblich. Im Allgemeinen ist es nur wichtig, darauf zu achten, dass das Auftreten nicht schlampig oder unhygienisch wirkt. In der Regel überlegt man automatisch: „Wie wirke ich auf andere Menschen, vor allem, wenn ich eine Bühne betrete?" Doch manchmal muss man ein wenig nachhelfen und „zerstreuten Musikprofessoren" hilfreiche Empfehlungen aussprechen.

Frische und saubere Kleidung sowie der Gebrauch eines Deos sind auf jeden Fall ein Muss für die Bühnenkultur. Bei farbigen Scheinwerfern bietet sich dunkle Kleidung an, da diese sich den Farbscheinwerfern besser anpassen kann. Im Zweifel trägt der Musiker auf der Bühne schwarz oder dunkel gedeckt. Alles andere ist eine Geschmacks- und Stilfrage.

Für Videoaufnahmen gilt: Kleine Karomuster können zu einem irritierenden Flimmern im Bild führen. Ansonsten ist in einer modernen Anbetungsgruppe entspannte Vielfalt und Individualität angesagt.

3. Einen Treffpunkt für die Mitwirkenden ausmachen

Wenn die Gemeinde nicht so klein ist, dass jeder alles sehen kann und mitbekommt, wer sich gerade wo aufhält, ist es sinnvoll, einen festen Treffpunkt für die Mitarbeiter des Anbetungsteams einzurichten. Das kann die linke Bühnenkante, vor allem, wenn von rechts evtl. Leute in den Raum strömen, oder der Platz hinter einem Vorhang bzw. ein eigener Raum (häufig einer der noch nicht genutzten Kinderräume) sein, wo man noch kurz beten kann. Der Anbetungsleiter muss aber die Zeit im Blick behalten, damit sich diese kleine Vorbereitungsphase nicht bis in den Anfang des Gottesdienstes hineinzieht.

Für einen Treffpunkt direkt an der Bühne spricht, dass man von dort aus dann schneller an seinen Platz kommt. Die Musiker sollten grundsätzlich auf kürzestem Wege ihre Plätze erreichen können, damit keine unnötigen Pausen entstehen, wenn Menschen sich von ungünstigen Plätzen aus auf den Weg machen, bevor es losgehen kann. Eine gewisse Geschmeidigkeit und Beitragsfolge ohne umständliche Wartezeiten trägt zum Wohlgefühl aller Anwesenden bei. Andererseits braucht eine dicht gepackte Veranstaltung auch so etwas wie „Dehnungsfugen", damit die Elemente für sich stehen und atmen können. Eine allzu straff aufgezogene Stakkato-Veranstaltung ist ebenso mühsam wie ein

Musiker sollten grundsätzlich auf kürzestem Wege ihre Plätze erreichen können, damit keine unnötigen Pausen entstehen.

„Warten auf Godot"[47] bei jedem Wechsel der Akteure (Kommt er nun noch oder kommt er nicht?). Ein Moderator kann deshalb immer verbindend sagen: „Während nun die Musiker kommen oder der nächste Beitrag für den Gottesdienst vorbereitet wird, nehmen Sie sich eine Minute, um durchzuatmen, sich auf Gottes Nähe einzustellen und über etwas zu freuen, was Sie dankbar macht."

Nun haben wir wirklich so gut wie alles bedacht, was eine Anbetungsgruppe vor ihrem Auftritt vorbereiten, klären und besprechen sollte. Jetzt kann es losgehen. Das nächste Kapitel führt uns in die Fragen zum Leiten der Anbetungszeit ein. Auch dabei geben sich Theorie und Praxis ständig die Klinke in die Hand, denn wir brauchen beides, um sicher auftreten und wirken zu können.

47 Ein Bühnenstück von Samuel Beckett, in dem Menschen das ganze Stück lang vergeblich auf jemandem namens Godot warten.

Notizen

Teil 2 Leiten

Warum ist Leitung grundsätzlich sinnvoll? Wie sieht gesunde Einflussnahme aus? Wo beginnt Manipulation? Wie kann man Leitlinien entwickeln? Wie hilft eine Art Navigationssystem einer Gemeinde, Standort und Ziel ihres Anbetungsbereiches zu bestimmen?

„Ich habe niemanden, der mich anleitet“, sagt der Kämmerer in der Apostelgeschichte (Apg. 8,31) Er wollte glauben und beten, wusste aber nicht so recht, wie. Philippus gesellte sich zu ihm und half ihm.

Was Philippus für den Kämmerer aus dem Morgenland tat, tun Anbetungsleiter für Menschen in der Gemeinde – sie greifen einen Prozess der Öffnung auf und helfen Menschen, in einen Modus des Empfangens zu kommen.

Anbetungsleiter lenken einen Prozess der Öffnung in einen Modus des Empfangens.

Die Vorstellung von Anbetungsleitung geht vor allem in charismatischen Gemeinden weit über das Anstimmen von Liedern in einer Gemeindeversammlung hinaus. Es ist ein ganzer Komplex von Vorstellungen darüber, was in einer Anbetungszeit geleitet – im Sinne von gebündelt und transportiert – werden soll. Außerdem hat sie den Charakter visionärer Leitung, die immer auf ein bestimmtes Ziel hin ausgerichtet ist. Über diese Aspekte machen sich Gemeinden, die „nur“ Lieder singen, keine Gedanken. Denn dafür braucht man ja eigentlich nur Angaben von Nummern aus dem Liederbuch (auf der Kirchentafel) oder einen, der den Ton für den Gemeindegesang anstimmt. Mit „Anbetung leiten“ ist in einem großen Teil der christlichen Gottesdienstwelt (nicht nur der pfingstlich-charismatischen) jedoch eine Philosophie der Vermittlung von inneren Erfahrungen verbunden, die ich in Buch 1 unter „Anliegen und Archetypen“ der Anbetung vorgestellt habe.

In dieses Leitungsverständnis von Anbetungszeiten mischen sich auch unterschiedliche Vorstellungen von Leitungskonzepten, verwaltende und visionäre. Dabei treten Spannungen auf. Vor allem da, wo visionäre Leitungsvorstellungen auf eine Gruppe von Menschen treffen, die verwaltende Leitungsverständnisse verinnerlicht haben, treten Vorwürfe der Manipulation auf. Menschen, die an die Hand genommen werden, um bestimmte geistliche Erfahrungen beim Singen und Beten zu machen, fühlen sich dabei manipuliert, vor allem, wenn das überraschend für sie kommt. Wenn eine ganze Gemeinde in einem Spannungsfeld steht, wo eine bestimmte Vorgehensweise in der Anbetung von den einen als hilfreich und von anderen als bedrängend oder manipulativ verstanden wird, muss man sich versöhnen oder sortieren. Erst wenn man darüber spricht, was an einem Impuls zur Anbetung als manipulativ, grenzverletzend, übergriffig und bedrängend erlebt wird, kann man eine verlorene Balance und Harmonie wiederfinden.

2.1 Leiten mit Zuversicht

Das Wort Leiten basiert zunächst auf der Vorstellung, Verbindung herzustellen und einen Kontakt zu ermöglichen. Eine Leitung ermöglicht das Fließen von Strom, Wasser, Gas, Öl. Leiten ist ein anderes Wort für transportieren. Kommunikationsinhalte können weitergeleitet werden. Jeder, der leitet, leitet zunächst etwas weiter. Wir brauchen einen kleinen Zusatz, um die Nuance zu verändern. Anbetungsleiter leiten gleichermaßen an (erklärend) wie auch hin (auf ein Ziel zuführend). Aber grundsätzlich leiten sie etwas durch. Schauen wir uns diese drei Aspekte des Leitens kurz an.

1. Verbindung ermöglichen

Gemeinschaftlich praktizierte Anbetung braucht Vermittler. Johannes der Täufer sah sich als solch einen Vorbereiter und Vermittler. Er sah sich nicht selbst als Bräutigam und das Volk als Braut. Er war nur der Freund des Bräutigams, der in der Beziehungsanbahnung eine gewisse Rolle gespielt hatte (Joh. 3,29). In der Anbetung geht es um eine Verbindung zu Gott, die wir ermöglichen wollen. Wir erschaffen sie nicht. Sie ist als Verheißung für alle Menschen im Evangelium gegeben. Gott selbst ist der Grundversorger, wir sind die Vermittler eines Kanals oder Zugangs. Anbetung will ein geistlicher Kanal für das sein, was zwischen Gott und den Menschen fließen soll. Dabei ist nicht nur der Anbetungsleiter ein Kanal, sondern auch das Lied und sein Text, die mitsingende Gemeinde, die ganze

Erfahrung gemeinsamer Anbetung mit anderen. Wir alle sind der Freund des Bräutigams, der sich freut, wenn zwei sich finden.

Menschen, die Anbetung leiten sind trotz ihrer hohen Sichtbarkeit eingebettet in einen gemeinsamen Prozess der Gotteserfahrung. Sie müssen nicht perfekt und blitzsauber sein, um die Gnade und Schönheit der Anbetung weiterleiten zu können. Ihre Bedürftigkeit kann durchschimmern, ihre Partizipation am heilenden Prozess ist Programm. Anbetungsleiter haben nur einen funktionellen Leitungsstatus. Sie sind keine Alphatiere, die vor allen anderen herausragen und größere Leistung zeigen müssen. Sie sind Eingebundene, die auf dem Weg des Glaubens suchen, bekennen und empfangen. Jeder andere könnte theoretisch auch Anbetung leiten und an dieser kleinen Nahtstelle stehen, wo gemeinschaftlich ein Kontakt zu Gott hergestellt wird. Anbetungsleiter sollten nie den Status einer hervorgehobenen Person suchen oder zugesprochen bekommen. Ihre Gabe des Singens mag herausragen, ihre Persönlichkeit besonders gewinnend sein, aber als Anbetungsleiter ist diese Person beliebig austauschbar. Dieser Gedanke ist ernüchternd, aber äußerst befreiend. Für Menschen, die in der Gemeinde vor anderen stehen, wird in christlichen Ausbildungsstätten manchmal das Bild vom Esel bemüht, auf dem Jesus in Jerusalem einritt. Menschen jubelten ihm zu, wedelten mit Palmenzweigen, zeigten Begeisterung und Bewunderung. Der Esel war das Transportmittel für das Objekt der Begeisterung, der Träger des Wertes, den die Menschen feierten. Man kann sich herrlich und humorvoll ausmalen, wie dumm es vom Esel wäre, diese Faszination auf sich selbst zu beziehen.

Anbetungsleiter müssen nicht perfekt und blitzsauber sein, um Gnade und Wahrheit weiterzuleiten. Ihre Bedürftigkeit kann durchschimmern.

2. Anleiten

Anbetung braucht Anleitung. Menschen sind im Bereich der Begegnung mit Gott oft unsicher. Die Vorschläge, Anweisungen und Richtlinien der Religion, wie man Gott begegnen sollte, sind oft widersprüchlich und einschüchternd. Die Praxis des Glaubens mancher Menschen ist bizarr, übertrieben, von Peinlichkeiten und Merkmalen der Unreife durchzogen. Wie wohltuend ist es, wenn Menschen mit einer inneren Sicherheit auftreten und „zeigen, wie es geht". Anbetungsleiter leiten andere Menschen an, Gott zu suchen. Sie ermutigen durch Lieder und kleine veranschaulichende Bemerkungen, sich angemessen auf Gott auszurichten. Sie haben es für sich selbst durchexerziert (hier kommt das schöne kirchliche Wort der Exerzitien passend zur Geltung). Sie haben das Modell schon einmal gebaut und damit gespielt, um eine andere, etwas leichtere Metapher für Anleiter ins Spiel zu bringen. Sie nehmen anderen die Angst, etwas falsch zu machen. Sie vermitteln einfach durch ihr selbstverständliches Handeln und ihre Zuversicht, dass dies ein gangbarer Weg ist und jeder darauf gehen kann. Auch wenn man selber schon „weiß, wie es geht", freut man sich als Teil einer Anbetungsgemeinschaft, wenn jemand die Gemeinschaft mit Gelassenheit und Freude an der Sache dazu anleitet, Gott anzubeten.

3. Hinleiten auf ein Ziel

Anbetung braucht Vision und Zielbewusstsein. Anbetungsleiter leiten andere auf ein Ziel zu. Sie sind auf einem Kurs und geben die Richtung an. Die christliche Kirche hat sich im Laufe ihrer Geschichte immer wieder als Schiff verstanden[48]. Doch wenn es keine funktionierenden Leitungsmechanismen auf diesem Schiff gibt, ist eine Gemeinde nur ein großes Floß ohne Steuerruder. Es treibt willenlos vor sich hin, hat kein Ziel. Vor allem löst mangelnde Klarheit durch Führung immer schnell Grundsatzdiskussionen um die richtige Richtung aus Es ermüdet und lähmt die Handlungsfähigkeit einer Gemeinschaft, vor jeder Bewegung und Entscheidung alle möglichen Aspekte immer wieder in der Gruppe gemeinsam durchzudiskutieren. Das verhindert die Entstehung eines stetigen Flusses in eine grundsätzlich gewünschte Richtung. Die Vorstellung, alle sollten alles immer nur gemeinsam entscheiden, ist eine Utopie. Sie lähmt eine Gruppe, sei es eine Partei, ein Unternehmen oder auch eine Anbetungsgemeinschaft.

Ohne gute Leitung können auch wunderbare und tief geistliche Prozesse schnell chaotisch und frustrierend werden.

Ohne gute Leitung können auch wunderbare und tief geistliche Prozesse schnell chaotisch und frustrierend werden. Denn erst durch

48 „Ein Schiff, das sich Gemeinde nennt, fährt durch das Meer der Zeit.
Das Ziel, das ihm die Richtung weist, heißt Gottes Ewigkeit."
Ev. Gesangbuch 604, Str.1, Text: Martin Gotthard Schneider 1960

Richtungsvorgabe und Koordination wird eine singende Gemeinde im Gottesdienst zu einer harmonisch klingenden Glaubensgemeinschaft. Erst durch gute Leitung wird eine lose Ansammlung von Musizierenden zu einer Band oder einem Orchester. Orchester brauchen Dirigenten, eine Band einen Bandleader, eine Anbetungsgemeinschaft einen Anbetungsleiter.

Von moderierend bis visionär

Leiten umfasst ein breites Spektrum von Arten. Der eine leitet durch das Verwalten der vorhandenen Wünsche und Vorgaben. Ein Moderator in einer Diskussionsrunde sorgt dafür, dass alle zu Wort kommen. Sein Leitungsbeitrag ist vermittelnd. Er sieht seine Aufgabe in der Ermöglichung einer ungestörten Zirkulation. Er leitet in erster Linie weiter und gewährleistet den Fluss. Andere leiten mit einer Vision, einer klaren Vorstellung, was in der Gruppe gemeinsam gemacht werden sollte. Sie leiten mit einer klaren Ausrichtung, einem Ziel vor Augen. Ihre Leitung ist aktiver und, wenn man so will, manchmal auch angriffiger. Sie stoßen an, gehen voran, fordern heraus und setzen in Bewegung. Sie sind Initiatoren-Leiter. Moderatoren-Leiter dagegen sind wie Verwalter, die auf die Bewegung der Gruppe reagieren. Sie haben das Heft in der Hand, aber sie geben eher Raum für das, was andere bewegt und beschäftigt. Sie greifen das Bestehende nur auf, geben aber nicht unbedingt den Ton an, weil es ihrem Wesen widerstrebt. Visionäre Leiter haben dagegen oft eine klare Vorstellung von einem gemeinsamen Ziel, das erreicht werden soll. Sie bemühen sich, so viele Menschen wie möglich dafür zu gewinnen. Sie kämpfen für etwas. Wer visionär leitet, hat eine feste Vorstellung davon, wo ein Schiff hin soll und navigiert es sehr zielgerichtet. Menschen spüren in seinem Handeln diese starke eigene Zielrichtung. Wenn sie das auch wollen, fühlen sie sich optimal unterstützt und gestärkt. Wenn Menschen noch unschlüssig sind, was sie wollen, lassen sie sich in der Regel auch gerne mitnehmen. „Mal sehen, was passiert", das ist die Grundhaltung vieler Menschen, die mitgehen, wenn Leiter Initiative ergreifen und vorangehen.

Wer visionär leitet, hat eine feste Vorstellung davon, wo ein Schiff hin soll und navigiert es sehr zielgerichtet.

Wenn aber das, was dem Leiter vor Augen schwebt, ihre Erwartungen enttäuscht, sind sie brüskiert. Manchmal fühlen sie sich von so viel Intention und Leidenschaft überfahren. Dann erhebt sich der Vorwurf, er versuche sie zu manipulieren. Doch der visionäre Leiter agiert nur anders als der mehr moderierende Leiter. Er initiiert mehr, aber er manipuliert damit noch nicht. Es gibt ein weites Spektrum der Leitung von moderierend bis visionär. Die Übergänge sind manchmal fließend.

Manipulation oder Einflussnahme?

Manipulation ist im Gegensatz zu visionärer Leitung eine Form des Missbrauchs von Leitung. Sie hat ein Element der Täuschung und verletzt die Freiheit der Selbstbestimmung. Manipulation ist eine Ausnutzung der Situation zum eigenen Vorteil.

Wer manipuliert, leitet Menschen mit einer verborgenen Agenda. Er hat nicht das Wohl aller im Blick, sondern vor allem sein eigenes. Manipulation ist ein Versuch, andere „über den Tisch zu ziehen", sie dazu zu bringen, etwas zu machen, mit dem sie normalerweise nicht einverstanden wären. „Von Manipulation eines Menschen spricht man, wenn die Annahme eines Identifikationsangebotes, einer Ware oder Dienstleistung nicht zu seinem Vorteil, sondern zu seinem Nachteil führt[49]".

Manipulation enthält immer ein Element der Täuschung. Manipulierende Menschen wollen andere dazu drängen, etwas zu tun, das nicht ihrem Eigeninteresse entspricht.

Manipulation enthält deshalb immer ein Element der Täuschung. Manipulierende Menschen wollen andere dazu drängen, etwas zu tun, das nicht ihrem Eigeninteresse entspricht.

Das Füllen der (eigenen) Hand

Das Wort Manipulation wird von zwei lateinischen Worten abgeleitet: *manus* (die Hand) und *plere* (füllen). Es ist eng verwandt mit dem Begriff der Bestechung. Durch das Füllen der Hände wird jemand beeinflusst, eine Entscheidung anders zu treffen, als das im Normalfall geschehen würde. Menschen werden manipuliert,

---

49 https://de.wikipedia.org/wiki/Manipulation, Abruf 16.Juni 2016

wenn man sie bedrängt, etwas zu tun, das gegen Gerechtigkeit und Fairness gerichtet ist. Es ist der Versuch, einen natürlichen Prozess auszuhebeln und zu unterwandern. Manipulation ist ein verdeckter und ungebührlicher Versuch der Beeinflussung. Es ist eine Perversion und ein Missbrauch der Einflussnahme. Sie überschreitet Grenzen und kann im äußersten Fall zur gedanklichen Nötigung oder Verführung führen. Einflussnahme an sich ist aber ein probates Mittel, um unsichere und unentschlossene Menschen dazu zu bewegen, sich auf den Weg zu machen.

Einflussnahme in der Werbung

Die Werbung, die uns täglich begegnet, ist ein gutes Beispiel für eine Gratwanderung zwischen legitimer Beeinflussung und Manipulation. Legitim ist die Absicht, ein Angebot mit den Wünschen und Bedürfnissen von Kunden in Verbindung zu bringen. Dazu muss Aufmerksamkeit erzeugt werden. Werbung muss Initiative ergreifen, um einen vorhandenen Grundimpuls legitim auszulösen. Der führt zu einem konkreten Handeln: Eigentlich wollte ich das hier schon länger, jetzt werde ich mal zugreifen. Der Kaufprozess soll dem Kunden durch Werbung so einfach und attraktiv wie möglich gemacht werden.

Auf ein mögliches Bedürfnis des Kunden und das dazu passende Angebot des Verkäufers darf man immer aufmerksam machen. Bedrängnis, Überrumpelung oder Täuschung aber dürfen nicht geschehen. Hierüber wachen bei uns in Deutschland Verbraucherschutzverbände, Rückgabeklauseln etc. Im Allgemeinen setzt man in unserer Gesellschaft aber auf einen mündigen Kunden, der für sich selbst entscheiden kann, was er möchte und was nicht. Der Einzelhandel setzt eine Fülle von psychostrategischen und taktischen Maßnahmen ein, um Kaufentscheidungen auszulösen. Beeinflussung geschieht schon durch die Auswahl des Sortiments, das Verhalten des Personals und die Ladenatmosphäre. Aber hier kann man schlecht von Manipulation sprechen, denn der Kunde weiß ja schon, wenn er das Geschäft betritt, dass man ihm hier etwas verkaufen will. Niemand protestiert hier gegen unfaire Manipulation, auch wenn er hinterher erkennt, dass er ein paar Sachen mehr gekauft hat, als er ursprünglich vorhatte. Das muss er dann mit seiner eigenen Disziplin und seinen inneren Maßstäben verhandeln.

Anbetungsleiter üben Einfluss aus, um Anbetung zu ermöglichen

Einflussnahme in dieser legitimen Weise geschieht auch in einer Gemeinde, die ihre Besucher zur Anbetung motiviert. Ihre Leiter wollen Einfluss ausüben, aktiv gestalten und in eine bestimmte Richtung führen. Dabei geht es aber immer um Werte und Ziele, die der ganzen Gemeinde zueigen sind. Sie möchten zur Anbetung bewegt, zum Glauben gerufen und zur Nachfolge Christi inspiriert werden. Wer sich einem Gottesdienst aussetzt, muss damit rechnen, dass hier auch in diese Richtung Einfluss ausgeübt wird.

Grenzüberschreitungen in der Anbetungsleitung

Manchmal fühlen sich Menschen aber in Zeiten der Anbetung von einem Leiter oder Team in eine Richtung gedrängt, die sie nicht vertreten. Sie fühlen sich überrumpelt und können sich nicht mit dem geforderten Ausdruck identifizieren. Manchmal ist es eine Bibelstelle, die dazu benutzt wird, etwas Grenzwertiges zu rechtfertigen. Man wird gedrängt, „über seinen eigenen Schatten zu springen", vielleicht leidenschaftlicher zu agieren, lauter zu singen. Das wird von vielen, die gerade nicht so empfinden, als übergriffig erlebt. Vor allem, wenn es mit versteckten Vorwürfen und einem inneren Ungehaltensein des Leiters über die mangelnde Partizipation der Leute an „seinem Programm" einhergeht.

Hier beginnt eine Grauzone der möglichen Manipulation in der Anbetung. Menschen spüren zu Recht Widerstand, Störgefühle und ein Unwohlsein bis hin zu Ärger und Zorn. Sie spüren vielleicht, dass hier einer eine ganz bestimmte Vorstellung davon hat, wie sich alle jetzt verhalten sollen, weil er sich das so in den Kopf gesetzt hat. Sie empfinden, dass sie lediglich die persönlichen Vorstellungen des Anbetungsleiters umsetzen sollen. Das kann und sollte man nur sehr begrenzt mitmachen und sich vor allem dagegen verwehren, dass dies immer wieder geschieht.

Aber ein entschlossenes „Lasst uns aufzustehen, um Gott Lieder der Anbetung zu singen" ist aus meiner Sicht keine Manipulation.

Empfindlichkeiten und Vorlieben

Allerdings gibt es im Hinblick auf Empfindlichkeiten in christlichen Gemeinden auch keine Grenze nach oben. Was für den einen schön ist, kann für den anderen eine fast unerträgliche Zumutung sein. Irgendwann muss man sich fragen, wie weit das gehen darf und wo eine sinnvolle Umorganisation in andere Gruppen und Formate angebracht ist. Manche Gemeinden lösen dies so: Es gibt zunächst einen traditionellen Gottesdienst mit dem Ziel, die Erwartungen älterer, ruhigerer und strukturierter Menschen zu erfüllen. Wenig später gibt es einen modernen Gottesdienst mit Popmusik, mehr Action, Licht, Bewegung und Lautstärke. Vielleicht gibt es auch noch ein Angebot mit mehr Stille-Zeiten, Kontemplation und Reflexion statt einer Konzert-ähnlichen Veranstaltung. In manchen Kirchen werden diese Angebote im Wochenrhythmus verteilt, andere bieten sie jeden Sontag an.

Im Geist der Liebe werden die unterschiedlichen Bedürfnisse und Vorlieben der Menschen nicht abgewertet und unterdrückt, sondern mit unterschiedlichen Angeboten versorgt. Dies ist der Geist, in dem sich die Jerusalemer Urgemeinde der Situation stellte. Hier hatten sich Unmut und Ärger über die Vernachlässigung legitimer Bedürfnisse angestaut: „Es erhob sich ein Murren", weil Menschen unterschiedlicher Prägung „nicht versorgt wurden", wie sie es gebraucht hätten (Apg. 6,1 LÜ).

Damals waren es die Witwen. Es ging um humanitäre Hilfe, nicht um individuelle Vorlieben, was Gebet, Glaubensinspiration und den Gesang von Liedern betrifft. Das Prinzip ist aus meiner Sicht aber gleich. Die Gemeinde konnte in der bisherigen Form den unterschiedlichen Bedürfnissen der Menschen nicht gerecht werden, ohne die bestehenden Leiter zu überfordern oder sie von ihren Prioritäten abzuhalten. So sagten die betroffenen Leiter: „Es ist nicht recht, dass wir das, was uns wichtig und gegeben ist, vernachlässigen, um diese Bedürfnisse zu stillen. Deshalb lasst uns andere Menschen suchen, die *einen guten Ruf haben und voll Geist und Weisheit sind und sie zu diesem Dienst bestellen*" (Apg. 6,3 LÜ, das Kursive von mir paraphrasiert). So entstand eine Umorganisation mit mehr Leitern und neuen funktionierenden Ebenen (Formaten). Dies half der Gemeinde, wieder zu einer inneren Einheit und zu einer Art Burgfrieden zusammenzufinden.

2.2. Leiten mit Leitbild

Die meisten Menschen haben in ihren Autos heutzutage ein Navi-System. Es hat keine steuernde Funktion, obwohl es schon in naher Zukunft im selbstfahrenden Auto diese Aufgabe selbst übernehmen kann. Es dient vor allem der Orientierung. Es empfängt Funksignale von Satelliten im All, um den aktuellen Standort zu berechnen, und ermöglicht das schnelle Finden eines geeigneten Kurses. Navigation hilft uns durch ein Koordinatensystem, jederzeit unseren Standort zu ermitteln und davon ausgehend Ziele anzuvisieren.

Ein Navigator in der Schifffahrt hatte die Aufgabe, die momentane Position und die beste Route zum Ziel zu ermitteln. Eine dritte Aufgabe bestand darin, das Schiff auf Kurs zu halten und vor Abdrift zu bewahren.

In der Welt des Glaubens ist Navigation ein wichtiger Faktor. Wir brauchen Navigation für unseren persönlichen Glauben. Ein einzelner Orientierungspunkt kann uns schnell in eine falsche Richtung führen (z. B. sich nur an der Bibel zu orientieren). Die Verbindung unseres Kurses mit anderen wichtigen Eckdaten des Lebens erfolgt weiterhin durch das Gewissen und die Vernunft, die auch die Ergebnisse von Bildung und Wissenschaft einbezieht. Und natürlich werden auf dem Weg des Glaubens auch die führenden Stimmen der Glaubenden unserer Kirche, der wir Vertrauen schenken, eine wichtige Rolle spielen. Der Glaube der Bibel, der Glaube der Kirche und der Glaube der Menschen unserer Zeit muss zusammen mit unserer Lebenserfahrung in eine sinnvolle Koordination gebracht werden, auch wenn die drei Quellen nie ganz übereinstimmen werden.

Ein Navigationssystem sollte die momentane Position finden, Routen zum Ziel vorschlagen und das Schiff auf Kurs halten.

1. Das Navigationsmenü einer Gemeinde

Jeder Mensch und jede Gemeinde braucht verschiedene Navigationspunkte, um seinen und ihren Standort zu bestimmen und zu wissen, wie er oder sie auf Kurs bleiben kann. Eine Gemeinde muss sich fragen, wie sie entstanden ist und was die wichtigsten Anliegen, Impulse und Werte ihrer Gründungszeit waren. Dann muss sie wissen, wer sich aus welchen Gründen gerne in der jüngeren Vergangenheit dazugesellt hat und was der gegenwärtige Befund an wichtigen neuen Überzeugungen, Anliegen und Bedürfnissen ist. Aus dieser größeren Navigation heraus sollte auch der Bereich der Anbetungsgestaltung hinterfragt werden: Wo kommen wir her? Wo sind wir? Was macht uns aus? Und wohin wollen wir jetzt gemeinsam aufbrechen?

Wir müssen uns fragen, welche Orte der Anbetung wir anvisieren und auf welcher Route wir dorthin reisen wollen.

Um möglichst vielen Passagieren das Mitreisen ins Universum der Anbetung zu ermöglichen, müssen wir uns fragen, welche Orte der Anbetung wir anvisieren und auf welcher Route wir dorthin reisen wollen. Dabei hilft die Entwicklung eines Navigationsmenüs zur Ermittlung von Standorten und Zielen einer Gemeinde.

Die Ermittlung von Standort und Zielen einer Gemeinde

Es ist sinnvoll, eine erste Standortbestimmung in einer möglichst großen Gruppe zu ermitteln. Man könnte der Gemeinde die oben genannten Fragen stellen, sie mit den Archetypen der Anbetung vertraut machen und sie dann in kleinen Gruppen ihre Ziele und Routenwünsche entwickeln lassen. Das dadurch zusammenkommende Feedback kann dem Anbetungsteam Orientierungspunkte an die Hand geben. Die Leitung kann dann immer noch entscheiden, welche Ziele Priorität haben. Gute Leitung entscheidet immer erst nach einer sorgfältigen Prüfung der Optionen und Hintergründe.

Das Anbetungsteam sollte sich gemeinsam fragen: wo stehen wir in der Anbetung?

Wo wollen wir hin? Was ist uns wichtig? Damit es nicht nur bei uns und unseren Vorlieben stehen bleibt, sollten wir die Frage erweitern: Was ist den anderen wichtig, das uns auch wichtig ist? Auf welche Vorstellungen und Wünsche wollen wir verzichten? Warum? Wie können wir eine Reise durch das Universum der Anbetung planen, die uns hilft, auf unserem Kurs zu bleiben? Wie könnte unser Koordinatensystem der Anbetung aussehen? Welche Anliegen der Anbetung stehen bei uns im Vordergrund? Welche Archetypen der Anbetung sind uns besonders wichtig?

Ein Leitbild für die Gemeinde in Korinth

Die lebendige christliche Gemeinde in der griechischen Stadt Korinth, die Bibelleser aus den Briefen des Paulus an die Korinther kennen, war hoch motiviert und stark inspiriert in ihren Gottesdiensten. Trotzdem hatte sie mit schweren Spannungen innerhalb der Gemeinde und Ablehnung von außen zu kämpfen, da sie zu viele widersprüchliche Impulse und Handlungsstränge unter einem Hut zusammenbringen wollten. Sie brauchten eine neue Ordnung und Grundorientierung, um gesund wachsen zu können und den irritierenden Fehlwuchs spirituellen Überschwangs zurückzuschneiden. Paulus schrieb ihnen einen Brief, der ein Leitbild für das Gottesdienstgeschehen zeichnete.

Die Gemeinde sollte sich als ein Organismus verstehen, der wie ein Körper mit unterschiedlichen Gliedern funktioniert. Mit diesem Leitbild wurde das Ziel der Gemeinde neu sichtbar – für Christus und mit ihm verbunden in diese Welt hinein zu sprechen und zu wirken. Gleichzeitig sorgte es für Wertschätzung, aber auch für eine funktionierende Ordnung und Gewichtung der vielen unterschiedlichen Impulse.

2. Die Grundidee biblischer Leitbilder

Paulus entwarf in seinen Briefen immer wieder Leitbilder, die den Gemeinden halfen, das Evangelium in ihrer Kultur zu verkünden und gleichzeitig eine liebende und rücksichtsvolle Form der Gemeinschaft zu pflegen. Wir können diese Leitbilder heute nur in ihrer Grundidee übernehmen und müssen uns aufgrund der veränderten Zeit fragen, was unsere Art, unser Pfund und unsere Richtung in der großen Mission der christlichen Kirche sind. Wir könnten den Grundgedanken, eine Art „Leib Christi" zu sein, als Verheißung und Auftrag übernehmen. Wir könnten in der Anbetung anstreben, mit unserem Singen und Beten zu verkörpern, wer Christus ist, was er wirkt und Menschen schenken möchte. Wir müssen ein spezifisches Leitbild entwickeln, das unserer Gemeinschaft hilft, unser Potenzial dafür zu nutzen. Wir brauchen eine innere Vision von gelungener Anbetung. Es ist die bildhafte und gedankliche Vorwegnahme dessen, was wir gemeinsam verwirklichen wollen. Was wollen wir in

Wir brauchen eine innere Vision von gelungener Anbetung. Es ist die bildhafte und gedankliche Vorwegnahme dessen, was wir gemeinsam verwirklichen wollen.

einer Zeit der Anbetung eigentlich erreichen? Wie sollte das aussehen, wenn es uns gelingt? Was stellen wir uns unter einer guten Anbetungszeit vor? Was macht eine lebendige Anbetungskultur aus?

Leitlinien erleichtern Orientierung und Identifikation

In einer sich immer schneller und stärker verändernden Welt ist eine Kursbestimmung überlebenswichtig, vor allem, wenn die Gemeinde selbst durch starke Veränderungsphasen geht. Menschen möchten gerne wissen, worauf sie sich einlassen, weil vieles nicht mehr das ist, was es früher war. Darum ist die gemeinsame Überlegung, was man auf welche Weise mit dem Anbetungsangebot der Gemeinschaft erreichen will, sehr sinnvoll. Wenn es gelingt, eine konsensfähige Vision einer erstrebenswerten Zukunft zu entwickeln, wird nicht nur eine schnellere Orientierung für Neueinsteiger möglich. Sie verstärkt auch die positive Identifikation aller bisherigen Beteiligten mit den inneren Zielen.

Leitbilder vermeiden zeitraubende Diskussionen

Wenn es handlungsleitende Grundsätze gibt, die klar formuliert und gut begründet sind, können Mitarbeiter gewonnen und integriert werden, ohne dass man erst durch viele Spannungen und Missverständnisse geht. Man kann damit ermüdende und kräftezehrende Diskussionen, die sich an einzelnen Vorgehensweisen entzünden, vermeiden oder verkürzen. Gerade in dem sensiblen Bereich von Musik und Anbetung muss sich eine Gemeinde davor schützen, dass Menschen die Bühne der Anbetung missbrauchen, um in erster Linie Eigenbedürfnisse zu stillen[50]. Ein Leitbild für die Anbetung schafft Klarheit und Effizienz. Sie verhindert unnötige Umwege, lähmende Diskussionen und das Abgleiten in ein diffuses Durcheinander.

Wie wollen wir uns Gott nähern?

Um ein eigenes Leitbild für die Zeiten der Anbetung im Gottesdienst zu entwickeln, muss sich eine Gruppe von Menschen fragen: Was ist uns wichtig in der Anbetung? Welche Anliegen stehen im

50 Eigenbedürfnisse nach Kreativität, Selbstvergewisserung, Zusammenspiel mit anderen Musikern, Aufmerksamkeit auf einer Bühne etc. sind normal und nicht verwerflich. Sie dürfen nur nicht in den Vordergrund treten oder von den Zielen der Gemeinde ablenken.

Vordergrund? Wie wollen wir uns Gott nähern? Wie wollen wir den anwesenden Menschen dabei begegnen?

Hierfür kann man Schlüsselworte, Überzeugungen und Absichten festlegen, die in jede Praxis der Anbetung einfließen. Ich habe für meine freikirchliche Gemeindegründungsarbeit vor fast 20 Jahren[51] monatelang mit einem Team von vertrauten Mitarbeitern an einer Art Gemeindephilosophie gebastelt und gefeilt. Am Ende hat mir dieser langwierige Prozess sehr viele Auseinandersetzungen verkürzt (grundsätzlich erspart blieben sie mir nicht). Es gibt immer Menschen, die unterwegs sind in christlichen Gemeinden, weil sie nach einer neuen inneren Heimat suchen. Sie sind keine „unbeschriebenen Blätter", sondern sie bringen schon bestimmte Vorstellungen mit. In den ersten Wochen und Monaten gleichen sie die neue Gemeinde mit ihren inneren Werten ab. Junge Gemeinden und Gemeindegründungsprojekte ziehen naturgemäß immer mehr Menschen an, da bei ihnen noch alles offen und möglich erscheint. Die Form ist noch nicht so fest wie in etablierten Gemeinden. Ein Leitbild kann dem Versuch der Beeinflussung durch Menschen mit ganz anderen Vorstellungen eine klare, überdachte Position entgegenhalten. Es sollte eindeutig genug sein, um unerwünschte Vorgehensweisen auszuschließen, aber offen genug, um Menschen in ihrer Vielfalt willkommen zu heißen. Es sollte eine Philosophie, eine Lehre und Auslegung gelungener Anbetung sein.

3. Eine Philosophie der Anbetung

Menschen auf der Suche nach einer geistlichen Heimat brauchen ein Identifikationsangebot. Gleichzeitig verhindert solch eine Ausarbeitung, dass Menschen mit anderen Vorstellungen zu starken Einfluss gewinnen. Wenn Menschen sich mit einer bestimmten Vorprägung erst einmal „eingenistet" haben und auch ehrenamtlich einbringen wollen, treten ihre alten Werte manchmal in ein Spannungsfeld mit denen der neuen Gemeinde. Wenn das nicht bald geklärt werden kann, entstehen unnötige Richtungskämpfe und Spannungen. Sie entzünden sich manchmal auch besonders an der Frage, wie Anbetung

51 Meine Frau Claudia und ich gründeten im Jahr 1987 die „Gospelgemeinde Berlin" in Zusammenarbeit mit dem Freikirchlichen Evangelischen Gemeindewerk in Deutschland (fegw), die wir 13 Jahre gemeinsam leiteten.

gestaltet werden sollte. Hier ist ein Beispiel, mit dem ich ein Identifikationsangebot auf dem Stand meines aktuellen Glaubensverständnisses als Leitbild oder Philosophie der Anbetung formuliert habe.

Vielseitigkeit und Kreativität

Wir möchten in unseren Gottesdiensten eine vielseitige und lebendige Kultur der Anbetung entwickeln. Sie soll Ausdruck einer spirituellen Suche und Erfahrung sein, aber auch der Kreativität in ästhetischen Präsentationen Raum geben. Menschen sollen mit ihren Begabungen ein weites Feld für ihren eigenen Ausdruck finden. Musik und Text, Licht und Sound, Technik und Instrumente sollen zeitgemäß und kreativ benutzt werden, um eine Gemeinschaftserfahrung der Begegnung mit Gott zu ermöglichen.

Eine lebendige Kultur der Anbetung sollte spirituelle Erfahrungen in ästhetischen Präsentationen Raum geben.

Heilsame Gemeinschaftserfahrung

Diese Gemeinschaftserfahrung soll den Glauben an Gott als den ewigen Vater, Sohn und Geist wecken und Gottes liebendes Wesen erklären. Sie soll auch das mütterliche Element in Gott zum Ausdruck bringen, geistliche Nahrung vermitteln, Menschen in Schmerz und Bedrängnis trösten und die Heilung der Seele fördern.

In einer heilsamen Gemeinschaftserfahrung Gottes liebendes Wesen erklären, Menschen trösten und Heilung fördern.

Zeitgemäße Kommunikation

Wir suchen dabei nach einer zeitgemäßen Sprache und Kommunikationsform. Wir wollen aber auch die alten Begriffe aus Bibel und Kirchengeschichte aufgreifen, um uns in der Geschichte des christlichen Glaubens zu erden. Das soll verhindern, dass wir der Oberfläche zeitlicher Trends völlig erliegen. Wir wollen ältere Begriffe aktuell interpretieren, um die Tradition des christlichen Glaubens in unsere Zeit zu holen. Wir suchen deshalb nach einer Balance von Alt und Neu, laut und leise, schnell und langsam, frei und gesetzt, kraftvoll und sanft.

In zeitgemäßer Sprache, Balance von alt und neu, frei und gesetzt, kraftvoll und sanft, Gott ehren und anbeten.

Spannungen aushalten

Wir wollen im Glauben an Jesus, den Christus, Zugänge zu Erfahrungen mit Gott schaffen, ohne das Geheimnis der Unverfügbarkeit Gottes aufzuheben. Wir suchen keinen Glauben, der gänzlich in unserem Verständnis aufgeht, sondern halten die Spannungen der Rätsel und Paradoxien eines verborgenen, aber gleichzeitig allgegenwärtigen Gottes aus. Wir wollen anbeten, bekennen und feiern, was uns zugänglich gemacht worden ist. Wir respektieren das Geheimnis Gottes und die Anteile der Wahrheit in anderen Religionen, ohne die Deutlichkeit und Unbedingtheit der Wahrheit Gottes in Jesus Christus damit preiszugeben. Wir nehmen Abstand von einer Diffamierung anderer Glaubensvorstellungen. Wir bleiben offen für eine fortschreitende Wirklichkeitsdeutung mit Hilfe von Vernunft und Wissenschaft und bekräftigen gleichzeitig die unverzichtbare Tiefe von Religion und christlicher Offenbarung.

Zugänge schaffen und doch das Geheimnis Gottes respektieren, Rätsel und Paradoxien aushalten. Vernunft und Wissenschaft mit religiöser Tiefe und christlicher Offenbarung in Einklang bringen.

Primat der Liebe

Wir glauben an das Primat der Liebe (Die Liebe ist das Größte) in allen Fragen des Lebens und Glaubens. Wir wollen unsere Anbetungskultur deshalb speziell vor folgenden Verzerrungen schützen:

- *Krank machende Gottesbilder, die mit der puren Drohung von Zorn und Strafe seelischen Druck ausüben, ohne das Wunder von Vergebung und Gnade dagegen zu halten.*
- *Kriegerische Machtlieder, die eine Atmosphäre von Dominanz und Bedrängnis erzeugen.*

Auch wenn solche Gottesbilder und Machtfantasien in der Bibel vorkommen, orientieren wir uns an Jesus Christus als dem letzten und gültigen Wort Gottes an die Menschheit. Sein Geist der Demut und Leidensbereitschaft, um der höchsten Macht von Liebe und Wahrheit Geltung zu verschaffen, ist unser Vorbild.

Die Liebe als das Größte in Glauben und Leben festhalten, dem Geist Jesu Geltung verschaffen.

Gotteserfahrung in Verantwortlichkeit

Wir wollen dem Tasten und Suchen von Menschen nach für sie bedeutsamen Gotteserfahrungen Raum geben. Dabei suchen wir nach einem weiten Spektrum christlicher Frömmigkeitsübungen, die in der Bibel gegründet, in der Geschichte der Kirche entwickelt und mit dem seelischen Gesundheitsideal eines selbstständigen und mündigen Menschen vereinbar sind.

Wir wollen in Selbstbeherrschung und Verantwortlichkeit vorgehen. Wir wollen alles vermeiden, was Menschen als befremdend, gängelnd und irritierend empfinden könnten, z. B. extreme Lautstärke, suggestive Wiederholungsschleifen, bizarres Verhalten unter Berufung auf spontane und überwältigende Geistesführung. Wir glauben, dass Gott Menschen nicht direkt und unvermittelt steuern oder kontrollieren will, sondern über Herz, Wille und Verstand Einfluss nimmt und regiert. Alle Erfahrung und Kommunikation Gottes ist von Anfang bis Ende eingebettet in einen menschlichen Kontext. Der Mensch trägt sich selbst, Gott und der Gemeinschaft gegenüber Verantwortung in der Vermittlung dieser Erfahrungen. Menschen, die sich in der Anbetung Gottes direkt und kraftvoll von Gott angesprochen fühlen, müssen verstehen, dass sie diese Impulse selbstständig kontrollieren und verantwortlich der Gemeinschaft kommunizieren müssen. Dabei gelten Verständlichkeit, Ermutigung und Frieden als Richtschnur für den Umgang mit geistlichen Erfahrungen innerhalb der Gemeinde.

Dem Tasten und Suchen nach Gotteserfahrungen als selbstständige, verantwortliche und mündige Menschen Raum geben. Verständlichkeit, Ermutigung und Frieden als Richtschnur.

Inklusives Gemeinschafts- und Dienstverständnis

Wir begrüßen ausdrücklich die Mitwirkung aller interessierten Menschen an der Entwicklung und Durchführung gemeinsamer Anbetungszeiten in Koordination durch unsere dafür eingesetzten Leiter. Wir haben ein inklusives Gemeinschafts- und Dienstverständnis. D. h., niemand darf aufgrund seines Geschlechts, seiner Zugehörigkeit zu einer ethnischen Gruppe, seiner politischen Überzeugung oder seiner sexuellen Orientierung von der Mitwirkung an der gemeinsamen Anbetung ausgeschlossen werden.

Inklusives Gemeinschafts- und Dienstverständnis ohne Diskriminierung. Jeder ist willkommen und darf mitwirken.

Geschützte Ausrichtung auf Gott allein

Niemand darf die Bühne der Anbetung jedoch als betroffene Minderheit für politische Propaganda oder Werbung für spezielle Interessengebiete missbrauchen. Anbetung braucht eine klare und geschützte Ausrichtung auf Gott allein. Sein ewiges Wesen, seine umfassende Liebe und die Verheißung seiner Gnade und Großzügigkeit müssen im Mittelpunkt stehen. In Zeiten der Anbetung müssen sich Menschen aller gesellschaftlichen Ausrichtung und Interessen ‚ohne Ansehen der Person' angenommen, geachtet und geliebt fühlen können."[52]

Klare und geschützte Ausrichtung auf Gott in der Anbetung. Ausklammerung von kontroversen Partikularinteressen.

Jeder kann mit gutem Recht auch ganz andere Akzente setzen und sich in einzelnen Punkten anders positionieren. Ihr Statement wäre nicht besser und nicht schlechter, denn zur Erkenntnis im Geist der Liebe gehört nach Paulus das Eingeständnis: „Unsere Erkenntnis ist Stückwerk[53]". Es wäre nur mehr im Einklang mit Ihren gewachsenen Erkenntnissen und Werten.

Durch solch eine klar formulierte Vorgabe wissen hinzukommende Menschen, woran sie sind. Sie können sich darauf einlassen und mitwirken. Sie können sich aber auch bewusst dagegen entscheiden. Der Kurs ist geklärt, die Richtung entschieden. Je früher das geschieht, desto besser.

Die Entwicklung eines eigenen Leitbildes

Wer eine Gemeinde gründet, kann mit seinem Team sehr frei und spontan die Parameter festlegen, weil noch „alles auf Null" ist". Das betrifft auch die Form und den Stil der Anbetung. In einer gewachsenen Gemeinde muss man aus bestehenden Strukturen und gewachsenen Vorlieben heraus in einen Diskurs, einen Gedankenaustausch, gehen. Darin kann man mögliche Erweiterungen und Veränderungen vorschlagen und in mehreren Schritten einen Konsens für eine neue gemeinsame Richtung entwickeln. Der Prozess dauert länger

52 Sie dürfen diesen Entwurf von mir gerne kostenfrei nutzen.
Bitte mit dem Vermerk „Anbetung in Praxis, mc-peppersongs 2018".

53 1.Kor. 13,9 (LÜ)

und ist mühevoller. Am Ende ist es aber immer befriedigender, einen großen Teil der bestehenden Gemeinde für einen neuen gemeinsamen Weg zu gewinnen, als schwere Brüche zu riskieren. Um ein Schiff durch aufgewühlte Gewässer zu führen, muss man ein guter Navigator sein. Eine klare Vision bemüht sich deshalb auch um eine funktionierende Navigation.

4. Ist das Leiten der Anbetung ein Levitendienst?

In der Bibel war der Stamm der Leviten zuständig für alle Tätigkeiten, die mit dem Gottesdienst zu tun hatten. Sie leiteten die Vorbereitungen und stimmten die Gesänge an. Sie gaben beim Beten und Singen den Ton an.

„Und David befahl den Obersten der Leviten, ihre Brüder, die Sänger zu bestellen, mit Musikinstrumenten, Harfen und Zithern und Zimbeln, damit sie laut musizierten, indem sie die Stimme erhoben mit Freude.“ (1.Chron. 15,16 ElbÜ) Unter ihnen gab es dann wieder Anführer wie z. B. Kenanja: „Und Kenanja war der oberste der Leviten beim Anstimmen des Gesangs; er war Unterweiser beim Anstimmen, denn er verstand sich darauf.“ (1.Chron. 15,22 ElbÜ)

Diese Anbetungsleiter leiteten nicht nur die Musikgruppe bestehend aus Chor und Orchester, sondern auch das singende Volk. Sie hatten die Gesamtleitung über das ganze Geschehen der „Lobpreisungen“, wie die Elberfelder Übersetzung den Bereich des Singen-Beten-Musizierens nennt.

An dieser Ordnung des Tempelgottesdienstes müssen wir uns heute nicht mehr orientieren. Der Vergleich der Anbetungsleitung mit dem Dienst der Leviten hat seine Grenzen.

Der Vergleich der Anbetungsleitung mit dem Dienst der Leviten hat seine Grenzen.

Zum einen waren die Leviten ein Stamm, der durch Erbfolge definiert war: Sie stammten alle aus der Verwandtschaft Levis. Anbetungsleiter heute werden ausschließlich aufgrund ihrer sozialen, musikalischen und geistlichen Kompetenz ausgesucht. Sie haben immer nur ein Mandat auf Zeit.

Zum anderen leben evangelisch Glaubende heute in einem neuen Verständnis von Priesterschaft. Dort sprechen wir von einem „allgemeinen Priestertum“ oder der „Priesterschaft aller Gläubigen“, wie es Martin Luther formulierte. Die Würde und Weihe des Umgangs mit Gott und den „Dingen Gottes“ ist allen Glaubenden in Christus zugesprochen. Der Gottesdienst der evangelischen Kirchen ist im Gegensatz zur Messe in der katholischen Kirche keine Fortführung eines Opferdienstes mehr. Das protestantische Christentum brach mit der katholischen Kirche in der Vorstellung, dass Christus in jedem Gottesdienst immer wieder neu als Opfer dargebracht wird. Gemäß römisch-katholischer Vorstellung kann der Vollzug des Gottesdienstes nur durch geweihte Priester, die einen anderen Status haben als die „normalen“ Gläubigen, geschehen. Anbetungsleitung im Gottesdienst kann also im evangelischen Glauben von jedem Menschen zelebriert werden, der diesen Glauben in sich trägt, egal ob männlich oder weiblich, verheiratet oder ledig. Es ist kein priesterlicher Dienst im Sinne des Alten Testamentes. Priester und Leviten gehen im Neuen Testament in den Glaubenden auf und verlieren den Status der Exklusivität. Anbetungsleitung ist wie Predigt, Diakonie, Organisation, Geben, prophetisches und heilendes Wirken eine Klangfarbe des Dienstes an den Gläubigen und der Welt. Ihr Status wird nirgends besonders hervorgehoben, ihre Bedeutung ergibt sich nur aus dem jeweiligen konkreten Segen und der Ermutigung zum Glauben, den sie mit ihrem Wirken auslösen. Anbetungsleiter werden wie Pastoren, Lehrer, Evangelisten und Diakone immer einen besonderen Platz im Herzen der Menschen haben, denen sie etwas von Gott vermitteln. Sie stehen aber weder auf einem Podest über anderen noch unter besonderem Profilierungsdruck in einer geistlichen Hierarchie.

2.3 Leiten mit Zurückhaltung

In jeder Gruppe von Menschen brodelt ein Gemisch von persönlichen Intentionen, Ambitionen und Konditionierungen. Menschen tragen Absichten, Vorhaben und Prägungen in sich, die bei passenden Gelegenheiten aktiv werden. Manche Menschen sind von Natur aus sehr impulsiv oder machtbewusst und reißen in einer Gruppe Dinge schnell an sich. Wo Leitungsverantwortung nicht geklärt ist, entstehen irgendwann Revierkämpfe. Zivilisierte Gruppen regeln dies über das konkrete Einsetzen von Leitern.

Dabei suchen wir in Leitern instinktiv immer nach einer wichtigen Grundhaltung – sie müssen sich zurückhalten können. Sie sollten gründlich überlegen, was im Sinne ihrer Gruppe oder der Allgemeinheit ist und weniger ungestüm und impulsiv handeln als andere.

Gute Leiter helfen anderen, sich zurückzuhalten

Weil die Welt des Glaubens im Verhältnis zu anderen Gemeinschaftserlebnissen ein wenig aus dem Rahmen fällt, haben Menschen in christlichen Gemeinden immer schon die Vorstellung gehabt, dass hier ein völlig hierarchiefreier Raum ist, in dem jeder spontan aus seinem inneren Empfinden heraus etwas sagen, singen oder vortragen kann. Paulus musste den Gläubigen in Korinth klarmachen, dass die Inspiration durch den Heiligen Geist in menschlichen Versammlungen geordnet und friedvoll eingebracht werden muss (1.Kor. 14). Gerade der weite und freie Raum des Glaubens verlangt in der Gemeinschaft ein hohes Maß an Zurückhaltung und Impulskontrolle.

Gerade der weite und freie Raum des Glaubens verlangt in der Gemeinschaft immer wieder ein hohes Maß an Zurückhaltung und Impulskontrolle.

Wer allem, was er innerlich spürt, unmittelbar nachgeben möchte, schafft eher Anarchie als Harmonie. Wenn eine christliche Gemeinde zur Anbetung zusammenkommt, fungiert der Anbetungsleiter als Impulsgeber und Steuermann. Er gibt in der Zeit der Anbetung die Impulse vor, denen alle gemeinsam nachgehen. Die Menschen wären sonst häufig einem unkontrollierbaren Experimentierfeld ausgesetzt, in dem jeder nur seine spontanen Impulse auf Kosten der Geduld aller Anwesenden auslebt. Leiter helfen, zu sichten und zu sichern, was von Wert und Bedeutung für die Gruppe ist.

Umgang mit der Vielfalt

Nicht nur die Zahl der Menschen, sondern auch ihre unterschiedliche Prägung hat zugenommen. Menschen sind im Allgemeinen viel selbstbewusster und haben – mehr als früher – ihre eigenen Vorstellungen von einem sinnvollen Leben. Es gibt heute auch in christlichen Kirchen und Gemeinschaften grundsätzlich mehr unterschiedliche Meinungen, Vorverständnisse und innere Ausrichtungen als früher. Homogene Gruppen, die sich in ähnlichen Denkbahnen bewegen und große, sie verbindende Gemeinsamkeiten haben, sind seltener geworden. Es ist ein Kennzeichen der Moderne: Die Diversifizierung[54] nimmt mit wachsender Geschwindigkeit ständig zu. Diese Verschiedenheit ist nicht mehr so leicht autoritär und pauschal in den Griff zu kriegen, wie es früher einmal möglich war. Man muss sie heute eher in einer weisen, verständnisvollen Akzeptanz in eine gemeinsam gewünschte Richtung manövrieren. Es erfordert ein gewisses Fingerspitzengefühl und in vielen Bereichen, wie z. B. der Politik, auch ein besonderes Talent.

Wir leben in einer Zeit, in der Menschen nicht mehr in erster Linie nach Verwandtschaft, Volk, Zunft und Klan zusammenkommen[55]. Obwohl es diese Strukturen noch gibt, orientieren sich Menschen immer mehr an ihren Interessen und entsprechenden Angeboten. Da diese Angebote darauf ausgerichtet sind, Menschen in der Entwicklung ihrer eigenen Identität (ihres Selbstverständnisses) zu unterstützen, nennt man sie auch Identifikationsangebote.

Anbetung als Identifikationsangebot für Glaubende

Eine Zeit der Anbetung ist ein Identifikationsangebot für Menschen, ihren Glauben auf diese spezielle Weise zum Ausdruck zu bringen. Es ist etwas für sie vorbereitet worden, mit dem sie sich identifizieren können. Sich mit etwas zu identifizieren heißt nicht, dass man alles, was dort gesagt wird, als Bestätigung empfindet. Es kann auch beinhalten, sich hinterfragen zu lassen. Das kommt uns in unserer Entwicklung zur Selbstständigkeit ja auch entgegen. Wir möchten

54 Die Ausbreitung der Verschiedenheit, die Zunahme der Abweichungen von einer Norm.

55 Obwohl nationale Egoismen, eine Klan-Mentalität und Abschottungstendenzen in Politik und Gesellschaft gerade leider wieder auf dem Vormarsch sind.

nicht immer nur Antworten einer bestimmten Sorte serviert bekommen, sondern lieber kluge Fragen, die uns weiterbringen. Ich bin als Christ doch grundsätzlich damit einverstanden, in Bezug auf mein Denken und meine Lebensführung immer wieder herausgefordert zu werden. Ich strebe nach der Erneuerung meines Sinnes im Blick auf das, was Gott ehrt. „Ändert euch durch die Erneuerung eures Sinnes, auf dass ihr prüfen könnt, was der Wille Gottes ist, nämlich das Gute und Wohlgefällige und Vollkommene." (Röm. 12,2 LÜ)

Christen suchen in einem Identifikationsangebot deshalb nicht nur einen bequemen Selbstbestätigungsmechanismus. Was sie hier hören und sehen muss nur mit dem Glauben an Christus in einer gewissen Übereinstimmung stehen. Es muss ihnen Möglichkeiten aufzeigen, wie sie selber prüfen können, was Gott in ihnen an Gutem, Wohlgefälligen und Vollkommenen hervorbringen will. Aber dieses Korrektur anbietende Hineinsprechen in unser Leben sollte immer vom Geist der Liebe bestimmt sein.

Der Tendenz zur Vereinnahmung widerstehen

Eine Form der Lieblosigkeit in der Präsentation eines Identifikationsangebotes ist die Vereinnahmung der Zuhörer. Menschen fühlen sich überrollt, wenn ihnen suggeriert wird, dass sie als „richtige Christen" zwangsläufig ein bestimmtes Verhalten mitmachen müssten. Dieses Gefühl kommt auf, wenn man zur Einleitung von Anbetungszeiten hört: „Als Christ muss man/sollte man ..." oder „Die Bibel sagt ...", und dann werden Einzelverse und Lappalien zu einer Generalkategorie aufgebauscht. Damit nötigt man die Anwesenden, sich dem Bibelverständnis und der Gewichtung des Anbetungsleiters unterzuordnen. Gute Anbetungsleiter halten sich hier zurück. Es ist ehrlicher und entspannter, von dem zu sprechen, was uns sinnvoll, wahr und wichtig erscheint: „Ich habe gelernt ...", „Mir ist klar geworden ...", „Ich sehe in diesem Text unsere Situation."

Widerstehen Sie den Tendenzen zur Vereinnahmung der Zuhörer durch Verallgemeinerungen!

Signale der Demut

Hilfreich sind Signale, die zeigen, dass man nicht von allen Anwesenden eine totale Übereinstimmung mit den eigenen Ansichten erwartet. Der biblische Begriff dafür ist Demut. Es ist besser, von „meinem Schriftverständnis“ oder „meiner Erkenntnis“ zu sprechen als von „der Bibel“ an sich. Man muss dabei nicht jedes Wort auf die Goldwaage legen, aber immer wieder darüber nachdenken, welche Formulierung den größeren Respekt vor anderen Meinungen zum Ausdruck bringt. So schafft man Identifikation mit einer gemeinsamen Schnittmenge, nicht absolute Übereinstimmung. Das ist in unserer pluralistisch geprägten modernen Welt sehr wichtig.

Doch auch ohne solche Floskeln kommt ein Gefühl der Vereinnahmung auf, wenn man ungefragt in eine bestimmte Form der Spiritualität hineingezogen wird, z. B. langes, stehendes Singen mit vielen Wiederholungsschleifen des immer gleichen Liedes, um einen Effekt des „Soaking“ zu erreichen (wörtlich: einweichen, gemeint ist ein Sich-Vollsaugen mit einer Mischung aus Erkenntnis und Gefühl, bis man davon durchdrungen ist). Das ist ebenso irritierend wie ein ungewöhnlich langes Schweigen oder das Aushalten von erratischen Wortmeldungen zwischen den Liedern, die in der pfingstlichen Tradition als Ausdruck der biblischen Weissagung oder Prophetie (siehe 1.Kor. 14) verstanden werden.

„Kampfsitzen“

Während unvermitteltes „Soaking“, exzessives Schweigen und charismatische Weissagungen (oft verbunden mit dem sogenannten Zungenreden) als Frömmigkeitsformen schon irritierend sein können, regt sich manchmal schon bei viel kleineren Zumutungen der Unmut. Allein die Aufforderung „Lasst uns aufstehen, um Gott zu preisen“ löst schon in manchen Gruppen inneren Widerstand aus. So etwas ist immer ein Kennzeichen von ungeklärten und widersprüchlichen Erwartungen. Es tritt meist dann auf, wenn Gruppen sich schon lange in bestimmten Mustern eingerichtet haben und nun herausgefordert werden, ihren gewohnten Modus zu verlassen.

Ein neuer Ansatz zur Anbetungspraxis kann nur gelingen, wenn man die Veränderungen gut begründet, sanft bewirbt und geduldig einübt.

Ich habe es selbst erlebt, wie Menschen in einer freikirchlichen Gemeinde zu einem großen Teil demonstrativ sitzen geblieben sind, wenn von vorne zur stehenden Anbetung eingeladen wurde. Es war wie ein trotziges „Kampfsitzen“. Die Atmosphäre war zwiespältig, verunsichernd und geladen mit einer gewissen Feindseligkeit. Mit der Zeit löste sich dieser interne Konflikt der Gemeinde auf, denn es wurde gesagt, dass man auch gerne sitzen bleiben kann. Wer aber aufstehen wollte, wurde gebeten, sich nicht vor eine sitzende Person zu stellen, sondern in der Weite des Raumes einen Stehplatz zu finden, damit niemand in seiner Sicht auf Bühne und Text behindert wird. Damit wurde klargestellt, dass beide Formen legitime Ausdrucksweisen persönlicher Anbetung in der Gemeinschaft waren. Das Umhergehen und Suchen nach einem besseren Platz für diesen Teil des Gottesdienstes gehört bei manchen freikirchlichen Gemeinden in der Anbetungszeit zum normalen Erscheinungsbild. Sie durchbrechen damit eine stillschweigende Erwartung von rigoroser Starrheit und Eintönigkeit (eine Stunde reines Sitzen oder eine halbe Stunde Stehen am Platz). Ein neuer Ansatz zur Anbetungspraxis kann nur gelingen, wenn man die Veränderungen gut begründet, sanft bewirbt und geduldig einübt. Ich bin der festen Überzeugung, dass auch umstrittene geistliche Praktiken aus anderen christlichen Glaubensfamilien Eingang in eine Anbetungszeit finden können, wenn man sie als ein begrenztes Angebot mit entsprechenden Vermittlungshilfen einführt. Der Teilnehmer eines Gottesdienstes darf nie durch Berufung auf die Bibel allein zu einer Frömmigkeitsrichtung genötigt werden, die seinem persönlichen Gefühl und Verständnis widerspricht. Anbetungsleiter müssen deshalb grundsätzlich heterogene Reaktionsmuster auf ihre Vorschläge und Impulse akzeptieren. Sie dürfen mangelnde Kooperation und den Ausdruck von Distanz nicht persönlich nehmen. Es hat immer etwas mit der persönlichen Befindlichkeit und dem geistlichen Erkenntnisstand von Menschen zu tun, selten mit einer persönlichen Antipathie dem Leiter gegenüber. Man kann durch eine einladende Moderation aber viel mehr Menschen dazu gewinnen, über ihren Schatten zu springen, als man denkt.

Anbetungsleiter müssen unterschiedliche Reaktionsmuster auf ihre Angebote akzeptieren.

Subtile Hinweise und konkrete Aufforderungen

Bei Aufforderungen, bei denen man sich unsicher ist, wie sie von den Anwesenden empfunden werden, kann man deshalb einen subtilen Hinweis einbauen: „Das nächste Lied lädt dazu ein, aufzustehen und ein bisschen beweglicher mitzumachen" (ob man dieser Einladung folgt und auf welche Weise, bleibt dem Zuhörer überlassen), oder „Hier würde es gut passen, wenn ihr ordentlich mitklatscht". In der Regel ist eine klare und bestimmte Ansage aber hilfreicher, um Dinge zu bewegen als immer nach einem „politisch korrekten" goldenen Mittelweg zu suchen. Man kann sich in dem Versuch, alle Anwesenden zufriedenzustellen, auch verlieren. Dabei geht die Dynamik dann schnell verloren. Wenn man merkt, dass Menschen zu einer Aktion keine Lust haben (wenn z. B. das Mitklatschen sehr schnell abebbt und sich Menschen schnell wieder hinsetzen), sollte man auf keinen Fall länger darauf herumreiten, sondern unbeirrt weitermachen. So etwas verläuft sich schnell und ist nie so schlimm, wie wir es in dem Moment vielleicht empfinden. Wir brauchen einen Grundoptimismus, dass sich in einer Gemeinschaft aus geistlich motivierten, wohlwollenden Menschen mit der Zeit ein positives Ergebnis einstellt.

Der Schlüssel: Innere Sicherheit

Dieser Grundoptimismus ist ein zentrales Element. Ein sicheres, freundliches und bestimmtes Auftreten hilft unsicheren Menschen, sich auf eine Situation einzulassen. Wenn man als Leiter einer gemeinsamen Anbetungszeit zu sehr herumdruckst, sich fast entschuldigt, dass man den Leuten etwas zumutet, und verbal ständig in der Defensive bleibt, schafft man Unsicherheit und Misstrauen.

Eine aufrechte Haltung, ein offener Blick und eine feste Stimme flößen Vertrauen ein. Das kann man üben und entwickeln. Man kann auch Einfluss auf sich selbst ausüben, um in einer Situation des Leitens dem Druck der inneren und äußeren Situation gelassen gegenüberzutreten. Das ist ein Schritt in die eigene Identität, ein Ergreifen der eigenen inneren Sicherheit. Von dort ist es nur noch ein kleiner Schritt zu einer gewinnenden Ausstrahlung. Dieses Phänomen möchte ich nun etwas genauer betrachten.

2.4 Leiten mit Ausstrahlung

Jeder Mensch hat eine Ausstrahlung. Wer als Anbetungsleiter vor Menschen tritt, sollte sich zweierlei bewusst sein. Die Strahlkraft geistlicher Erfahrungen unterstützt alles, was er auf der Bühne macht. Ausstrahlung in der Anbetung hat eine geistliche Komponente. Doch die größere Auswirkung auf unsere Ausstrahlung hat unsere innere Überzeugungswelt, verbunden mit einem bewusst gesteuerten Auftreten. Außenwirkung und Ausstrahlung sind nicht nur angeboren oder das Resultat von viel Gebet, Fasten oder Meditieren. Sie sind viel mehr noch das Ergebnis eingeübter Selbstpräsentation. Wir wollen den Mythos Ausstrahlung im Folgenden sowohl in gesunder Weise würdigen wie auch einen falschen Respekt vor diesem Begriff erschüttern. Nicht alles an der menschlichen Ausstrahlung ist ein unaussprechliches Mysterium.

1. Die Strahlkraft geistlicher Intensiverfahrungen

„Sie blickten auf ihn und strahlten" (Ps. 34,6 ElbÜ), heißt es in den Psalmen. Das kann man auch in übertragenem Sinne verstehen. Auf Gott zu schauen, ihn in den Blick zu nehmen und sich an dieser Wirklichkeit sattzusehen, zaubert vielleicht nicht immer ein Lächeln auf unser Gesicht, aber es hinterlässt eine Strahlkraft in uns, die sich mit unserer natürlichen Ausstrahlung mischt. „Ja, du lässt meine Leuchte strahlen. Der Herr, mein Gott, erhellt meine Finsternis" (Ps. 18,29 ElbÜ). Der Glaube an Gott lässt in Menschen „ein Licht aufgehen", nicht nur im Sinne einer Idee, sondern als neuen Glanz und tröstende Helligkeit in einem Leben voll dunkler Momente. So erleben viele, dass auch ihre „Leuchte", ihre persönliche Ausstrahlung heller strahlt, weil Gott etwas in ihnen verändert hat. Das bedeutet nicht, dass Menschen nur dann wirklich lebendig glauben, wenn sie auch von anderen eine Veränderung ihrer Ausstrahlung bescheinigt bekommen. In der alten Kirchenkunst findet sich bei Jesus und den Heiligen immer wieder das Symbol des Heiligenscheins. Dazu haben sicher biblische Geschichten von Menschen mit einer sichtbar veränderten Ausstrahlung beigetragen.

Der Glaube an Gott lässt in Menschen „ein Licht aufgehen".

Die eher furchterregende Ausstrahlung des Mose

Ein eher abschreckendes Beispiel von Ausstrahlung finden wir im Alten Testament. Von Mose heißt es, dass er „nicht wusste, dass die Haut seines Angesichts glänzte, weil er mit Gott geredet hatte“ (2.Mo. 34,29 LÜ). Das löste solches Staunen und sogar Furcht in seinen Mitmenschen aus, dass er vorübergehend eine Decke oder ein festes Tuch über seinem Gesicht trug, um die irritierenden Auswirkungen auf die Menschen um ihn herum zu vermeiden (Verse 30-35).

Diese Art Leuchten im Blick empfinden Menschen damals wie heute eher als das irre Leuchten im Blick eines Fanatikers. Vielleicht war das „Glänzen des Angesichts“ bei Mose auch deshalb so irritierend. Das „Mysterium tremendum“ (erschütterndes Geheimnis) der Begegnung mit Heiligkeit und Unbedingtheit wird bei Mose nicht nur ein charismatisches Lächeln hervorgebracht haben. Es waren große, weltumspannende Konzepte der Heiligkeit und Moral, die Mose von seiner Bergerfahrung mit Gott mitbrachte. Er war in einem psychologischen Ausnahmezustand tiefster Erschütterung und Ergriffenheit. Es stellt sich die Frage, ob wir solch eine Ausstrahlung anstreben und suchen sollten, ja, ob dieser Text der Bibel das überhaupt nahelegt. Dieses Leuchten bewirkte ja keine Steigerung der Anziehungskraft, sondern einen Rückzugs- und Abwendungsmechanismus bei den Menschen, denen Mose begegnete

Jesu besondere Ausstrahlung

Von Jesus heißt es einmal, dass „das Aussehen seines Angesichts ein anderes wurde, als er betete, und sein Gewand wurde weiß und glänzte“ (Luk. 9,29 LÜ). Dies war aber kein ständiges Phänomen, sondern eine große Ausnahme, die besonders hervorgehoben wurde. Grundsätzlich war Jesus in seinem Auftreten sicher eine beeindruckende Persönlichkeit mit Charisma und Ausstrahlung. Die Bibel schildert die Wirkung Jesu auf Menschen allerdings widersprüchlich. Er war meistens so normal und unscheinbar, dass viele Menschen das Besondere in und an ihm zunächst nicht erkannten. Eine Art esoterisches Rezept („so lange beten, bis man strahlt“) findet man auf jeden Fall bei Jesus nicht.

Jesus war über weite Strecken seines Lebens so normal und unscheinbar, dass viele Menschen das Besondere in und an ihm zunächst nicht erkannten.

Das Strahlen des Angesichts wird ansonsten in der Bibel ganz nüchtern auch mit physiologischen und emotionalen Reaktionen in Verbindung gebracht. Jonathans Augen z. B. strahlten, als er, geschwächt von Hunger, Erschöpfung und Unterzuckerung, Honig zu sich nahm (1.Sam. 14,27 LÜ).

Wir sollten Anbetungsleiter aus dem Druck entlassen, durch ein besonders intensives geistliches Leben für Gott zu „strahlen". Es ist genug, den Blick mit anderen zusammen ehrlich und hoffnungsvoll auf Gott zu richten, damit es heißen kann: „Sie blickten auf ihn und strahlten" (Ps. 34,6 ElbÜ). Wir stehen gemeinsam im Glanz seiner Majestät und singen ihm Lieder. Das kann jeder anleiten und mit seinem Beitrag unterstützen. Ein geistliches Leuchten als Dauerzustand ist nicht Voraussetzung für den geistlichen Dienst der Anbetungsleitung. Viel mehr als ein sich wie auch immer ausdrückender „Heiligenschein" überzeugt letzten Endes unsere menschliche Authentizität.

Ein geistliches Leuchten als Dauerzustand ist nicht Voraussetzung für den geistlichen Dienst der Anbetungsleitung.

2. Die Strahlkraft unseres inneren Selbstgespräches

Ausstrahlung ist also weder Schicksal noch „Gebetsleistung". Wir haben aber dennoch einen Einfluss auf unsere Ausstrahlung. Wir können uns so sammeln und positionieren, dass die Strahlkraft in uns zur Geltung kommt und leuchten kann.

Ausstrahlung spiegelt nämlich zu einem großen Teil unsere innere Überzeugungswelt wider. Sie reflektiert unser grundsätzliches Denken über die Welt, über andere Menschen und über uns selbst. Denken ist kein Schicksal. Wir können es ändern. Wir können in dem, was man das innere Selbstgespräch nennt, bewusst andere Positionen einnehmen.

Ein Teil unserer Ausstrahlung ist sicherlich das genetische Erbe, das wir bei der Geburt mitbekommen haben. Man hat es oder man hat es nicht. Es bestimmt die Grundzüge unserer Persönlichkeit und entscheidet darüber, ob wir eher extrovertiert und Menschen zugewandt oder introvertiert und in uns gekehrt sind. Ein anderer nicht zu unterschätzender Teil ist das, was wir zu unserer Lebenseinstellung machen. Unsere Gesamtausstrahlung wird deshalb langfristig stärker durch unsere Einstellungen geprägt als durch das Schicksal unseres genetischen Erbes.

Ich habe im Laufe meines Lebens viele Menschen kennenlernen dürfen, die ihre Handicaps in der Außenwirkung (z. B. Stottern, Schüchternheit) durch Erkenntnisprozesse und Einstellungsveränderungen überwinden konnten. Das gelang überwiegend durch eine Veränderung der inneren Selbstgespräche, durch den Austausch von Perspektiven der Verzweiflung in solche der Hoffnung. Egal ob durch therapeutische Begleitung, heilsame Umfelder, Gebet und Bibelstudium mit einem anderen Schwerpunkt, Selbsthilfegruppen oder Selbsthilfeliteratur, wir können unsere Innenperspektive verändern. Wir können eine gewinnende Ausstrahlung entwickeln, auch wenn wir von Natur aus Blockaden und Hindernisse in uns tragen. Nicht zuletzt ist unser Glaube auch „der Sieg, der die Welt überwindet“ (1.Joh. 5,4 LÜ). Wir finden in ihm eine Fülle Mut machender Gedanken, die unsere Einschüchterungen und Blockaden aus der Welt überwinden und uns zu neuen Lebensimpulsen führen.

Denken ist kein Schicksal. Wir können unsere Innenperspektive verändern.

Mehr als Motivationsmantras

Wir dürfen unsere Gebete aber nicht nur in gefällige Motivationsmantras verwandeln. Das wäre ein Verrat am Gebet. Mantras sind gezielte Selbstbeeinflussungstechniken, während Gebet eine Öffnung und Hingabe an Gott ist. Allerdings wachsen aus dem gewonnenen Vertrauen zu Gott immer wieder auch konkrete Überzeugungen und „Mind-Changer“, die wir festhalten und bekräftigen können, um ihre heilende und motivierende Kraft nicht wieder zu verlieren. Es besteht aber ein grundsätzlicher Unterschied zwischen einem Menschen, der seine Ausstrahlung mit der Überzeugung „mind over matter“ (Gedanken bezwingen die Wirklichkeit) aufbaut, und einem Menschen, der im Glauben Jesu denken und handeln will.Dennoch gibt es eine große Schnittmenge, die wir nicht verwerfen dürfen, da uns positiv gefärbte Selbstgespräche auch im Glauben weiterbringen und verändern. Sie müssen nur auf einer offenbarten und verbürgten Wahrheit beruhen und dürfen nicht willkürlich aus dem Wunschdenken heraus kommen.

Ein Mantra ist ein einzelnes Wort oder ein kurzer Satz, den man laut oder in Gedanken wiederholt ausspricht, um einen emotionalen Zustand wie Ruhe oder Fokussierung herbeizuführen. Es gibt gute Selbstbeeinflussungssprüche, die man sich immer wieder vorsagen kann, um einen Sumpf von selbstvernichtenden Gedanken und Zweifeln in unserem Herzen austrocknen zu lassen. „Ich bin ganz ruhig und still, dann schaff ich, was ich will." Sie beruhen auf Zusammenhängen von Placebo-Effekt, Autosuggestion und das Lösen von Blockaden im Denken, die uns bis in unsere körperlichen Empfindungen hinein beeinflussen. Sie sind hilfreich und harmlos im Blick auf unsere geistliche Gesundheit, wenn sie nicht ein zu starkes Eigenleben entwickeln. Von den Denkzwängen der „Christlichen Wissenschaft" bis zum Größenwahn magisch-christlichen Denkens in bestimmten Glaubenskreisen lockt das unrealistische Versprechen, dass unsere Selbstgespräche und eine Art Selbsthypnose der Schlüssel zu allem sind, was im Leben unliebsam, mühevoll, widerspenstig, schwierig und frustrierend ist.

Das Versprechen, dass positive Selbstgespräche alles Widerspenstige und Frustrierende im Leben beseitigen, ist unrealistisch und führt in neue Zwänge.

Größenwahn und Machtfantasien

Es gibt verkürzte „biblische Mantras", die eine an Größenwahn grenzende Schöpferkraft versprechen, solange man sich auf Christus beruft: „Ich kann alles durch Christus, der mich ermächtigt, ich bin der Kopf und nicht der Schwanz, ich spreche das Fehlende in die Existenz, ich kreiere meine eigene erwünschte Realität im Namen Jesu". Was im Mittelalter kleine Tinkturen und Fläschchen waren, die alles heilen und Wunder bewirken sollten, sind in der Moderne solche Versprechen der Seelenmassage. Es entspricht dem geschäftstüchtigen Pragmatismus und dem amerikanischen Traum „Vom Tellerwäscher zum Millionär", diese aufputschenden Gedanken in Geschäftsideen zu verwandeln. Sie generieren damit häufig den Erfolg, den sie gleichermaßen als Erweis ihrer Wahrheit vor sich her tragen. Er beruht aber letztlich nur auf geschickter Massensuggestion und dem Andocken an unerfüllte Sehnsüchte und Machtfantasien. Eine reale Befähigung zum Leben, eine echte Ausrüstung, um Probleme zu überwinden und sich einer schwierigen Welt zu stellen, ist das nicht. Hier sieht man Muster des Prinzips der Manipulation, um das es bereits ging.

Was diese selbst ernannten Propheten aber trotzdem für viele so faszinierend macht, ist der Anteil an Wahrheit, der in der einfachen Tatsache steckt, dass wir uns zu einem größeren Teil innerlich „programmieren" können, als wir denken.

Es ist etwas dran an dem Rat, sich nicht einfach den äußeren und inneren Stimmen des Lebens auszuliefern, sondern ihnen etwas entgegenzusetzen. Es kann uns helfen, etwas hervorzuheben, was sonst ignoriert oder gar herabgesetzt wird. Ebenso können wir etwas entschärfen und herunterspielen, was von anderen aufgebauscht wird. Wir haben eine gewisse Interpretationshoheit über unser Leben. Wir können die Wahrheit in uns selber gewichten. Mit dieser Freiheit hat Gott unser Leben ausgestattet.

Wir haben deshalb über innere Selbstgespräche Einfluss auf unser Leben und unsere Ausstrahlung. Wenn Anbetungsleiter sich vor ihrem Auftritt sagen: „Ich bin ein Geschenk an die Welt, ich gebe das Wertvollste weiter, das es gibt, ich bin ein Segen für die Menschen, die sich hier versammelt haben“[56], entfachen sie ein inneres Strahlen.

Wer sich als Anbetungsleiter sagt: „Ich bin ein Segen für die Menschen, die sich hier versammelt haben“, entfacht ein inneres Strahlen.

3. Die Strahlkraft eingeübter Rollen

Wir haben oft mehr Einfluss auf unsere Ausstrahlung, als wir meinen. Schauspieler und professionelle Redner machen es uns vor. Mit Techniken können wir unser Auftreten und damit unsere Ausstrahlung verändern. Ausstrahlung zeigt sich rein äußerlich über die Mimik des Gesichts, die Haltung des Körpers und den Klang der Stimme. Das ist sicher nicht alles, aber es ist erst einmal das, was auf Menschen unmittelbar einwirkt.

Anbetungsleiter spielen die Rolle ihres Lebens

Während Schauspieler in eine Rolle für einen Film oder eine Theateraufführung schlüpfen, spielen Anbetungsleiter auf der Bühne die Rolle ihres wahren Lebens. Sie „spielen“ einen Menschen, der von Gott fasziniert ist, sich von ihm berühren und verändern lässt. Er findet die

56 Diesen Gedanken habe ich von der Anbetungsleiterin Susanne von Wille übernommen, die davon sprach, dass dieses Selbstgespräch ihr in Zeiten der Unsicherheit vor dem Auftritt half: „… wenn man als Person komplett davon durchdrungen und überzeugt ist, dass man das größte Geschenk in sich trägt, und dieses Geschenk in der Leitung für andere anfassbar, fühlbar und erfahrbar macht, indem man es mit seinem ganzen Sein ausstrahlt“ Facebook-Kommentar auf einen Post vom 20.September 2018.

Vorbilder für seine Rolle in der Bibel und bei Menschen, die etwas von Gott ausstrahlen. Er kann ihre Haltung, ihren Glauben, ihre sich verändernden Selbstgespräche erkunden, sich damit identifizieren und sie zu seinen eigenen machen. Er hat eine große Anzahl von „Zeugen“[57] eines von Gott ergriffenen Lebens. Wir können die Faszination Gottes studieren. Wir können uns von Rollenvorbildern in unserem Glauben inspirieren lassen. So wird neben dem Auswendiglernen von Liedern und der musikalischen Sicherheit das Innere der Anbetung wichtig. So kommen echtes Staunen, tiefe Erschütterung, wahre Begeisterung und zärtliche Liebe zu Gott in unserem Auftritt zum Ausdruck.

4. Brauchen Anbetungsleiter eine besondere charismatische Ausstrahlung?

Wer Menschen inspirieren und ermutigen möchte, Gott zu suchen und sich ihm zu öffnen, braucht keine besondere charismatische Ausstrahlung. Die eigene Sehnsucht und Betroffenheit vor Gott reichen aus.

Es braucht auch nicht unbedingt einen extrovertiert und gefühlsstark auf das Leben reagierenden Menschentypus, um Menschen in eine Erfahrung der Anbetung zu führen. Ein zu fröhliches und überschwängliches Auftreten irritiert viele Menschen. Anbetungsleiter sollten eher eine grundlegende Zuversicht und ein stilles Geborgensein entwickeln, um Impulse zu setzen, mit denen Menschen ihre Reise in das Innere der Welt Gottes wagen können. Jeder Versuch, noch etwas Besonderes der eigentlichen Begegnung mit Gott hinzuzufügen, ist kontraproduktiv. Sobald die menschliche Ausstrahlung auf der „Anbetungsbühne“ zu stark mit Extrovertiertheit, Lautstärke oder der Aufforderung zu einem stimmungsverändernden Verhalten kombiniert wird, desto eher machen Menschen innerlich dicht und warten nur noch ab, bis der Sturm an ihnen vorübergezogen ist. Darum ist ein schlichtes Strahlenkleid die bessere Ausstattung eines Anbetungsleiters. Jemand sagte einmal: „In

Es braucht keinen extrovertierten Menschentypus, um andere in die Anbetung zu führen. Anbetungsleiter sollten eher daran arbeiten, dem Strahlen Gottes nicht im Wege zu stehen.

57 „Darum auch wir: Weil wir eine solche Wolke von Zeugen um uns haben, lasst uns ablegen alles, was uns beschwert, und die Sünde, die uns umstrickt. Lasst uns laufen mit Geduld in dem Kampf, der uns bestimmt ist.“ (Hebr. 12,1 LÜ)

der Anbetung geht es nicht darum, dass du glänzt, sondern darum, dass Gott aufstrahlt und Menschen zum Leuchten bringt. Darum solltest du vor allem daran arbeiten, dem nicht im Wege zu stehen.“ Das bringt die Mission der Anbetungsleitung ziemlich gut auf den Punkt.

Gehört das Lächeln dazu?

Das Lächeln hat in vielen Unterhaltungsbereichen einen festen Platz. Es gilt als professionell, wenn es darum geht, Menschen angenehme Momente zu vermitteln. Es ist ein Akt der Disziplin. Man kann mit Lächeln eine Art innerer Faulheit überwinden und einen Kontakt zu Menschen herstellen. Es gilt allgemeine als ein höflicher Ausdruck von Beachtung und Entgegenkommen.

Andererseits reagieren viele Menschen auf jede Art von aufgesetzter Fröhlichkeit, wie sie häufig in der Schlager- und Volksliedwelt zu finden ist, allergisch. Sie wird angesichts weltweiter Kriegsherde, großer gesellschaftlicher Probleme und bedrohlicher Umweltentwicklungen als Verdrängungsmechanismus gedeutet.

Wenn wir in der Gemeinde versuchen, mit einem ständigen Lächeln permanente Freude zum Ausdruck zu bringen, tritt bei den Menschen, die wir anleiten, häufig ein Störgefühl auf. Zum einen entspricht das Konzept permanenter Freude nicht dem Lebensgefühl normaler Menschen. Zum anderen passt es nicht dazu, dass Gott auch das Elend der Unterdrückten sieht und ihren Schmerz mitempfindet. Auch wenn Nietzsche einmal meinte, dass die Erlösten erlöster aussehen müssten, wenn er an ihren Erlöser glauben sollte[58], ist der Versuch, ein erlöstes Dasein mit einer bestimmten Mimik zu demonstrieren, vergeblich. Man muss keine Leidensmiene aufsetzen, sollte sich aber vom Dauerlächeln verabschieden.

Wenn wir lächeln, sollte es spontan und herzlich sein und zur Situation passen. Es kann auch ein verschmitztes, entspanntes oder spielerisch-leichtes Lächeln sein, das fast selbstironisch mit einer inneren Gelassenheit in Verbindung steht. Alles andere wird schnell zu einem Grinsen, einer erstarrten Maske, einem Ausdruck von schlecht verdeckter Verlogenheit.

58 Genaues Zitat aus: *Also sprach Zarathustra* 2. Teil, Von den Priestern „Bessere Lieder müßten sie mir singen, daß ich an ihren Erlöser glauben lerne: erlöster müßten mir seine Jünger aussehen!“ (Friedrich Nietzsche: Werke in drei Bänden. München 1954, Band 2, S. 350. (online z.B. bei www.zeno.org))

2.5 Leiten mit Körpersprache

Geistliche Intensiverfahrungen, unser inneres Selbstgespräch und die Verinnerlichung von Erfahrungswelten der Anbetung geben uns die Substanz, aus der heraus unsere Ausstrahlung geistlich und authentisch wird. Aber manchmal haben wir eine Seele mit einer gesunden Ausstrahlung, doch keine Ahnung, was wir mit unserem Körper anstellen sollen. Wir stellen uns vielleicht aus Nachlässigkeit falsch auf, sprechen in einer unangenehmen Tonlage und machen andere Fehler im Auftreten vor anderen Menschen. Die Einsichten professioneller Sprecher und Stimmtrainer über Zusammenhänge von Erscheinungsbild, Stimmklang und Wirkung helfen uns, zu verstehen, was zu einer gewinnenden Ausstrahlung auf der Bühne gehört. Diese Erkenntnisse der Profis sollten wir nutzen und sie bei unserem Auftritt berücksichtigen. Wir tricksen damit nicht herum und manipulieren niemand. Wir üben einen legitimen Einfluss auf uns selbst aus, um vor anderen mit einer positiven Ausstrahlung aufzutreten.

Manchmal haben wir eine Seele mit einer gesunden Ausstrahlung, doch keine Ahnung, was wir mit unserem Körper anstellen sollen.

1. Natürliche Mimik

Mit der Mimik ist das Wechselspiel der Gesichtsmuskeln, vor allem in Stirn, Augen und Mundbereich gemeint. Dabei ist es wichtig, sich zunächst vor allem locker, natürlich und entspannt zu verhalten. Emotionen sollten durchscheinen, aber eher sparsam und stimmig – weniger ist mehr. Denken Sie nicht zu viel darüber nach, lassen Sie Ihre Mimik einfach auf die Inhalte reagieren, die Ihnen durch den Kopf gehen. Schauen Sie Menschen zufrieden, dankbar und mit Vorfreude an, dann stellt sich ein natürlicher Kontakt her. Schauen Sie freundlich und wach einmal in die Runde, um dann etwas zu sagen oder einzuleiten.

Andererseits kann man auch besondere Spannung erzeugen, indem man gefasst und konzentriert, den Blick nach innen gerichtet, an das Mikrofon tritt und dann ohne Vorankündigung ein Lied anstimmt, in das man seine ganze Seele legt. Um das Gesicht „einzurichten", können wir vor dem Auftritt vielleicht einmal kurz unsere Gesichtsmuskeln spannen und wieder entspannen. Dazu kann man die Stirn runzeln, die Augen zusammenkneifen und Grimassen schneiden. Man kann den Mund verziehen, mit der Zunge darin herumfahren, Schmeck- und Spitzbewegungen machen und die Kinnpartien kurz massieren. Auch kleine Ohrfeigen helfen uns, wach und gespannt auf die Bühne zu gehen. Dann einmal kurz die Augen schließen, einen Segensimpuls denken (z. B. „Du bist der Herr, der mein Haupt erhebt" oder „Mit meinem Gott kann ich über Mauern springen") und sich erhobenen Hauptes vor die Leute begeben.

2. Natürliche Gestik

Mit der Gestik unterstreichen Arme und Hände das, was die Mimik im Gesicht macht – lebendig auf die inneren Inhalte reagieren, die uns beschäftigen. Es ist gut, Emotionen in das, was wir sagen, hineinzulegen, aber auch hier ist weniger in der Regel mehr. Wir dürfen weder zu steif noch zu fahrig sein.

Ein aufgerichteter Oberkörper und nach hinten gezogene Schultern vermitteln Sicherheit, geöffnete Hände Offenheit.

Gute Gestik beginnt mit einem festen Stand. Die Beine sollten den Körper fest verankern, die Füße weder nach innen noch nach außen gebogen sein. Um Energie und Spannung aufzubauen, können wir uns eine Erbse vorstellen, die wir zwischen unseren Pobacken festhalten wollen, damit sie nicht runterfällt. Der Oberkörper ist aufgerichtet, die Schultern nach hinten gezogen. Bitte die Schultern nicht nach vorn hängen lassen, da dies Unsicherheit ausdrückt. Um die Neigung zu hängenden Schultern zu überwinden, gibt es kleine Gurte, die diese Haltungsschwäche überwinden. Ich habe damit sehr gute Erfahrungen gemacht.

Die Hände sollten, wenn sie nicht am Keyboard oder an der Gitarre beschäftigt sind, locker nach unten baumeln, leicht nach vorn geöffnet sein. Die Daumen sollten nach außen zeigen, was die Hand automatisch öffnet und Offenheit signalisiert. Daraus lassen sich alle weiteren Gesten natürlich entfalten. Eine entspannte Willkommensgeste kommt immer gut an: Offene Hände, auf halber Höhe geöffnete Arme und ein offener, freundlicher Blick entwaffnen, sichern den Teilnehmern Zugewandtheit und Aufmerksamkeit zu. Vorsicht vor unbewussten Dominanzgesten: Die Hände nach unten und die

Handflächen nach innen, das deutet Spannung vor dem Sprung an. Der Zeigefinger wirkt wie eine Pistole, klagt an und urteilt.

Biblische Anbetungsgesten

Wenn die Anbetungslieder eine Geste andeuten (z. B: „Ich erhebe dich/ ich erhebe mein Herz/ meine Hände")[59], kann man das subtil und taktvoll unterstreichen, ohne allzu sehr zu dramatisieren. Wenn Leiter diese Gesten entspannt und angemessen einführen, öffnen sich meist auch die Teilnehmer dafür.

Biblische Gesten sollten nicht überschätzt werden, nur weil sie in der Bibel stehen. Man sollte sie nicht automatisch als einen Ausdruck des Willens Gottes deuten. Sie sind immer sowohl ein Ausdruck der Menschlichkeit als auch der Kultur einer bestimmten Epoche. Die tiefe Verbeugung vor einer wichtigen Persönlichkeit passt heute nicht mehr in das Erscheinungsbild unserer Kultur, das Heben der Hände ist dagegen schon längst Bestandteil einer ausgelassen feiernden Popkultur.

Applaus signalisiert Zustimmung und Begeisterung, Wippen, Hüpfen und Springen gehören in den Bereich der Partyszene jüngerer Menschen. Doch auch ältere Menschen bewegen ihre Körper gerne noch zur Musik und klatschen zum Rhythmus der Musik mit. Eine gemeinsame Gestik zu initiieren, hängt immer vom Umfeld und der Struktur der Gruppe ab. Wenn man etwas zuversichtlich einleitet, sanft und bescheiden begründet und selbstironisch locker durchzieht, fühlen sich Menschen davon angezogen und machen gerne mit. Wenn man aber rechthaberisch auf bibeltreues Anbetungsverhalten pocht, gehen die Jalousien der Seele so lange runter, bis man wieder frei atmen und „sein eigenes Ding" machen kann. Gott will das Innere des Menschen gewinnen und freisetzen. Die Form muss zur Intention und Befindlichkeit des Menschen passen. Die Aufgabe eines Anbetungsleiters ist deshalb nie, eine Konformität zu erzeugen, sondern

Wenn man rechthaberisch auf „bibeltreues Anbetungsverhalten" pocht, gehen bei vielen Menschen die Jalousien der Seele runter.

59 „Lasst uns unser Herz samt unseren Händen erheben zu Gott im Himmel." (Kla. 3,41 LÜ) „Mein Gott, ich will dich erheben." (Ps. 118,28; 145,1; Jes. 25,1) „Ich will nun, dass Männer an jedem Ort beten, indem sie heilige Hände aufheben ohne Zorn und zweifelnde Überlegungen." (1.Tim. 2,8 ElbÜ)

stimmige Anreize für das zu geben, was die Menschen selber wollen, fühlen und entscheiden.

3. Angenehmer Stimmklang

Mit der Stimme können wir gewinnend oder irritierend auftreten. Wir können klar und wohlklingend sprechen oder nuscheln, quetschen, piepsen und krächzen und damit unterschwellig Missklänge auslösen, die das sabotieren, was wir sagen.

Auch hier ist das Gebot der Stunde, eine entspannte Natürlichkeit zu entwickeln, die wie bei angenehmen Gesprächen eine Atmosphäre der Ehrlichkeit, Wertschätzung und Entspanntheit schafft.

Eine entspannte Natürlichkeit in der Stimme schafft eine Atmosphäre der Ehrlichkeit, Wertschätzung und Entspanntheit.

Die Stimme jedes Menschen ist zunächst von seinem Körperbau, seiner physischen Beschaffenheit geprägt. Sie hat ein Timbre, eine Färbung und Note, die zu diesem Menschen gehört und oft so unverwechselbar klingt, dass manche Menschen allein an ihrem Stimmklang zu erkennen sind. Kriminalermittler arbeiten mit Analyse-Programmen, die deshalb funktionieren, weil Menschen mit der Stimme einen unverwechselbaren Abdruck hinterlassen.

Darüber hinaus hat aber jeder Mensch in seiner eigenen Stimme eine Bandbreite und Vielfalt, die man gestalten und variieren kann. Jeder kann schreien, um sich inmitten von Lärm und Chaos Aufmerksamkeit zu verschaffen, und jeder kann leise flüstern, um jemand anderem etwas sehr Persönliches zu erzählen. Jeder kann beschwörend murmeln, beruhigend summen oder zufrieden brummen. Jeder kann zornig schimpfen, hektisch bappeln, fröhlich schnattern und genussvoll gurren. Es gehört zu einem lebendigen Dasein, die Vielfalt der Stimme zu nutzen. An der Stimme lässt sich manchmal schon die Grundstimmung eines Menschen seiner Welt gegenüber ablesen. Die Stimme hat auch auf uns selbst eine Wirkung. Was wir uns selbst mit fester Stimme sagen, kann uns innerlich wachrütteln und in eine neue Verbindung zu der Haltung bringen, die wir eigentlich für unser Leben gewählt haben. Alle Menschen reagieren auf den unterschiedlichen Klang der Stimme, auch wir selbst. Deshalb sollten wir das Phänomen der Stimmsignale einmal näher betrachten.

Die sieben Regler am „Mischpult unserer Stimme“

Die Palette von Tönen und damit verbundenen Stimmungen und Signalen, die wir stimmlich abrufen können, ist groß. Wir können sie mit einiger Übung wie mit den Reglern eines Mischpultes bewusst hervorheben oder herunterfahren und gezielt einsetzen. Die Stimmtrainerin Dr. Monika Hein spricht von einem „Mischpult der Stimme“ mit sieben Reglern[60]:

1. Körperhaltung

Stellen Sie sich aufrecht mit erhobenem Haupt vor die Menschen hin. Es funktioniert nur im körperlich aufgerichteten Zustand, kraftvoll und begeistert zu reden.

2. Atmung

Atmen Sie tief in den in den Bauch hinein, bevor Sie sprechen. Benutzen Sie nicht nur die flache Atmung im Brustbereich. Sie ist für kurze Schnappatmung geeignet und versorgt nur den oberen Teil des Körpers mit Luft. Mehr Energie und „Stütze“ bekommen Sie mit der tiefen Atmung, die Sie immer wieder suchen und einsetzen sollten. Das gilt für Reden und Singen gleichermaßen. Mit einer bewussten Atmung kann man auch das Stimmvolumen (die Lautstärke) besser regulieren.

3. Klangspektrum

Als Pianist bin ich mit der Klaviatur eines Flügels vertraut. Hier kann man grundsätzlich in drei Klangebenen unterteilen:

a. Die tiefen Klänge im Bassbereich. Sie können in der Stimme einschläfernd, dunkel und gleichgültig wirken, aber auch Ruhe und Intimität vermitteln.

b. Die mittigen Klänge. Sie können penetrant und anstrengend wirken, sind aber präzise und intensiv.

c. Die ganz hohen Klänge. Sie können beim Reden piepsig, lächerlich und schrill wirken. Generell klingen und schwingen wie beim Klavier die höheren Frequenzen in der tieferen Klangregion mit. Je höher man aber mit der Stimme geht, desto isolierter klingen die einzelnen Regionen. Wer überwiegend mittig und hoch spricht,

---

60 https://www.youtube.com/watch?v=IYwZGpqHa1s, Abruf 19.7.2018

kommt vielleicht klarer rüber, wirkt aber dabei distanziert, aufgeregt oder gar hysterisch. Grundsätzlich fühlen sich Menschen mit einer unteren bis mittigen Registratur des Klangbildes am wohlsten. Wer vertrauensvoll, sicher und angenehm kommunizieren will, sollte die untere Ebene anvisieren, „kurvenreich" sprechen und immer wieder zu einer unteren Ebene zurückkehren.

Grundsätzlich fühlen sich Menschen mit einer unteren bis mittigen Registratur des Klangbildes am wohlsten.

4. Artikulation

Benutzen Sie Ihren ganzen Mundbereich, um „die Landschaft der Sprache" auszuformen. Seien Sie kein Telegraf (nur mechanisch vor sich hin klingende abgehackte Töne) und auch kein Subwoofer (ein dumpf grummelndes Geräuschbild ohne konkret verständliche Klanginhalte)! Bildlich gesprochen müssen Sie die Gebirge und Täler, Höhen, Spitzen, Ecken und Kanten der Sprache hörbar machen. Erschaffen Sie nicht nur einen träge murmelnden Bach, sondern auch eine weite Wiese und ein festes, starkes Bergmassiv. Grundsätzlich gilt: Wer bewusster, klarer und präziser artikuliert, wird verständlicher und zeigt einen weiteren Sprachhorizont, was wiederum größeres Vertrauen auslöst. Präzise Artikulation wird erst dann nervig und oberlehrerhaft, wenn man sie mit Monotonie oder einer mechanisch wirkenden Sprachmelodie verbindet.

Bewusst, klar und präzise artikulieren löst Vertrauen aus.

Man sollte es mit der präzisen Artikulation nicht so übertreiben, dass es auffällt. Aber wer zu „lässig" spricht (oder auch singt), schleift die Enden und Übergänge der Worte so sehr ab, dass es für den Zuhörer schwierig wird, zu folgen. In einer bestimmten Popstilistik ist dies sogar Programm – gezieltes Nuscheln und extrem cooles (gleichgültig wirkendes) Sprechen und Singen. Damit gewinnen manche Leute vielleicht Respekt in einer kulturellen Subgruppe, aber für die Anbetungsleitung ist es am Ende eher hinderlich. Es gibt Mundart-Prägungen bestimmter Landstriche, die das Gesagte nur für bestimmte Menschengruppen verständlich übermitteln können und ohne eine Art Sprachkurs in Schwäbisch, Sächsisch, Bayrisch, Kölsch oder Berlinerisch kaum zu verstehen sind. Wir müssen nicht gleich das Hochdeutsch der Nachrichtensprecher und

Profimoderatoren in Rundfunk und Fernsehen sprechen, um Menschen in der Anbetung anzuleiten, aber wir sollten daran arbeiten, spezielle Sprachprägungen zu überwinden, wenn wir eine größere Gruppe von Menschen ansprechen wollen.

5. Sprachmelodie

Sagen Sie es mit einer Melodie im Satz! Jedes Sprechen hat auch eine Art Singsang, ein Auf und Ab wie in einer Tonfolge. Es geht darum, nicht nur den richtigen Ton zu finden, sondern auch eine passende Melodie. Wenn wir unsicher sind, geht unsere Sprachmelodie automatisch zum Ende des Satzes hoch – wir bilden damit ein gefühltes Fragezeichen. Wir suchen nach Zustimmung und Bestätigung. Wenn wir uns einer Sache sicher sind geht die Sprachmelodie eher nach unten und ruht am Ende auf einer mittleren oder gar unteren Ebene. An unserer Sprachmelodie können wir arbeiten. Das müssen wir gerade dann, wenn wir gewohnheitsmäßige „Ticks der Unsicherheit“ bemerken. Mit etwas Übung und Entschlossenheit ist das alles relativ gut in den Griff zu bekommen. So werden wir auch zu einem angenehmeren Gesprächspartner.

Wenn wir unsicher sind, geht unsere Sprachmelodie automatisch zum Ende des Satzes hoch – wir bilden damit ein gefühltes Fragezeichen.

6. Sprechtempo

Finden Sie ein angemessenes Tempo! Jeder kann mit der Geschwindigkeit seiner Worte das Gesagte unterstreichen oder sabotieren. Wir sollten einmal darauf achten, wie schnell, langsam, pausenlos oder zu stockend wir sprechen. Ein angenehmer Sprachfluss vermeidet alle Irritationen wie Hastigkeit, zu viele und zu lange Pausen oder ein zögerlich träges Dahinfließen. Wenn ich Menschen „abholen“ will, brauche ich sicher einen entspannten Mittelgrund. Wenn ich Dynamik aufbauen will, kann ich das Tempo etwas steigern. Wenn ich in die Ruhe führen und heilsame Prozesse einleiten möchte, ist ein entspanntes, pausenreicheres Sprachtempo angebracht. Auch hier können wir darauf achten, ob wir tendenziell eher zum Jagen oder zum Schlendern neigen. Das

Achten Sie darauf, wie schnell, langsam, pausenlos oder stockend sie sprechen! Finden Sie einen angenehmen Sprachfluss.

„richtige" Tempo an sich gibt es nicht, nur passende Tempi zum Unterstreichen unserer Stimmungen und Anliegen.

7. Betonungen

Setzen Sie Akzente! Einzelne Worte hervorzuheben, sie mit einem bestimmten „Ton" zu versehen, der anders ist als die Töne der restlichen Worte, ist ein wichtiges Sprachmittel. Es erzeugt Aufmerksamkeit, setzt ein Wort oder einen Gedanken von einer Vielzahl anderer Gedanken ab, dass er plötzlich im Vordergrund steht. Das sollte man aber immer nur sparsam und dezent einsetzen, sonst wirkt es schnell gekünstelt. Andererseits sind sich viele Menschen nicht bewusst, wie monoton sie klingen, weil sie nur auf die Richtigkeit des Inhalts fixiert sind. Das kann man ändern, um ein angenehmerer Gesprächspartner und Kommunikator zu werden.

Durchbrechend sie die Monotonie des Redeflusses und setzen sie Akzente mit dem Hervorheben einzelner Worte! Bleiben sie darin aber sparsam und dezent.

Mit diesen sieben Reglern unseres „Sprachmischpultes" haben wir eine Matrix – ein Netz aus miteinander verbundenen und aufeinander einwirkenden Faktoren, durch die unsere Stimme wirkt. Diese Wirkungen können sich aber nur entfalten, wenn eine entscheidende Voraussetzung gewährleistet ist – das Aufwärmen der Stimme.

Das Aufwärmen der Stimme

Im Gegensatz zum Mischpult kann man die Stimme nicht per Knopfdruck einschalten. Man kann gewisse Stimmfertigkeiten und Klänge auch nicht digital für den Livebetrieb speichern. Die Stimme muss immer wieder neu an den Start und in Stimmung kommen! Das gilt besonders am Morgen eines Auftritts im Gottesdienst. Wärmen Sie sich und Ihre Stimme auf.

Singen ist ein körperliches Geschehen, auch wenn wir unsere Seele zum Singen auffordern. Bei allen Körperaktionen, bei denen Muskeln involviert sind, empfiehlt sich eine kurze Warm-up-Phase, weil der Körper insgesamt auf „Betriebstemperatur" kommen muss.

Die Stimme mit ihren Stimmbändern und Stimmlippen ist ein Muskelkomplex, der in andere Muskelkomplexe des Körpers eingebunden ist. Zum klaren Sprechen und kraftvollen Singen gehört auch die Bauch-Atmung. Oberkörper, Nacken, Brustkorb und Zwerchfell brauchen langsame Dehnung, Vibration, leichte, aber stetige Bewegung, um in Gang zu kommen.

Brummen und blubbern

Deshalb sind meine ersten „Moves“ das tiefere Brummen, manchmal verbunden mit dem Blasen durch die geschlossenen Lippen (blubbernd singen). Dazu kommt auch ein leichtes Abreiben, Massieren oder Beklopfen meiner Muskulatur. Letztlich ist der ganze Körper ein Resonanzkörper, der mitschwingt und mitklingt.

Wärmen Sie Ihre Stimme mit kleinen Übungen und Massagen auf!

Gähnen und strecken

Beim Summen spüren wir, je tiefer wir runtergehen, wie sich der Atembedarf weitet.

Manchmal kommt es automatisch zum Gähnen. Wenn das nicht geschieht, sollte man nachhelfen und willentlich gähnen. So verschaffen sich Mundraum und Kehlkopf die benötigte Dehnung. Wenn man (noch) alleine ist (im Auto auf der Anfahrt) oder in einem abgeschlossenen Raum, kann man durch lautes Gähnen mit einer tonalen Achterbahnfahrt und dehnenden Grimassen Durchblutung, Spannung und Lockerung erzeugen. Dazu gehört ein vorsichtiges Dehnen und langsames Hin-und-her-Bewegen des Kopfes (niemals ruckartig, weil das schmerzhafte Verrenkungen und Risse nach sich ziehen kann!!!).

Der Kopfgriff

Ein Spezialgriff für Sänger, die in ihrer Kopfhaltung oft über lange Zeit gespannt aushalten müssen, ist der Griff mit der rechten Hand hinter das linke Ohr. Dann zieht man den Kopf gegen die Handhaltung und spannt damit Muskeln und Sehnen. Durch diese Übungen kann das Blut freier fließen und seine Hilfs- und Aktivierungsstoffe überall hin transportieren. All dies sollte man noch vor der Begegnung mit Menschen, die mit einem noch etwas absprechen und beten möchten, hinter sich bringen, sozusagen auf dem Weg zum Geschehen. Beim Auftritt klingt man dann runder, freier und stabiler als ohne diese Übungen.

2.6 Leiten als Performance

Wer in einem Gottesdienst Anbetung leitet, ist auch eine Art Performer. Bei manchem führt dieser Gedanke zunächst zu einer Irritation. Ist Anbetung nicht ein reines Singen und Beten zu Gott? Ist da nicht alles, was mit der Selbstdarstellung des Menschen zu tun hat, fehl am Platz? Geht es nicht um eine Demut des Herzens? Führt die Frage, wie wir vor anderen wirken, nicht in eine falsche Richtung?

Das ist in der Tat so, wenn sich dieser Aspekt verselbstständigt. Eine Gemeinde, die nur von Performern in die Anbetung geführt würde, wäre eine Perversion der Grundidee von Anbetung. Andererseits gehört ein gewisser Performance-Aspekt dazu. Denn jeder Mensch, der die Aufmerksamkeit einer Gruppe von Menschen sucht, um etwas vorzutragen, ist auf eine Weise auch ein Performer, selbst wenn der Inhalt seines Vortrags Gebet und Anbetung ist. Performer sind in der darstellenden Kunst Schauspieler, Artisten oder Aktionskünstler. Die Performance eines Anbetungsleiters hat natürlich einen ganz anderen Charakter als das Spielen einer Figur. Aufführungen von artistischen oder humoristischen Kunststücken haben das Ziel, ein Publikum zu unterhalten. Anbetungsleiter wollen Anbetung inspirieren und zelebrieren. Gott selbst steht im Mittelpunkt, nicht die Stimmung des Publikums.

Ein Anbetungsleiter braucht aber auch eine gute musikalische Aufführung und einen sicheren Auftritt, um Menschen für sein Anliegen zu gewinnen. Es geht darum, durch die Lieder Anbetung zum Ausdruck zu bringen und andere zum Mitsingen und Mitbeten zu inspirieren. Anbetungsleiter kommunizieren und interagieren mit einer Gruppe von Menschen. Sie haben ein Publikum, d. h. Zuschauer und Zuhörer. Jeder Mensch, der vor einem Publikum steht, muss sich auch Gedanken über Aspekte des Auftretens bzw. seiner Performance machen.

1. Positionierung im Licht der Aufmerksamkeit

Der erste Eindruck ist sehr wichtig. Man bekommt dafür keine zweite Chance. Das entsprechende Zitat dazu kommt aus dem Englischen und wird dem US-amerikanischen Komiker Will Rogers (1879–1935) zugeschrieben: „You never get a second chance to make a first impression." Es basiert wahrscheinlich auf diesem wesentlich älteren Zitat: „Wenige haben die Stärke des Verstandes, um die Wahrnehmungen der Sinne auszuhebeln, und noch weniger haben die Neugier oder das Wohlwollen, um lange gegen erste Eindrücke anzukämpfen: Wer es deshalb versäumt, in seiner Begrüßung und ersten Ansprache zu punkten, wird innerlich sofort abgeschrieben und bekommt nie die Gelegenheit, seine jüngsten Vorzüge oder wesentlichen Qualitäten zu zeigen" (Übersetzung des Autors), sagte Samuel Johnson (1709–1784).[61]

Das ist schon etwas überpessimistisch in meinen Augen, aber der Grundsatz ist wahr. Menschen machen sich von anderen Menschen sehr spontan ein Bild, das auf dem ersten Auftreten basiert. Natürlich kann das im weiteren Verlauf der Begegnung korrigiert und angepasst werden, aber die Grundmasse ist mit dem ersten Eindruck gebildet.

Schon bei den ersten Schritten und Worten ist es deshalb wichtig, eine Haltung einzunehmen, die Sicherheit vermittelt und Vertrauen aufbaut. Der Moderator, der Gottesdienst- oder Anbetungsleiter sollte ans Mikrofon oder mit dem Mikrofon an eine prominente Stelle auf der Bühne treten. Er sollte möglichst weit nach vorne und unbedingt ins Licht gehen!

Wenn es nur einen vom Scheinwerfer gut ausgeleuchteten Bereich gibt, sollte er bei der Begrüßung genau dort stehen bzw. vorher den Scheinwerfer auf seinen Startpunkt ausrichten lassen.

Punkten sie mit dem ersten Eindruck! Treten sie souverän ins Licht der Aufmerksamkeit.

Ich habe leider manchmal ganze Gottesdienste erlebt, wo Sprecher und Sänger im Halbschatten oder gar verhüllender Dunkelheit standen und von dort aus sprechen mussten, weil man diesen Aspekt nicht bedacht hatte.

Der Wert guter Beleuchtung

Licht kann zwar auch entlarven und Mängel bloßstellen, aber es gibt zuallererst einen Impuls von Klarheit, Sicherheit und Offenheit. Wer

61 Few have strength of reason to overrule the perceptions of sense, and yet fewer have curiosity or benevolence to struggle long against the first impression: he who therefore fails to please in his salutation and address is at once rejected, and never obtains an opportunity of showing his latest excellences or essential qualities. (Quelle: http://tinyurl.com/5wr2flk)

im Licht steht, hat nichts zu verbergen. Licht steht für Direktheit, Zugang, Erkennbarkeit und Nähe. Durch Licht werden Gegenstände in Museen und Kunstgalerien Menschen nahegebracht. Licht lässt die „wahren Farben" eines Menschen erstrahlen. Wer im Geist ins Licht der Liebe treten will, muss auch das Licht der Bühne suchen, um mit Menschen in Kontakt zu kommen. Ein Auftritt ohne Licht ist immer eine traurige Eröffnung. Man kann als Gemeinde an der Farbe des Lichts arbeiten (wärmere Lichtarten suchen, die sympathisch wirken, statt Neonlicht oder Kaltlicht mit vielen grünen und blauen Anteilen). Man kann die Gemeinderaumatmosphäre in das gedimmte, gemütliche Ambiente eines Klubs verwandeln, aber zum Beginn einer Veranstaltung sollte immer ein Scheinwerfer auf den Kommunikator leuchten, um seine Mimik und Gestik allen Anwesenden nahezubringen.

Zum Beginn einer Veranstaltung sollte immer ein Scheinwerfer auf den Kommunikator leuchten, um seine Mimik und Gestik allen Anwesenden nahezubringen.

2. Aufrechte Haltungen

Der Körper sollte gerade aufgerichtet und der Kopf erhoben sein. Ein gebückter Gang und eine krumme oder schiefe Haltung signalisieren Unsicherheit, Müdigkeit oder, noch schlimmer, Gleichgültigkeit. Die Haltung braucht eine Grundspannung, die sagt: Ich bin jetzt ganz für euch und mit euch da.

Der Körper sollte gerade aufgerichtet und der Kopf erhoben sein.

3. Feste Stimme

Die Stimme sollte klar artikulieren und fest wirken. Ein nachlässiges, müdes Nuscheln oder eine zu leise Stimme suggerieren Unlust und Zweifel. Man kann cool sein, ohne nachlässig oder unverbindlich zu erscheinen. Es geht um eine lockere, aber trotzdem gespannte Natürlichkeit. Innerlich sollte der Leiter sich sagen: „Ich habe das Recht und die Freude, Menschen in eine Erfahrung der Anbetung zu leiten. Ich habe einen Auftrag und stehe unter einem Segen. Was ich hier beginne, wird den Leuten guttun und sie innerlich stärken." Diese

Die Stimme sollte klar artikulieren und fest wirken.

Haltung sollte man in der Vorbereitung finden. Am Mikrofon sollte man dieses Bewusstsein dann vertrauensvoll abrufen und so entspannt auftreten, als ob einem „der Laden gehört“.

4. Augenkontakt mit dem Publikum

Augenkontakt vermittelt Freundlichkeit, Interesse und Einladung zur Teilhabe. Es ist gut, seinen Blick für einen Moment über alle Anwesenden streifen zu lassen und sie dann bewusst und klar anzusprechen. Man muss nicht immer lächeln, das wirkt anbiedernd. Man sollte aber auch nicht grimmig, gereizt und frustriert schauen. Der Blick sollte sagen: „Schön, dass Sie da sind – ich habe mich schon auf Sie gefreut!“

Der Blick sollte sagen: „Schön, dass Sie da sind – ich habe mich schon auf Sie gefreut.“

Es hilft uns, wenn wir den Augenkontakt besonders mit denen suchen, die dankbar und wertschätzend reagieren. Trotzdem gibt es immer eine ganze Anzahl von Menschen im Publikum, die eine unsichere oder abweisende Ausstrahlung haben. Das gehört zum Erscheinungsbild unserer Zeit und unserer mitteleuropäischen Kultur. Man darf es auf keinen Fall persönlich nehmen. Ein fester Blick unterstützt eine aufrechte Haltung und flößt Respekt ein.

5. Innere Fokussierung

Wer auf die Bühne geht, braucht in diesem Moment eine innere Fokussierung, eine Art Tunnelblick. In diesem Blick ist nur noch Platz für das Hier und Jetzt der Begegnung mit den Menschen in diesem Kontext. Der größere Kontext unseres Lebens muss verblassen, die Aufmerksamkeit muss sich vollständig auf die Aufgabe des Moments richten. Für innere Spannungen und persönliche Probleme kann man vorher mit anderen beten. Auch dabei sollte das Loslassen im Vordergrund stehen, nicht die erneute Aufzählung und Bewusstmachung.

Wer auf die Bühne geht, braucht in diesem Moment eine innere Fokussierung, eine Art Tunnelblick.

Wir können und dürfen das, was uns beunruhigt und belastet, punktuell abgeben, loslassen und zurückstellen, bis wir wieder Zeit dafür haben.

„So demütigt euch nun unter die gewaltige Hand Gottes, damit er euch erhöhe zu seiner Zeit! Alle eure Sorge werft auf ich, denn er sorgt für euch." (1.Petr. 5,6-7 LÜ) Das Ende des ersten Satzes lässt eine Weisheit des Alten Testaments anklingen: Alles im Leben hat seine Zeit (Pred. 3,1). Der dahinterstehende Gedanke ist, dass wir uns immer wieder ganz auf den Moment einlassen müssen, um ihn nicht durch eine Vermischung mit dem, was zu anderen Zeiten wichtig ist, zu beschweren. Wir müssen loslassen können. Der Dienst an der Gemeinschaft ruft uns in eine Rolle, die das Persönliche in den Hintergrund stellt. Entschuldigende Äußerungen, die mit der Unsicherheit der eigenen Person zu tun haben, sollte man vermeiden. Die Aufgabe eines Anbetungsleiters verlangt es, Freude an Gott, eine gewisse Zuversicht und eine positive Gespanntheit zu vermitteln. Das kann man sich antrainieren, auch wenn man, wie jeder andere Mensch, seine Tiefen und Krisen im Leben hat. Es ist eine Frage der inneren Fokussierung.

6. Blickkontakt mit den Mitwirkenden

Sobald der Blickkontakt mit dem Publikum hergestellt und etabliert ist, kann man mit seinem Blick auch wieder die anderen Musiker suchen. Der gelegentliche Augenkontakt der Mitwirkenden untereinander schafft Inspiration und Ansporn. Eine Band, wo jeder isoliert und verbissen sein Instrument spielt, wirkt verloren, verkrampft und mechanisch. Eine Gruppe, die sich aber immer wieder gegenseitig anschaut und wertschätzend lächelt oder anerkennend nickt, zeigt, dass ihr der gemeinsame Auftritt Spaß macht. Es ist eine Freude, solchen Musikern bei ihrem Spiel zuschauen zu können. Man wird angesteckt von ihrer Hingabe und Intensität, gelockert von ihrer Entspanntheit und öffnet sich dem Geschehen mehr. Denn man merkt, dass die Musiker das, was sie dort begleiten, selber mit Freude genießen. Auch das gehört zu einem professionellen Auftreten und zum Geist einer dankbaren Glaubensgemeinschaft.

Der gelegentliche Augenkontakt der Mitwirkenden untereinander schafft Inspiration und Ansporn.

Kontakt mit der Technik

Der Techniker sollte besonders beim ersten Lied den Augenkontakt mit dem Leiter und den anderen Musikern suchen, um zu erfahren, ob es jetzt mit dem neuen Sound (ein Raum voller Leute klingt auf der Bühne ganz anders als derselbe Raum bei der Probe) notwendige Anpassungen gibt. Manche Techniker sind in dieser Anfangsphase so auf den Raum konzentriert, dass sie den Bühnenbereich gar nicht mehr im Blick haben. Der Techniker sollte unbedingt in den ersten Minuten nicht nur den Saalsound im Blick haben und auf seine Regler fixiert sein, sondern auch, sobald es geht, zur Bühne schauen, ob dort alles gut läuft. Wenn das nicht geschieht, kann das für den Leiter und die Musiker sehr frustrierend sein.

Im Profibereich trennt man deshalb konsequent Bühnenmix und Saalmix und weist dann jedem Bereich eine eigene Person zu. Ab einer gewissen Größenordnung kann ich diese Trennung für Gemeinden auch nur empfehlen: Einen Mixer für das Hauptpult im Saal und einen Mixer mit eigenem Pult neben der Bühne für den Monitormix.

7. Reaktionsmanagement

Zwischen Reiz und Reaktion liegt die Reflexion. Wenn wir schon im Vorfeld verstehen, welche Reize und Frustrationen auf uns zukommen können, fällt es uns leichter, die Reaktion zu kontrollieren. Alles, was wir im Vorfeld schon bedacht und innerlich durchgespielt haben, gelingt leichter und sicherer in der direkten Situation. Deshalb schauen wir uns jetzt ein paar Szenarien an, die so oder ähnlich auf einer Bühne vor Publikum immer wieder auftreten können.

Schwächelnde Technik

Musiker gehören zu den Menschen, die ihr Leiden aus Professionalität „überspielen“ dürfen. Psychologisch ist das auf Dauer nicht gesund, aber beim Auftritt ist es absolut notwendig. D. h., wenn der Sound auf der Bühne trotz Soundcheck und Probe sich plötzlich schlecht anfühlt und der Performer leidet, sollte er es erst einmal überspielen. Er sollte sowohl darüber hinwegspielen als auch mimisch und körperlich ignorieren, dass etwas mit dem Klang nicht in Ordnung ist. Es ist die Haltung eines

Nehmen Sie schwächelnde Technik ab einem bestimmten Punkt an, und manchen Sie das Beste daraus!

Profis, die sagt: „Ich nehme die Situation, wie sie ist, jetzt an und mache das Beste daraus. Selbst wenn es nicht besser wird und ich durch bestimmte Dinge irritiert bin, spiele ich so sicher, einfühlsam und routiniert wie möglich weiter, als wäre nichts gewesen."

Selbstverständlich hilft es enorm, wenn man noch einmal mit kurzen Zeichen und Blickkontakt zum Techniker für bessere Hörverhältnisse auf der Bühne sorgen kann. Irgendwann ist dieser Zug aber abgefahren und man kann nur noch gute Miene zum schrägen Bühnensound machen.

Zur Not ergreife ich als Leiter auch die Initiative nach dem ersten Lied, um den Techniker vor allen Anwesenden um etwas mehr oder weniger von diesem und jenem zu bitten. Das ist manchmal besser als eine schier unerträgliche Situation auf sich beruhen zu lassen. Das sollte dann aber entspannt und beiläufig geschehen und nicht gereizt, verärgert und vorwurfsvoll klingen. Dafür muss ich mich manchmal bewusst während des ersten Liedes sammeln und überwinden, um meine Frustration nicht am Publikum auszulassen.

Passives Publikum

Fehlende Resonanz und Mitwirkungsfreude des Publikums sollte man mit Milde und entspannter Akzeptanz verwalten.

Wer sich in seinem stillen Kämmerlein eine freudig bewegte Menge von Menschen vorstellt, die unsere Impulse dankbar aufgreift und engagiert umsetzt, wird manchmal von einer eher passiven und müde wirkenden Gruppe kalt erwischt. Diese manchmal fehlende Resonanz und Mitwirkungsfreude des Publikums sollte man mit Milde und entspannter Akzeptanz verwalten.

Kritische Bemerkungen wie „Wo ist eure Freude am Herrn?" oder gar Tadel über mangelnde Beteiligung, z. B. „Was ist mit euch los?" oder „Wo ist eure Begeisterung?", sind kontraproduktiv. Das Publikum darf niemals gegängelt oder bedrängt werden. Es muss immer wie ein erwachsenes, freies Gegenüber mit Respekt behandelt werden.

Amerikanische Sitten wie „Sag doch mal deinem Nachbarn, ‚Du siehst super aus' oder ‚Der Herr ist groß'", um alles etwas aufzulockern, werden höchstens von frisch eingeflogenen Amerikanern, die in solchen Floskel-Kulturen aufgewachsen sind, toleriert. Ansonsten sind sie unserer Kultur eher fremd und unangenehm.

Wenn man eine Auflockerung dieser Art bringen will, sollte man sie nicht pauschal verordnen, sondern eine Rückzugsmöglichkeit für müde und genervte Zeitgenossen einbauen: „Vielleicht wollen Sie/wollt ihr vor dem nächsten Lied Ihren/euren Nachbarn noch einmal kurz begrüßen. Dafür wäre jetzt die perfekte Gelegenheit."

Unsere Kultur verlangt nach einer gewissen Eleganz und Nonchalance im gesellschaftlichen Miteinander, eine liebenswürdige Lässigkeit und Ungezwungenheit.

Außerdem sollte man sich nie über das Publikum stellen.Es ist immer wichtig, das Publikum und sich als eine Einheit zu beschreiben: „Wir sind alle noch dabei, die volle Kurve in diesen Tag zu kriegen" oder „Das kriegen wir noch besser hin" können Müdigkeit und Lethargie überwinden. So etwas ist auf jeden Fall besser als ein aufgedrehtes „Wo seid ihr alle, ich kann euch nicht hören!" In Rock und Pop sind Provokation und Frechheit ein probates Mittel, um mit den Menschen in eine Beziehung zu treten. In der Gemeinde wirkt sich dieser Gestus eher negativ aus. Annahme und Respekt gehen im Gottesdienst vor Aufputsch-Kultur und „Hallo-Wach-Effekt".

Das eigene Musizieren

Zwischen versteinertem, stoischem Abspielen und exzentrischem Verziehen von Gesicht und Körper liegen Welten des Selbstausdrucks während des Musizierens. Bestimmte Rockstile und Riffs laden Musiker zu einer passenden Mimik ein – verzückte und in leidenschaftlichem Schmerz verzogene Mienen. Man kann sie auch dezent beibehalten. Meistens haben sich Musiker dieser Stilrichtungen bestimmte Muster im Verhalten schon angewöhnt. Wenn sie in die Gemeinde kommen, sollten sie sich dort nicht ein eingeschüchtert-starres Verhalten antrainieren müssen. Doch die Reaktion auf das eigene Spiel hängt mit der Persönlichkeit zusammen. Auch in der klassischen Musik sehen wir auf der Bühne stoische Dienstleister und emotionale Künstlerpersönlichkeiten. Es empfiehlt sich nur, die Exzentrik einzelner Stilrichtungen einzugrenzen. So passt es z. B. nicht in eine Anbetungsveranstaltung, wie Marty McFly in dem Kultfilm „Zurück in die Zukunft" auf Knien

Anbetungsmusik ist kein orgiastischer Selbstenthemmungsschub. Hier geht es um Hingabe, Freude an Gott, das Lernen geistlicher Lektionen und das Bekenntnis einer heilsamen Wahrheit.

über die Bühne zu rutschen und die Gitarre wie ein Gewehr oder ein Phallussymbol in die Höhe zu reißen. Jimmy Hendrix' Psychedelic-Rock-Aktionen (z. B. das Spielen der E-Gitarre mit Zähnen und Zunge) und die Headbanging-Kultur der Rock- und Metal-Festivals passen auch nicht so gut zu einem geistlichen Kontext, wo die völlige Selbstentfesselung des Künstlers nicht im Mittelpunkt steht. Die Worship Bühne ist letztlich bei aller Stilvielfalt doch eine andere als die eines Rammstein-Konzertes.

Anbetungsmusik ist kein orgiastischer Selbstenthemmungsschub, den die Musiker aufführen, um das Publikum zu einer ähnlichen Selbstenthemmung mitzureißen. Hier geht es um Hingabe, Freude an Gott, das Lernen geistlicher Lektionen und das Bekenntnis einer heilsamen Wahrheit.

Das ist jedoch nur die eine Seite der Münze. Denn was mit Gott und Begeisterung für ihn zu tun hat, muss weder brav klingen noch brav aussehen. Ich habe leider immer wieder so „kontrollierte" Musiker in christlichen Kreisen vorgefunden, dass man ihnen beim Musizieren gar nicht zuschauen wollte, weil alles nur mechanisch, fast bürokratisch abgearbeitet wurde. Das engagierte Lächeln, das Wippen, Wiegen und Rocken im normalen Spiel zeitgenössischer Musikstile scheint bei manchen Kreisen von der Angst gehemmt zu werden, als emotional erkannt zu werden.

Dieser Stock muss raus! Die Freiheit, normal und emotional zu agieren, muss wiederhergestellt werden. Zu einem lebendigen Spiel gehören Natürlichkeit, Spontaneität, dynamische, weiche und einfühlsame Mimik. Der Musiker ist ein Ganzes, nicht nur ein Tongenerator. Klänge und Rhythmen unterlegen kann auch ein Sequenzer. Menschen wollen aber gerne mit anderen Menschen agieren. Dazu muss die Menschlichkeit hörbar, sichtbar und spürbar werden. Also bitte ein bisschen mehr Gefühl und Ausdruck und bloß nicht so verkrampft, steif und brav spielen!

Der Musiker ist ein Ganzes, nicht nur ein Tongenerator.

„Lebe mutig, nicht nur angepasst und zahm, voller Lebenslust und ohne falsche Scham!"[62]

62 Aus: „Sei gesegnet", Martin & Jennifer Pepper, © 2014 mc-peppersongs

Wir haben gesehen, dass zum Leiten der Anbetung auch ein Spektrum der Performance gehört. Doch das stößt an seine Grenzen, wenn eine wichtige Grundlage fehlt. Wenn ich noch so viel Gutes weiß und kann, „aber keine Liebe habe, so bin ich nichts!“ (1.Kor. 13,2 LÜ).

Kommen wir noch einmal auf folgende Grundlage zurück: Wie können wir Menschen in Anbetungszeiten mit Liebe leiten?

2.7 Leiten mit Liebe

Was ist mein wichtigster Gedanke unmittelbar vor einem Auftritt, um Menschen in die Anbetung zu begleiten? Was hilft mir, mich abschließend einzustimmen und zu fokussieren? Hannah Arendt sagt, dass wir bei jeder Art von Auftritt in einer Öffentlichkeit „vor anderen erscheinen“. Ich stelle mir das Licht dieser Beleuchtung als „Licht der Liebe Gottes“ vor und nehme meine Position darin ein. Damit entziehe ich den Menschen, vor denen ich stehe, die Macht, darüber zu befinden, wie wertvoll oder schäbig ich bin.

Liebevolles Denken statt Lampenfieber

Schauspieler mit Lampenfieber werden manchmal ermutigt, sich vorzustellen, dass die Zuschauer in Unterhosen vor ihnen sitzen, während sie als Schauspieler ihrer Rolle entsprechend gekleidet sind. Das passt weniger zu einer Anbetungssituation. Und auch sonst gewinnen wir nicht immer, wenn wir andere in ein Licht der Lächerlichkeit stellen. Wir gewinnen dagegen, wenn wir uns gemeinsam mit allen Beteiligten in das Licht der Liebe Gottes stellen.

Denken Sie liebevoll über das Gesamtgeschehen und alle Beteiligten nach. Stellen Sie sich und die anderen in das Licht der Liebe Gottes. Das Bewusstsein, geliebt zu sein und anderen mit Liebe zu begegnen, vertreibt die Enge des Herzens, aus der alle möglichen Verkrampfungen des Geistes hervorgehen – panische Unsicherheit, Lampenfieber,

Das Bewusstsein, geliebt zu sein und anderen mit Liebe zu begegnen, vertreibt die Enge des Herzens, aus der alle möglichen Verkrampfungen des Geistes hervorgehen.

Bühnenangst. Biblisch gesprochen: „Furcht ist nicht in der Liebe, denn die vollkommene Liebe treibt die Furcht aus." (1.Joh. 4,18 LÜ) Wärmen Sie sich auf und treten Sie in das Licht der Liebe!

Ich empfehle deshalb, unmittelbar vor dem Auftritt Gedanken der Liebe und Achtung zu formen: Diese Menschen sind der Liebe würdige Kinder Gottes, der Gnade bedürftige Sünder oder ganz allgemein für Inspiration dankbare Mitmenschen. Ich darf ihrem Lebensgefühl und ihrem Glaubenserlebnis etwas Wertvolles hinzufügen. Ich komme als ein „Immanuel" (hebräisch für „Gott ist mit uns") zu anderen „Immanuels". Was mich persönlich befähigt, ist auch das, was uns gemeinsam verbindet: Gott mit uns!

Dieser Gedanke wirkt Friede, schenkt Souveränität und Gelassenheit. Ich wirke, ob ich glänze und strahle oder schwächle und mich abmühe, in eine Situation der Liebe Gottes hinein. Ich bin darin aufgehoben und alle anderen ebenfalls. Ich muss nicht alles kontrollieren. Ich darf in dieser Liebe einfach nur sein, wer ich bin, und tun, was ich kann. Diese Haltung hat mich in vielen mühsamen Situationen der Anbetungsleitung und in manchen Konzerten kraftvoll getragen.

Zusammenfassung

Bei der Anbetung leiten wir weiter, was wir von Gott in uns tragen, sei es manchmal auch nur die Sehnsucht nach einer Verbundenheit mit ihm. Wir leiten nicht immer aus dem Überfluss eines randvollen Gefäßes, aber wir stellen uns immer Gott zur Verfügung, um den Kontakt mit ihm auch anderen zu ermöglichen.

Anbetung in der Praxis heißt auch: Anleiten, die Initiative ergreifen und in eine Richtung vorangehen. Menschen in geistlichen Gruppierungen wollen angeleitet werden, nicht weil sie unmündig sind, sondern weil sie vernünftig und demütig genug sind, um nicht alles zu jedem Zeitpunkt ihres Lebens ohne die Hilfe anderer entscheiden zu wollen. Sie brauchen Impulse, Orientierung und Zusammenführung. Reife und selbstständige Menschen begrüßen die Initiative und klare Ausrichtung von Leiterschaft.

Anbetung in der Praxis heißt: Anleiten, Initiative ergreifen, in eine Richtung vorangehen.

Anbetungsleiter geben den Startschuss und übernehmen Verantwortung für die Vorbereitung konkreter Gemeinschaftserfahrungen.

Sie sammeln und sichten das Liedgut und gemeinsame Gebetsvorlagen. Sie entwickeln und vermitteln ein Leitbild. Sie treten vor andere Menschen und leiten an, damit ein koordiniertes, harmonisches Erleben von Gemeinschaft und Gottesbegegnung möglich wird. Damit üben sie Einfluss aus, führen und bestimmen die Richtung des Geschehens. Das ist keine Anmaßung, denn ihre Leitung ist erwünscht. Das ist keine Manipulation, denn sie füllen damit nicht nur ihre Hand, sondern die geöffneten Hände aller Anwesenden. Voraussetzung dafür ist allerdings, dass sie den Spielraum, der ihnen gegeben ist, nicht überziehen. Sie dürfen Menschen nicht bedrängen oder in unzumutbare experimentelle Manöver hineinziehen.

Anbetungsleiter üben Einfluss aus, führen und bestimmen die Richtung. Sie dürfen dabei nicht bedrängen.

Leiten zeigt sich auch im Auftreten. Anbetungsleiter sind damit in gewisser Hinsicht Performer und brauchen das Know-how von Profis, die musikalische Werke und gedankliche Kompositionen vor anderen aufführen. Sie betreten eine Bühne, auf der bestimmte Fähigkeiten der Kommunikation und Präsentation gefragt sind.

Dafür müssen sie ihre Stimme aufwärmen und in eine angenehme Tonlage für Moderation und Lieder bringen. Sie müssen sich über den ersten Eindruck und eine lebendige Verbindung mit den Teilnehmern Gedanken machen. Sie müssen mit Körperhaltung, Gestik und Mimik Engagement, Lebendigkeit und Zuversicht ausdrücken.

Sie müssen verhindern, dass gute Gedanken und wertvolle Inhalte durch unbewusste Blockaden in ihrer Ausstrahlung verhindert werden. Sie übernehmen deshalb Verantwortung und üben Einfluss auf sich selbst aus, um den Teilnehmern störungsfreie Impulse für ihre persönliche Anbetung zu vermitteln.

Leiter übernehmen Verantwortung für das Gesamtbild, sorgen für Koordination, Kontakt und Arbeitsfähigkeit.

Gleichzeitig übernehmen Leiter auch Verantwortung für das Gesamtbild der musizierenden Gruppe auf der Bühne, sorgen für Koordination, lebendigen Kontakt und Arbeitsfähigkeit.

Mit diesen Maßnahmen leiten sie sowohl die Menschen an, die gemeinsam Gott anbeten, sowie die sie begleitenden Musiker und die ihren Dienst ermöglichenden Helfer an der Technik. Die Praxis der Anbetung im Kontext eines Gottesdienstes verlangt eine grundsätzliche Bereitschaft zum Leiten von Menschen.

Mit dem Vorbereiten und Leiten von Anbetungszeiten haben wir uns nun mit den wichtigsten Elementen einer gemeinsamen Praxis der Anbetung beschäftigt. Der Prozess ist damit aber noch nicht vollständig erfasst, denn zur Praxis der Anbetung gehören auch die musikalische Begleitung und die Begleitung von Menschen, die sich in diesem Bereich engagieren. Darum soll es in diesem dritten und letzten Teil des Buches gehen.

Notizen

Teil 3 Begleiten

Bei „Begleiten“ denkt man an einen Menschen, der neben einem anderen hergeht, ihm Aufmerksamkeit, unterstützende Nähe und Hilfe zur Entfaltung schenkt. Musikalisch fragen wir: Wie kann man Lieder kraftvoll, harmonisch und abwechslungsreich begleiten? Organisatorisch fragen wir: Wie kann man die Abläufe und Rhythmen der gemeindlichen Anbetung durch Motivation, Delegation und Feedback begleiten, damit ein lebendiger und gut eingespielter Organismus entsteht? Wie kann man die zu erledigenden Aufgaben sinnvoll aufteilen und delegieren? Wie findet und gewinnt man neue Mitwirkende? Geistlich fragen wir: Wie hoch sollte man die Messlatte bei „geistlichen Qualifikationen“ legen? Wie eng wollen wir Menschen führen? Wie viel geistliche und seelsorgerliche Begleitung wollen und können wir uns und anderen überhaupt zumuten? Zwischen achtloser Distanz und erstickender Nähe liegt die fruchtbare Zone der Begleitung.

3.1 Musikalisch begleiten

Anbetung in der Praxis hat in christlichen Gemeinden auch immer etwas mit der musikalischen Begleitung zu tun. An diesem Punkt scheiden sich die Geister, weil allein schon das musikalische Instrumentarium der modernen Gesellschaft für manche religiös geprägte Menschen anstößig ist.

Doch musikalische Begleitung hat nicht nur mit dem Instrumentarium zu tun. Ob Schlagzeug, E-Gitarre, Synthesizer und Soundsamples vom iPad genutzt werden oder nur ein Keyboard und eine akustische Gitarre: Stil, Sound und Inhalt können monoton oder vielseitig erklingen. Ich meine, dass das unterschiedliche Empfinden von Menschen darüber, was schön und angenehm berührend ist, in der Gemeinde angemessen berücksichtigt werden sollte.

Jede Monokultur, also jede Gestaltung der musikalischen Begleitung in nur einer einzigen Form, ob trendy und beliebt oder konventionell und traditionell, ist eine Verarmung und Blockierung des Potenzials. Leben blüht auf in sich gegenseitig befruchtender Vielfalt. Damit das gelingen kann, muss manches beschnitten und anderes entfaltet werden.

Zwischen Wüste und undurchdringlichem Dschungel lebt der Garten als Sinnbild der Zivilisation und Kultur.

Der Trend zum normierten Sound

Viele der neuen, jungen Gemeinden setzen auf eine starke Norm und wollen ihre Anbetungszeit im Klangbild so vereinheitlichen, dass die Besucher immer wissen, was auf sie zukommt. Ihnen schwebt das Franchising[63]-Modell aus der Wirtschaft vor, das dem Besucher eine immer gleiche Umgebung und Markenvertrautheit bietet (McDonalds, Starbucks etc). Sie wollen in der Regel einen erkennbaren Sound und immer wiederkehrenden Rhythmus.

So hören sich Anbetungszeiten, die nach Vorbildern wie der australischen Hillsong-Bewegung gestaltet werden, anders an als Anbetungszeiten der Kanadisch-US-amerikanischen Vineyard-Bewegung oder der Britpop-Worshipper von Liedermacher Graham Kendrick bis Matt Redman.

Alle benutzen ein modernes System elektrisch verstärkter Instrumente und arbeiten mit Anbetungsbands statt mit Chor, Kirchenorgel und akustischer Begleitung. Dennoch ist der Stil unterschiedlich und häufig klar erkennbar.

Der traditionelle Kirchensound

In den großen Kirchen ist eine Norm für den Gottesdienst durch Gottesdienstordnungen und Liturgie festgelegt. Das hat vielleicht Nachteile im Blick auf die Flexibilität, gibt aber auch vielen Menschen ein Gefühl von innerer Sicherheit und einen festen Rhythmus, an dem sie ihren Glauben ausrichten können. Sie müssen sich nicht immer wieder neu erfinden. Die Musikkultur der großen traditionellen christlichen Kirchen ist allerdings schon lange nicht mehr kompatibel mit dem Musikempfinden der restlichen Gesellschaft. Aber für Menschen der traditionellen Kirche ist diese Art des Singens und der Begleitung im Gottesdienst identitätsstiftend und sinnvoll. Menschen kommen auch deswegen in diesen Gottesdienst und möchten es manchmal unter keinen Umständen missen.

63 Die Nutzung eines Geschäftskonzeptes gegen Entgelt.

Freikirchliche Experimentierfreudigkeit

Andere setzen auf mehr Abwechslungsreichtum und suchen die Vielfalt. Das gilt besonders für die Freikirchen, die sich nach Belieben ihr eigenes Gepräge für Musik und Gottesdienstgestaltung geben. Besonders experimentierfreudig sind die pfingstlich-charismatischen Gemeinden, die tief in ihrer Theologie den Grundsatz „Der Geist weht, wo er will“ verankert haben. Sie sind weltweit die am meisten expandierende christliche Bewegung unserer Zeit. Während sie selbst den Grund dafür in ihrer speziellen Erfahrungswelt des Glaubens und in den theologischen Inhalten sehen, sagen andere, dass es mehr noch mit der dynamischen, geselligen und euphorisch-belebenden Musik- und Anbetungskultur zu tun habe. Das Spontane, Wechselnde und Neue, das der Geist Gottes in jeder Generation und Kultur ohne Ansehen der Person schafft, ist auf jeden Fall eines ihrer Pfunde, mit dem sie wuchern[64].

Die Experimentier- und Musizierfreudigkeit zeigt manchmal aber auch ihrer Schattenseiten.

Wenn eine Gemeinde den Grundsatz „Alles geht, solange die Leute nur irgendwie bei der Anbetung mitwirken wollen“, verinnerlicht hat, werden auch schon mal die Ohren der Zuhörer beleidigt. Vor allem da, wo alle gleichzeitig mitspielen wollen, hört man dann schrille Kakophonien von nicht miteinander harmonierenden Klangwelten. Filigrane Soloinstrumente wie Geige, Querflöte mit sehr hohem Klangbild lassen sich nur schwer mit brachialen Drumsounds, fetten Basslicks und mittigen Rockgitarren kombinieren. Musik, die eine Mehrheit der Menschen als erbaulich und wohltuend empfindet, braucht eine gewisse Klarheit und Harmonie des Klangbildes. Es ist dringend nötig, das Instrumentarium und die Stilistik auf ihre Eignung für den Gemeindegesang zu prüfen. Es darf nicht nur um musikalische Geselligkeit gehen oder um therapeutisch wertvolle Beschäftigung für Einzelne. Das Ganze des Gottesdienstes als Veranstaltung muss im Rahmen seiner Ausrichtung passen.

Musik, die eine Mehrheit der Menschen als erbaulich und wohltuend empfindet, braucht eine gewisse Klarheit und Harmonie des Klangbildes.

Unabhängig von der Grundausrichtung eines Gottesdienstmodells gibt es stets viele Möglichkeiten zur Abwechslung, damit keine

64 Sprichwort nach dem Gleichnis Jesu über die anvertrauten Talente.

Monotonie und Langeweile eintreten. Außerdem setzt sich immer mehr ein Motto durch, das nur Puristen hassen: „Mischen possible", d. h., es ist immer möglich und sinnvoll, Anleihen bei anderen Formen und Stilen zu machen und Klangwelten zu mischen. Dies muss jedoch geschmackvoll, bedacht und mit einer gewissen Feinfühligkeit geschehen. Ein paar Variationsmöglichkeiten von der Einleitung bis zum Beenden eines Liedes möchte ich hier auflisten.

1. Einleitungen (das Intro)

Einstimmung

Eine musikalische Einleitung (Intro ist das Kürzel für englisch: *introduction*) dient der Einstimmung und Richtungsvorgabe. In der Popmusik besteht sie aus zwei bis acht Takten und hat den Zweck, den Hörer auf das Lied vorzubereiten, eine gewisse Spannung und Richtung zu erzeugen. Sie setzt einen Wiedererkennungsimpuls. Einleitungen müssen immer zu Rhythmik und Klangfarbe des Liedes passen, damit sie nicht auf eine falsche Fährte führen.

Die musikalische Einleitung zu einem Anbetungslied sollte nur die Grundstimmung einleiten. Das geschieht, indem man in wenigen Takten Tonart und Geschwindigkeit definiert. Einleitungen sollten kurz sein und schnell auf den Punkt kommen, d.h. zum Singen befähigen.

Einleitungen sollten kurz sein und schnell auf den Punkt kommen, d.h. zum Singen befähigen.

Ich habe aber schon viele Einleitungen erlebt, die mehr ermüden als einstimmen. Manche Anbetungsgruppen spielen aus Gewohnheit oder Verlegenheit erst einmal die ganze Strophe durch, bevor sie den Absprung zum gemeinsamen Singen finden. Ihre musikalische Qualität ist diesem Anspruch, einen berührenden Solovortrag zu bieten, aber häufig nicht gewachsen. Die Gemeinde ist vielleicht schon aufgestanden, weil sie dachte, es gehe los. Es kommt aber nur ein sehr, sehr langes Vorspiel. Das frustriert und ermüdet, anstatt einzustimmen und mitzunehmen.

Die letzten Takte des Refrains

Wie kann man das vermeiden? Ein kleiner Trick kann helfen. Wer die letzten vier Takte des Refrains anspielt, wird damit automatisch an den Anfang des Liedes geführt. Durch das Zitieren der Melodie am Ende des Liedes schafft man einen Wiedererkennungswert für alle, denen das Lied schon bekannt ist. Die anderen werden ebenso elegant an den Anfang des Liedes geführt, weil die ausklingende Melodie Tempo, Tonhöhe und Grundrhythmus festlegt.

Das funktioniert viel besser als der Versuch, einen kleinen Teil der Strophe anzuspielen. Es ist schwer, aus dem Call and Response-Spiel einer sich entfaltenden Melodie (wenn die Strophe schon „läuft") auszubrechen und zum Anfang zurückzukehren. Es ist leichter, sich gleich an den Schluss des Liedes zu begeben und damit auf einen logischen Neuanfang zuzusteuern.

Grundrhythmus und Grundakkord (Get into the groove)

Das kann ein ruhiger, balladesker oder tanzender, treibender Grundrhythmus sein. Meistens wird er nur von einem einzigen oder zwei Akkorden unterstützt. Das englische Wort groove bedeutet wörtlich „Rinne, Furche". Man kann sich vorstellen, dass der Musiker mit seinem Rhythmus den Ackerboden auflockert, um eine Furche für den Samen der Melodie und des Textes zu legen. Manche Lieder leben sehr stark von ihrem Groove. Man muss ihn gut etablieren und darf ihn nicht zu sehr verbiegen. Das geschieht vor allem dann, wenn man zu schnell spielt. Häufig wird eine fein akzentuierte Rhythmik durch zu schnelles Nachspielen eines Liedes in ein Leierkastenmodell oder ein geschrammeltes Lied verwandelt.

Der Grundrhythmus kann eine durchgetretene Bassdrum (ein Schlag auf alle vier Zähler des Taktes) sein. Dazu passt ein Flächensound auf dem Keyboard und ein Ankratzen der untersten Gitarrenseiten mit der doppelten Geschwindigkeit: Acht Anschläge auf der Gitarre über die vier Grundschläge der Bassdrum.

Der Bass akzentuiert und unterstützt in der Regel das, was in der Bassdrum des Schlagzeugs passiert. Eine Einleitung mit durchgetretener Bassdrum und Bassdoppelung ist dann schon ein eher treibendes Intro, obwohl man es auch durch Geschwindigkeit und Lautstärke zähmen und sehr entspannt spielen kann.

Bei Balladen beginnt man in der Regel nur mit einer einfachen, beruhigenden Figur. Die Bassdrum spielt in größeren Abständen entweder nur auf die Eins und die Drei oder mit einem kleinen Auftakt vor jedem zweiten Schlag. Dazu erklingt eine fein und vorsichtig durchgespielte geschlossene Hi-Hat mit einem Akzent auf der Snare oder dem Rim (der Kante der Snare Drum). Der Bass wandert eher vorsichtig umher und umspielt die Akzente des Schlagzeugs. Um so sicherer wirkt der Song dann, wenn die Gesangsmelodie aus dieser Wanderungsbewegung in einen festen Schritt gebettet ist.

Kleine pointierte Ansagen

Intros kann man in der Regel auch in Schleifen wiederholen, um darauf kleine, pointierte Ansagen zu machen. Auf treibenden Intros (durchgetretene Bassdrum) haben sie einen aufwühlenden, anspornenden und antreibenden Effekt. Solch ein Intro weckt starke Emotionen und hat einen befreienden Charakter für eine ansonsten mühsame und zähe Atmosphäre.

Auf ruhigere Balladenintros kann man einen passenden Bibelvers oder ein Gebet sprechen, um dann das Lied mit allen anzustimmen. Solche Sprachelemente können als störend empfunden werden oder als hilfreiche Gedankeneinführung. Das hat sehr viel mit der Entspanntheit und Sicherheit des Gesangsleiters zu tun. Es kann aber auch an der Sprachtechnik liegen, wenn Menschen zu schnell, zu laut, zu nuschelig oder zu unmelodisch und mechanisch sprechen. Mit ein bisschen Übung im Vorfeld (siehe die Klangregler der Stimme) kann eine solche Einleitung sehr hilfreich und inspirierend sein.

Wer es musikalisch eher ruhig angehen und vorsichtig einleiten möchte, dem sei ein warmer Pad- oder String-Sound ohne rhythmische Elemente empfohlen. Auf diesen musikalischen Hintergrund kann man völlig frei eigene formulierte Gebete oder Einladungen zu einer Begegnung mit Gott setzen. Hierbei muss man allerdings gut aufpassen, dass das Ganze nicht zu pathetisch oder klischeehaft wirkt. Starke Effekte nutzen sich schnell ab.

Das Turnaround-Intro

Turnaround ist englisch für „sich umdrehen, im Kreis drehen". Man spielt nicht das Ende des Refrains oder eine Wiederholung des Grundakkordes, sondern eine kreisförmige Figur auf vier Akkordstufen. Dafür bieten sich zwei Variationen an:

1. Beginn mit dem Sprung zur Mollparallele des Grundakkordes
Stufe 1–6–4–5, Beispiel: G–Em–C–D
2. Beginn mit dem Sprung zur Dominante
Stufe 1–5–6–4, Beispiel: G–D–Em–C

Halbtonschritte

Im Mollbereich bietet sich eine Umspielung des ersten Akkordes mit Halbtonschritten an.

Beispiel: „Herr, im Glanz Deiner Majestät“ in D-Moll.

Hier kann man vom fünften Ton ausgehend eine kleine Aufwärts- und Abwärtskurve spielen. (Eine bekannte Aufwärtsbewegung in Halbtonschritten ist das James Bond-Thema.)

Auf der Beibehaltung von D-Moll erklingen die Töne A, Bb, H, Bb.

Dort kann man bei der Eingangsmelodie gleich bleiben und auf den Worten „Herr, im Glanz deiner Majestät, auf den Stufen vor deinem Thron“ die Halbtonschritte A, Bb, H, C mit D-Moll als Grundakkord spielen, bevor der Akkord bei „stehen wir“ auf G-Moll wechselt.

Die spezielle Intro-Figur

Wer von zu vielen immer wiederkehrenden Klischees frustriert ist, kann sich zur Einleitung eines Liedes auch etwas ganz anderes einfallen lassen. Manchmal werden spezielle Melodiefiguren gebildet, die in dem Lied gar nicht vorkommen, aber trotzdem eine Einstimmung auf das Kommende ermöglichen. Alles, was eine Stimmung setzt, den Takt und das Tempo etabliert und letztlich melodisch zu Grundakkord und dem ersten Ton hinführt, ist erlaubt. Es muss bloß kurz genug und einstimmend sein, um nicht „von dem Lied wegzuführen“.

Kaltstart

Es kann vorkommen, dass man ganz auf eine Einleitung verzichtet, um sofort in das Lied hineinzuspringen. So habe ich es bei dem Lied „In deinem Licht siehst du mich“ häufig gemacht. Ein kleiner Auftakt führt zu dem ersten Wort „Licht“ auf dem Grundton. Es hat durch die reduzierte Einfachheit der Begleitung (nur mit einem stehenden Akkord auf der Eins) eine Dramatik, die einen fast zur inneren Stille zwingt. Es ist ein Lied, das man mitten in einer Liedfolge anstimmen kann, wenn alle schon „ganz bei der Sache“ sind. Der abrupte Einstieg ohne musikalische Einleitung ist gänzlich ungeeignet für den Anfang eines Gottesdienstes oder einer Anbetungszeit, es sei denn, man beginnt mit einer kurzen Erklärung, warum man heute ganz ruhig und reduziert in die Anbetung startet. Dann hat man die Menschen verbal auf den direkten Einstieg in die Intensivität einer unmittelbaren Gottesbegegnung eingestellt.

Notizen

2. Klangfarbe und Liedstruktur

Wie kann man dasselbe Lied mit einer leichten Variation spielen?

Man kann durch andere Klangfarben (Voicing – die Zusammenstellung eines Drei- oder Vierklanges mit anderen Tonverteilungen), Reduzierung und allmähliche Schichtung des Musikkörpers, Tempowechsel und Modulationen spannend variieren. Doch Achtung: Vorsicht vor zu vielen und zu starken Änderungen! Wenn Menschen ein Lied schon kennen, haben sie meist einen gewissen Gefallen an bestimmten Abläufen und Klangbildern entwickelt.

Wer ein Lied so verändert, sollte darauf achten, es nicht zu übertreiben. Wer Lieder plötzlich in einem ganz fremden, andersartigen Musikstil präsentiert, lenkt von der inneren Stimmung und Ausrichtung des Liedes ab. Man kann Lieder, die sonst musikalisch eher farblos und fade daherkommen, mit ein paar Reibungstönen anreichern und auch mal etwas rockiger und fülliger präsentieren, als es ursprünglich z. B. in einer schlichten Ballade eingeführt worden ist. Aber wenn wir plötzlich das Genre wechseln und im Swing landen, oder wenn die Würze eines jazzig angehauchten Füllakkordes zur Hauptmahlzeit wird und inflationär auftaucht, schmeckt es vielen Menschen schon nicht mehr. Sie kämpfen innerlich mit der unklaren Stilistik und sind irritiert.

Im Allgemeinen gilt: Vorsicht vor zu vielen komplexen Schemen in Anbetungszeiten. Hier ist ein schlichtes und dienliches Arrangieren wichtiger als künstlerische Freiheit und hohe Komplexität. Wem es aber gegeben ist und wer seine Truppe auf diesem Weg mitnehmen kann, der würze sparsam und pointiert.

1. Akkordanreicherung und Akkordübergänge

Einen eher drögen Dur-Akkord aus den Stufen 1, 3 und 5 kann man durch ein Hinzufügen einer 2 in der Popmusik immer gut füttern. Dabei nimmt man wahlweise entweder die 3 oder die 1 weg, sodass eine 1-2-5- oder 2-3-5-Kombination entsteht (in C-Dur CDG oder DEG).

Wenn der Akkord weicher, zarter oder geheimnisvoller klingen soll, spielt man statt der 1 einen Maj7 (Bei C-Dur das H direkt vor dem C).

Auch der sechste Ton lässt sich gelegentlich gut zu den drei Basistönen dazu mischen. Das muss man ein wenig ausprobieren.

Stufe 4 (bei C-Dur der F-Ton) schreit sofort nach Auflösung, ebenso Stufe 7 (Bb, nicht H wie bei Maj7). Diese Mixtöne in einem Akkord fordern sofort eine nach sich ziehende Veränderung. Sie sind nicht geeignet, den normalen Verlauf zu würzen, ohne das bestehende Harmoniegefüge auseinander zu bringen.

Spielen Sie aber einmal mit der 2, der 6 und dem Maj7 (dem letzten Halbton vor der 8).

Wenn ein Takt eine gewisse Länge hat und man nicht nur das Tongefüge des Akkordes mit neuen Würztönen leicht verändern will, kann man Übergangsakkorde einfügen. Das sind angrenzende Akkorde, die man spielt, um eine längere Strecke zu umspielen, die von einem Akkord dominiert wird. Diese Akkorde bauen auf den Stufen 2, 4 und 6 auf.

Bei C-Dur kann man D-Moll, F-Dur und A-Moll in einer längeren C-Dur Stelle einmal als Auftakt oder auf halber Strecke dazwischenwerfen, um aber grundsätzlich in dieser Position zu bleiben. Man spricht von einem tonalen Zentrum, das umspielt werden kann, bevor ein neues tonales Zentrum vorübergehend gebildet wird.

Während 2, 6 und Maj7 die Würztöne sind, bilden 2, 4 und 6 die Umspielungsakkorde eines tonalen Zentrums. Probieren Sie diese Wechsel einmal innerhalb eines längeren Verbleibens auf einem Akkord in einem Lied aus.

2. Aufbau und Schichtung

Nichts ermüdet schneller als anstrengende Gleichförmigkeit. Gute Musik braucht Kurven. Sie lebt von Bewegung, einem Auf und Ab, einem An- und Abschwellen wie bei den Zyklen der Natur: Flut und Ebbe, Frühling, Sommer, Herbst und Winter.

Es ist schade, wenn Steigerungsmöglichkeiten von vornherein ausgeschlossen werden, weil immer alle Musiker gleich mitwirken. Wenn man in einem Lied mit voller Besetzung einen Höhepunkt erreicht hat, ist es sinnvoll, entweder einen weiteren nahtlos ohne Einleitung anzuschließen oder den nächsten Song wieder ganz von unten aufzubauen.

Ein gutes Modell für eine sinnvolle Schichtung ist der Beginn mit nur einem Harmonie-Instrument wie Gitarre oder Klavier. Darüber wird nur die Melodie gesungen. Das ermöglicht eine Fokussierung auf das grundsätzliche Harmonie-Melodie-Gefüge, sodass die Leute behutsam in die Struktur des Liedes eingeführt werden, bevor weitere Klangfarben und rhythmische Elemente das Lied komplexer machen.

Das kann man auch mitten in einem Lied machen. Wenn ein Song hymnischen Charakter hat, kann man seinen Refrain auch auf Schlagzeugelemente reduziert oder gar a cappella, also völlig ohne Begleitinstrumente singen lassen. All diese zurückgefahrenen Einschübe lassen das Wiederkehren der gesamten Klangfülle als ein furioses Finale erleben und setzen dadurch einen großartigen Schlussakzent.

Allein das Schlagzeug hat ein großes Potenzial, ein Lied in verschiedene Schichten unterteilen zu können, die für eine verändernde Dynamik sorgen. Wichtig dabei ist immer eine gewisse Schlichtheit und Sauberkeit. Wenn lauter kleine Wirbel angedeutet oder komplexere Backbeats eingebaut werden, die aber nicht feinfühlig auf den Restsound abgestimmt und sicher abgeliefert werden, wirkt der Gesamtsound schnell verwischt. In fast jedem Instrumentenbereich ist weniger oft mehr.

Wechselspiel von männlichen und weiblichen Stimmen

Schon die Zusammensetzung einer mittelgroßen Anbetungsgemeinschaft birgt die Möglichkeit zur Abwechslung. Es gibt immer einen Bestand von männlichen und weiblichen Stimmen, die man abwechselnd „abrufen" kann. So kann der Anbetungsleiter spontan ein Lied auf nur männliche oder nur weibliche Stimmen aufteilen und sofort eine fühlbare Veränderung im Klangbild erzeugen. Dazu eignen sich natürlich nur Lieder, die schon einigermaßen bekannt sind. So kann man z. B. nach einem ersten gemeinsamen Durchgang mit den kurzen Kommandos „Jetzt bitte mal nur die Männer", „Und nun die Frauen" und abschließend „Jetzt alle" den Gesamtklang verändern.

Varianten der Mehrstimmigkeit

Neben dem einstimmigen Unisono-Gesang gibt es verschiedene Arten der Mehrstimmigkeit. Der Duo-Gesang eines männlichen Tenors und einer weiblichen Alt-Stimme wird oft bei Balladen eingesetzt, Dreistimmigkeit ist im Popgesang oft der Standard. Die Lead-Vocals (führende Stimmen) werden durch Backing-Vocals in bestimmen Passagen verstärkt oder geben ein kleines Echo in Gesangspausen der führenden Stimme. Die volle Chorbesetzung (vierstimmiger Satz) wird eher in der klassischen und in der Gospelmusik eingesetzt.

Eine witzige Variante ist das Doppeln einer Melodielinie nach unten in Tenor und Bass, sodass eine hoch-tiefe Klangklammer entsteht. Das ist ziemlich penetrant und muss mit dem Abstand von den Mikros und der Dynamik der einzelnen Sänger gut abgestimmt sein. Klappt es, klingt es aber sehr stylish und intensiv.

3. Pausen und Flow-Phasen

Es gibt Pausen, die aus mangelnder Vorbereitung und schlechter Organisation entstehen. Es sind Verlegenheits- oder Zwangspausen. Doch eine gezielt eingesetzte Pause kann ein kreatives Mittel sein, das tiefe Gefühle hervorruft und Menschen in ein anderes Bewusstsein hineinführt.

Ein in den Psalmen häufig vorkommendes Wort ist „sela". Man weiß nicht genau, was es bedeuten soll, denn es erscheint als ein musikalisches Zeichen oder Tonzeichen. Es wird interpretiert als Angabe eines Ruhepunktes im Gesang bzw. als Schlusszeichen einer Strophe. Manche denken auch, es stammt von der Schreibung Sel'a, wobei das a von Aijn (hebr.: steil aufragender Felsen, Echofelsen) käme. Dann könnte es bedeuten: Hierhin gehört eine Pause, damit der Text ein Echo in der Seele finden kann. Dazu würde passen, dass dieses Zeichen häufig an wichtigen Passagen in den Psalmen vorkommt.

Für die Praxis ist es wichtig, den Wert von Pausen und Flow-Phasen zu verstehen, die es erlauben, betend über das Gesungene nachzusinnen, bis es in die Seele sickern konnte. Der Anbetungsleiter kann die Musiker bitten, die Strophe des Liedes einmal alleine zu spielen, und die Gemeinde ermutigen, in der Stille die Worte des Liedes zu meditieren[65]. Eine zu lange Stille oder Pause mit musikalischer Begleitung kann die Leute überfordern, aber richtig bemessen ist eine Pause ein Instrument der Inspiration.

---

65 Von lat. *meditari*: nachdenken, nachsinnen, überlegen.

4. Tempowechsel

Man kann innerhalb eines Liedes das Tempo anziehen und wieder abbremsen. Das kommt vor allem in volksliedartigen Tanzliedern vor (das russische *Kalinka* oder das hebräische *Hevenu Shalom Alechem*). Es wird manchmal auch in der Popmusik als dramatisierendes Mittel eingesetzt, sodass am Ende eines relativ schnellen Songs eine Passage extrem gebremst noch einmal wiederholt wird. Wenn dann der Schluss auch noch stark verzögert erst nach und nach einsetzt, fühlt es sich wie eine Art Erlösung an und befeuert eine natürliche Euphorie. Es enthält auch ein stark gruppendynamisches Element. Solche Wirkmuster müssen uns nicht beängstigen, denn sie gehören zu lebendigen Musikvorträgen in jedem Szenario. Selbst Choräle, die nur von der Orgel begleitet werden, haben durch Lautstärke (Wechsel der Register) und Umspielungen einer Melodie mit lieblichen Elementen starke emotionale und gruppendynamische Elemente, die von den Kirchenmusikern kalkuliert eingesetzt werden (z.B. die Schlussstrophe mit allen Registern in voller Lautstärke zu bringen). Vor solchen Phänomenen sollte man prinzipiell keine Angst haben. Sie gehören zur Textur der Musik und suchen das Wechselspiel von Schlichtheit und Drama. Wir werden mit solchen psycho-dynamischen Prozessen nicht in unserer Freiheit beschnitten oder verlieren gar die Selbstkontrolle. Wir werden zwar angetrieben und ausgebremst, aber in einer relativ vorhersehbaren und grundsätzlich erwünschten Weise, um das Musikerlebnis mit mehr Spannung und natürlicher Begeisterung zu füllen.

5. Transponieren in eine andere Tonart

Manchmal sind Lieder zu tief und brauchen eine Anhebung in eine höhere Tonart, um die Stimmung aus einer gewissen Müdigkeit herauszuholen. Doch viel öfter erlebe ich es andersherum: Das Kirchenlied aus dem Gesangbuch oder der angesagte Worshipsong aus dem Youtube-Video, das den Song mit vielen Hunderten oder gar Tausenden zelebriert, sind zu hoch angesetzt. Ein guter Anbetungsleiter sollte ein Gefühl für die musikalische Mitte haben, in der ein Lied in seiner Gemeinde funktioniert. Als guter Richtwert gilt eine Hauptmelodie zwischen C0 und C1. Gute Sänger können entspannt sehr viel höher singen, aber die Masse fühlt sich in diesem Bereich wohler.

Theoretisch könnte man jedes Lied in jeder der sieben Tonstufen einer Durtonleiter singen und spielen. Praktisch ist das aber nur in wenigen angrenzenden Tonarten möglich, da der Melodieumfang des ganzen Liedes die Singbarkeit der höheren oder ganz tiefen Töne unmöglich machen würde. Grundsätzlich ist es aber erfrischend, wenn ein Lied auch nur einen Halbton höher gespielt wird. Jeder Tonschritt fällt auf eine höhere Tonstufe. Insgesamt muss man etwas mehr Luft aufbringen (tiefer gesetzte Lieder helfen müden Menschen, sich erst einmal an das gemeinsame Singen zu gewöhnen) und mehr Energie einsetzen. Meistens ist der dritte Halbton aber die Grenze für jedes Lied.

Manchmal sollte man deshalb ein Lied transponieren, also in der Tonart ändern, damit das Publikum besser mitsingen kann. Ein Lied in G- oder A-Dur ist für viele Menschen schwer zu singen. Ein oder eineinhalb Stufen tiefer liegt es bei mehr Menschen auf einem Level, das sie ohne Anstrengung bewältigen können.

Ich beobachte immer wieder, dass manche Lieder in der Originaltonart zu hoch angesetzt sind. Man spürt richtig, dass die Gemeinde Mühe hat, mitzusingen. Lieder gelingen in höheren Tonlagen vor allem, wenn sehr viele Menschen mitsingen. Die Starken reißen die Schwachen mit. In höheren Tonlagen haben Lieder eine größere Intensität. Sie verlangen den Singenden aber auch mehr ab. Das funktioniert gut in ohnehin schon aufgeheizten Situationen wie auf einem Festival oder in einem großen Konzert. Im normalen Gemeindealltag mit bis zu 50 Besuchern sind viele der hoch angesetzten Tonarten eine Überforderung.

Es ist darum sehr wichtig, die Musiker mit Modulationstechniken[66] und dem Harmoniegefüge der Lieder vertraut zu machen[67], um Lieder in verschiedenen Tonarten spielen zu können. Das christliche

66 Ein eleganter Übergang zu einer neuen Zieltonart ist die 2-5-1-Kombination der Akkorde in der neuen Zieltonart: Um in F-Dur zu landen, während man noch in E-Dur ist, spielt man Gm–C, was dann nach F „schreit". Das geht auch in die andere Richtung: von E-Dur nach D-Dur wäre es Em–A–D.

67 Jede Tonart baut typische Akkorde auf den sieben Tonschritten der Tonleiter auf, bevor derselbe Ton mit dem achten Schritt erreicht wird. Jedes Lied kann deshalb auch in Zahlenschritte übersetzt werden, wobei die Zahl dann immer eine bestimmte Charakteristik hat (2,3 und 6 sind immer Moll, 1 und 4 immer Dur, 5 immer ein Dur-Septakkord etc).

Unternehmen CCLI[68] bietet zur Unterstützung des Gemeindegesangs viele Leadsheets (Text und Akkorde eines Liedes) in mehreren Tonarten vorgefertigt an.

6. Modulation – das Wechseln der Tonart mitten im Lied

Wie kommt man von einer Tonart in die nächste?

In der Musiktheorie bezeichnet das Wort Modulation die Vorbereitung zum Übergang von einer Tonart zu einer anderen.

In der Popmusik arbeitet man oft mit dem sogenannten Nashville-System. „Das *Nashville Number System* ist eine Methode, Musik zu transkribieren, indem der Grad der Skala angegeben wird, auf dem ein Akkord aufgebaut ist. Es wurde in den späten 1950er Jahren von Neal Matthews erfunden und später von Charlie McCoy weiterentwickelt. Es ähnelt der römischen Zahl und den figürlichen Bass-Systemen, die traditionell verwendet werden, um eine Akkordfortschreitung seit dem 18. Jahrhundert zu transkribieren."[69]

In der Stufenleiter der C-Dur-Tonleiter würden die Zahlen so aussehen: C=1, D=2, E=3, F=4, G=5, A=6, H=7.

Die Akkordstufen haben auch immer eine bestimmte Charakteristik (1, 4 und 5 sind immer Dur; 2, 3 und 6 sind immer Moll; 7 ist immer vermindert). Wenn man bestimmte Akkordstufen hintereinander spielt, definiert man ein tonales Zentrum.

Um elegant und gut vorbereitet in eine neue Tonart zu gelangen, spielt man deshalb immer die 2-5-1-Kombination der Zieltonart, um dort hinzugelangen.

Die 2-5-1-Kombination eines Liedes in C-Dur ist D-Moll/ G Dur/ C-Dur. Wer von C zu D wechseln möchte, spielt in der Übergangsphase 2 und 5 von D-Dur (E-Moll und A-Dur), um so zu der neuen 1 (D-Dur zu gelangen). Diese Akkorde streben immer zu diesem Zentrum. Mit einer 2-5-1-Kombination der Zieltonart am Ende eines Durchgangs führt man das Lied in die nächste Tonart. Es ist eine Neudefinition des tonalen Zentrums, in dem man jetzt weiterspielen und weitersingen möchte.

68 http://de.ccli.com

69 https://translate.google.com/translate?hl=de&sl=en&u=https://en.wikipedia.org/wiki/Nashville_number_system&prev=search, Abruf am 3.September 2018.

Notizen

3. Weitere Variationsmöglichkeiten

Songs als Gebet zitieren, bevor sie gesungen werden

Man kann den Text des Liedes vor dem gemeinsamen Gesang sprachlich als Gebet formulieren. Die Musik kann dabei schon leise anklingen, sollte aber verhalten und sphärisch bleiben, damit die Struktur nicht zu früh zum Mitsingen einlädt. Man kann auch die Gemeinde bitten, es gemeinsam zu sprechen. Dazu erscheint der Text an der Beamerwand. Es macht viel aus, wenn die eingefahrene Betonung der Silben, die durch das Lied vorgegeben ist, aufgelockert wird und die tiefe Ernsthaftigkeit des meditativen Sprechens zur Wirkung kommt.

Der Klang der Tradition

Wenn das normale Repertoire nur aus Worshipsongs der jüngeren Zeit besteht, ist ein Ausflug in die Tradition manchmal eine erfrischende Abwechslung. Man kann sie auch mit folgenden Worten einleiten: „Unsere Generation von Christen baut auf die Erfahrungen vieler Generationen von Glaubenden auf. Sie haben andere musikalische Klangbilder und manchmal seltsam anmutende Worte, doch ihre Lebenskämpfe und Erfahrungen mit Gott decken sich in vielem mit unserer Lebenswelt. Machen wir einen Ausflug in den Reichtum der Vergangenheit und entdecken den Liederschatz aus alten Zeiten.“ Eine CD-Serie mit dem Namen *Liederschatz* hat unlängst viele bekannte und unbekannte ältere Lieder für einen modernen Bandstil und den Gemeindegesang aufbereitet[70]. Hier kann man Anregung bekommen, welche Lieder eine Bereicherung und Abwechslung für den Gesang der Gemeinde sein könnten.

Glaubensbekenntnisse und Vaterunser

Wer seinem ansonsten nur von modernen Texten und Stilen geprägten Anbetungsteil im Gottesdienst zur Abwechslung ein weiteres traditionell kirchliches Element hinzufügen möchte, kann den Liedblock um das Glaubensbekenntnis oder das Vaterunser vor einem dazu passenden Lied ergänzen[71]. Der Text des Glaubens-

70 https://www.scm-shop.de/glaube-das-liederschatz-projekt.html

71 Eine einfache und musikalisch unterstützte Lesung als Beispiel findet man hier: https://www.youtube.com/watch?v=tnhAwU6vijs

bekenntnisses sollte unbedingt auf der Leinwand erscheinen, weil die wenigsten Menschen es heute noch auswendig zitieren können. Beim Vaterunser ist das noch anders. Hier hängen sich Menschen murmelnd und mitbetend instinktiv an die ersten Worte des nächsten Satzes, wenn sie das Gebet schon einmal vorher im Ohr hatten.

Das apostolische Glaubensbekenntnis haben manche Kirchen in jedem Gottesdienst in ihrer Liturgie, andere kennen es nur als theologischen Kulturtext:

„Ich glaube an Gott, den Vater, den Allmächtigen, den Schöpfer des Himmels und der Erde. Und an Jesus Christus, seinen eingeborenen Sohn, unsern Herrn, empfangen durch den Heiligen Geist, geboren von der Jungfrau Maria, gelitten unter Pontius Pilatus, gekreuzigt, gestorben und begraben, hinabgestiegen in das Reich des Todes, am dritten Tage auferstanden von den Toten, aufgefahren in den Himmel; er sitzt zur Rechten Gottes, des allmächtigen Vaters; von dort wird er kommen, zu richten die Lebenden und die Toten. Ich glaube an den Heiligen Geist, die heilige katholische (*christliche/ allgemeine*)[72] Kirche, Gemeinschaft der Heiligen, Vergebung der Sünden, Auferstehung der Toten und das ewige Leben. Amen.[73]"

Glaubensbekenntnisse setzen Akzente, die in ihren Zeiten bestimmte Wahrheiten und Zusammenhänge des Glaubens highlighten und wichtige Glaubensinhalte zusammenfassen. Ein moderneres Glaubensbekenntnis bringt die Geschichte der Erlösung in einen Kontext, der Gottes Barmherzigkeit mit allen Fliehenden und Geflüchteten zum Ausdruck bringt. Ich finde es als Ergänzung zu den alten Bekenntnissen ganz wunderbar.

72 Aus historischen Gründen und um eine Verwechslung mit der römisch-katholischen Kirche zu vermeiden, übertragen Kirchen reformatorischer Tradition „katholische Kirche" mit „christliche Kirche" oder „allgemeine Kirche".

73 Übersetzung, die am 15./16. Dezember 1970 von der Arbeitsgemeinschaft für liturgische Texte der Kirchen des deutschen Sprachgebietes verabschiedet wurde.

Das Glaubensbekenntnis der geflüchteten Apostel

Ich glaube an Gott den Allmächtigen,
der sein Volk durch Exil und Exodus hindurch geleitet hat.
Den Gott Josefs in Ägypten, Daniels in Babylon.
*Den Gott der Ausländer*innen und Immigrant*innen.*
Ich glaube an Jesus Christus, einen vertriebenen Galiläer,
geboren fern von seinem Volk und seiner Heimat.
Der mit seinen Eltern aus seinem Land floh,
weil sein Leben in Gefahr war.
Als er in seine Heimat zurückkehrte,
gelitten unter Pontius Pilatus,
dem Diener einer fremden Staatsmacht.
Jesus wurde verfolgt, geschlagen, gefoltert
und zu Unrecht zum Tode verurteilt.
Am dritten Tage auferstanden von den Toten,
nicht als verachteter Ausländer,
sondern um uns die Staatsbürgerschaft in Gottes Reich anzubieten.
Ich glaube an den Heiligen Geist.
den ewigen Einwanderer aus Gottes Reich unter uns,
der alle Sprachen spricht,
in allen Ländern lebt und alle Völker vereint.
Ich glaube, dass die Kirche das sichere Zuhause aller Fremden und aller Gläubigen ist.
Ich glaube, dass die Gemeinschaft der Heiligen dort beginnt,
wo sich alle Menschenkinder in ihrer Vielfalt annehmen.
Ich glaube an Vergebung, die vor Gott alle gleichberechtigt
und an Versöhnung, die unsere Wunden heilt.
Ich glaube, dass Gott uns in der Auferstehung zu einem Volk machen wird,
unterschiedlich und ähnlich zugleich.
Ich glaube an das ewige Leben, in dem niemand ein Fremdling sein muss,
sondern alle eine Staatsangehörigkeit in Gottes Reich bekommen.
Dort herrscht Gott von Ewigkeit zu Ewigkeit.
Amen.

(Im Englischen Original von Jose Luis Casal, deutsche Übertragung von Sandra Bils)[74]

74 Von Pastorin Sandra Bils aus Hannover stammt diese Übertragung ins Deutsche http://www.pastorsandy.de/?page_id=2036

Aktueller Popsong mit geistlicher Deutung

Ein anderer Schritt in Richtung Moderne wäre die mutige Inanspruchnahme vorhandener Popkultur, die nicht explizit christlich ist, aber eine große Schnittmenge zu den Wahrheiten unseres Glaubens hat und auf Gott hin gedeutet werden kann. Warum würzen Sie Ihre Anbetungszeit nicht einmal mit einem modernen Liebeslied, das starke Anklänge an das Vertrauen und die Liebe enthält, die wir im Blick auf Gott haben? Unsere heutige Liedkultur bietet eine Fülle von populären, lebensbegleitenden Liedern, die sich durchaus auf Glaubensthemen beziehen lassen. In Liedern, die Erfahrungen der Liebe und Dankbarkeit einem Menschen gegenüber zum Ausdruck bringen, kann man Gott als Gegenüber einsetzen, sofern der Text nicht überzogen sentimental oder zu stark von körperlichen Bildern durchsetzt ist.

Viele Lieder haben von sich aus eine verborgene religiöse Ader, die mit den inneren Sehnsüchten und Hoffnungen des Menschen nach Liebe und Erfüllung spielt. Um solche Lieder zu finden, muss man nur danach fragen, bei welchen Liedern sich Menschen auch im Blick auf Gott berührt und angesprochen fühlen könnten. Mir ist es schon oft so gegangen, dass mich Lieder aus dem Radio ähnlich oder sogar tiefer angesprochen haben als Lieder aus dem gemeindlichen Repertoire, weil ich es in Verbindung zu einem Glaubensthema in meinem Leben setzen konnte.

Ein aktuelles Beispiel ist für mich die Übersetzung des Mel C-Hits „The first day of my life", vorgetragen von Mitch Keller auf seinem Debut-Album. Der Song heißt auf Deutsch „Zuhause" (Ich bleib bei dir) und lässt sich wunderbar auf das Gefühl des Ankommens bei Gott übertragen[75]. Die große Suche, die Sehnsucht nach einem Neubeginn, Geborgenheit, Zuversicht, Sinn, Licht im Sturm, durch eine Tür zu gehen … sind fast archetypische christliche Formeln und Begriffe, die in den Kontext der Anbetung eines Gottesdienstes passen.

Die Sorge vor „zu viel Welt" in der Gemeinde

Wer die neutestamentlichen Passagen zur Warnung vor einem verderblichen Einfluss „der Welt" pauschal versteht, wird in Popsongs

75 http://www.fantreff-mitchkeller.de/songtext/zuhause-ich-bleib-bei-dir/

im Gottesdienst ein Element der Verführung sehen. Ich glaube, dass man viele Lieder und Texte auf eine gemeinsame Schnittmenge mit christlichen Glaubensinhalten hin nutzbar machen kann. Eine allzu harte Trennung von christlich und weltlich ist zu allen Zeiten problematisch gewesen, denn Jesus war der erste, der das System der Trennung von Glauben und verweltlichter Kultur durcheinanderbrachte. Jesus mischte sich unter nicht religiöse Menschen und beteiligte sie an seiner Mission. Er wollte Welt und Gott wieder zusammenbringen und versöhnen. Das ist mir wichtiger als einzelne Bibeltexte, die zur Trennung aufrufen, so pauschal diese auch klingen mögen.

Songs oder Textelemente aus anderen Sprachkulturen

Die Internationalität unserer modernen Gesellschaften, die sich auch bei den Gemeindebesuchern niederschlägt, hat sich leider in der Worship-Szene unseres Landes sprachlich auf das Englische als einzige zweite Sprache neben dem Deutschen reduziert. Der Reichtum anderer Sprachen, die unserem Kulturraum nahestehen, wird kaum aufgegriffen. Dabei sprechen viele Menschen nach Urlaubsreisen ein paar Brocken Spanisch oder Französisch, ein knappes Viertel der Deutschen hat sogar Russisch-Kenntnisse. Ganze Lieder in einer anderen Sprache singen zu lassen, ist vielleicht eine Überforderung, obwohl das auch mal eine schöne Variante wäre. Manchmal helfen nur ein paar „Sprachfetzen", um die Internationalität der Gemeinde zum Ausdruck zu bringen[76], obwohl man immer noch in der uns vertrauten Sprache bleibt. Wer dieser Spur nachgehen möchte und nach französischen oder lateinischen Elementen sucht, wird bei den Liedern der ökumenischen Gemeinschaft aus Taizé[77] fündig. Das alles kann eine gelegentliche Abwechslung sein, weil es immer wieder eine schöne Erfahrung ist, Gewohntes im Kleid einer anderen Sprache oder Kultur zu erleben.

---

76 Ein paar Worte aus dem Spanischen habe ich in meine Liedsammlungen „Fiesta" und „Siesta" eingefügt. So kommt die Leichtigkeit und Würze der lateinamerikanischen Musik- und Sprachkultur zu Gehör. Lieder wie „Fiesta", „Viva Silencio", „Despacio", „Nada me falta", „Havana ole" und „Esta bueno" spielen mit spanischen Worten oder kurzen Satzfetzen, erläutern und entwickeln das Thema aber in deutscher Sprache.

77 http://www.taize.fr/de_article4800.html, Abruf 16.Juni 2016.

Englisch als Trendsprache bei jungen Menschen

Die manchmal extreme Vorliebe für englische Songs bei jungen Leuten bis zu einem gewissen Alter hat sehr vielschichtige Gründe, die ich an dieser Stelle nicht allzu genau analysieren will. Es hat etwas mit dem Ausbrechen aus zu engen Welten der eigenen Kultur zu tun, mit dem Gefühl einer internationalen Verbundenheit. Medial ist der englischsprachige Lobpreis mit perfekt produzierten Videos von emotionalen Massengottesdiensten sicherlich attraktiver als die Übertragung traditioneller Kirchengottesdienste am Sonntagmorgen oder das bemühte Programm spezifisch christlicher Sender.

Vielleicht ist die Vorliebe für das Englische ein pubertärer Zug der Abgrenzung und Gegenidentifikation und verschwindet mit der Zeit. Man sollte aus meiner Sicht dem Wunsch nach mehr englischen Liedern von jungen Leuten weder zu sehr nachgeben, noch ihn verteufeln oder verächtlich machen. Es ist auf die Dauer ein vorübergehendes Phänomen. Die eigene Kultur setzt sich im Laufe des Lebens meistens durch. Die Zukunftssprache der Anbetung ist sicher nicht das Englische, sondern wird immer die Sprache der eigenen Kultur und Lebenswelt bleiben.

Ausdrucksstarke deutsche Lyrik

Für mich selbst ist die Pflege und Kultur der deutschen Sprache schon früh sehr wichtig geworden. In der Popmusik meiner Zeit gab es allerdings noch keine coolen Musikpoeten, die wie heute ausdrucksstarke Lyrik in eine lässig zeitgemäße Klangwelt einbetten konnten. Musik mit deutschen Texten war für mich über sehr lange Zeit ein Synonym für Schlagerkitsch oder albernes Protestgehabe der Neuen Deutschen Welle. Reinhard Mey war mir zu brav und belanglos, Udo Jürgens zu schwülstig und pathetisch. Doch von Anfang an hatte ich das Gefühl, dass mein neu gefundener christlicher Glaube für mich am besten in meiner eigenen Sprache ausgedrückt werden konnte. In ihr fand ich schon früh einen Reichtum und eine Tiefe, sie inspirierte mich anders und tiefer als das melodisch geschmeidige Englisch der internationalen Popkultur. Auch nach mehreren Lebensjahren in den USA überwog das Gefühl, dass die Erkenntnisse und das Lebensgefühl meines christlichen Glaubens in der eigenen Sprachkultur am besten authentisch vermittelt werden konnten.

Das gelingt natürlich nicht mit schlechten Übersetzungen, die das Lebensgefühl eines Liedes aus dem Englischen durch Reimzwang oder Korrektheit zu stark verfremden. „Hauptsache Deutsch" ist kein gutes Motto.

Englische Slogans und Begriffe, die international funktionieren, wirken hier manchmal hölzern, bemüht und seltsam. Das Weiche und Elegante der englischen Sprache verliert sich in eckig-kantigen Begriffen, die lyrisch tiefsinnige Wortwelt der Anbetung klingt nach Beamtendeutsch. Manchmal hat man das Gefühl, dass sich mit der deutschen Sprache viele Dinge nicht so geschmeidig und entspannt kommunizieren lassen, wie das scheinbar im Englischen gelingt. Liegt es vielleicht an den weicheren Lauten und der geringeren Silbenzahl der Wörter? Liegt es an anderen Faktoren? Ich weiß es nicht.

Doch ich weiß, dass die deutsche Sprache eine Tiefe und Assoziationskraft hat, die, richtig eingesetzt, unseren Glauben in seinen Nuancen besser trifft als eine anglo-amerikanisierte Version. Sie kann auch schön und melodisch klingen, was viele Künstler seit Jahren unter Beweis gestellt haben. Heute ist das internationale Flair, das die moderne Popmusik ausmacht, auch in der deutschen Sprache angekommen. Die Mischung aus der speziellen Ästhetik von Pop, Rock, Hip-Hop und Rap mit den subtilen Nuancen von Selbstironie, Glücksbeschreibungen, Hoffnung, Klage, Protest und Zweifel in deutscher Sprache hat sich so sehr etabliert, dass ein eigener, immer größer werdender Markt mit Erfolgsaussichten dafür entstanden ist.

Heute gibt es keinen grundsätzlichen Clash der deutschen Sprache mit einem selbstbewussten, modernen und internationalen Musikstil mehr. Darum ermutige ich grundsätzlich, sich in Glaubensangelegenheiten unserer eigenen Sprache reichlich und beständig zu bedienen. Das Englische kann für uns nur ein „Steigbügelhalter" bleiben und Verbundenheit mit einer Weltkultur des christlichen Glaubens zum Ausdruck bringen. Schick, stylish, berührend, sanft, kraftvoll und variantenreich geht Anbetung auch in unserer deutschen Muttersprache.

Notizen

4. Schlussfiguren

Als klassische Schlussfiguren für Popsongs finden sich folgende Möglichkeiten:

1. Die verlangsamte Wiederholung der letzten Zeile

Man kann die letzte Melodie, die man identifizieren kann, noch einmal verlangsamt wiederholen und dann mit einer weiteren Schlussverzögerung (einem Ritardando) beenden.

2. Der sogenannte „Trugschluss"

Hier spielt die Begleitband als letzen Akkord nicht die ersehnte Abschlusseins, sondern den Parallelakkord (Stufe 6 – A-Moll in C-Dur). Dadurch entsteht automatisch das Gefühl, noch nicht fertig zu sein und noch einmal ansetzen zu müssen. Meist wird als stufiger Abgang vom Bass im zweiten Teil des Taktes dann auf die 5 geführt (während der Harmonie-Akkord auf der 6 (A-Moll) bleibt, um dann bei 4 oder 2 die nächste Abschlussschleife zu beginnen. Erst wenn man statt dem Trugschluss dann die 1 erreicht, tritt ein Gefühl der Erlösung und des Ankommens ein.

3. Der abrupte Stopp

Dieser hat oft einen kleinen Schockeffekt, weil die Musik plötzlich aufhört, während man noch auf eine Art Schlussfigur wartet. Meist wird dies durch eine vorgezogene Synkope schon auf den letzten Punkt des Taktes gezogen und dann mit einer kurzen, kraftvollen 1 abgerundet.

4. Das Fade-Out

In der elektronischen Wiedergabe von Liedern spart man sich heute oft ein konkretes Ende und mischt die Lautstärke bei einer immer wiederkehrenden Endschleife langsam bis zum Nullpunkt. Das kann man auch live sehr effektvoll aufführen. Diese Variante könnte man auch „den sterbenden Schwan" nennen.

Hier imitiert man durch ein „Repeat and Fade" des Grundrhythmus auf dem Abschlussakkord das Ausklingen eines abfahrenden Zuges. Seine Geräusche verklingen langsam in der Ferne, bis die Stille seine Abwesenheit eindeutig anzeigt. Das merkliche Spiel mit der Dynamik zieht die Zuhörer in seinen Bann und lässt sie den Endpunkt als echte Erlösung empfinden. Durch das immer leisere Spiel wird die Konzentration aller gebündelt.

Diese massive und konzentrierte Beruhigung hat eine berührende Wirkung. Sie lässt das Geheimnis hinter der Musik sichtbar werden. Jemand hat einmal gesagt: Stille ist der wichtigste und stärkste Klang des Universums.

3.2 Organisatorisch begleiten

Es gibt immer wieder visionäre Leiter, die Menschen in der Gemeinde stark motivieren können. Sie malen Bilder einer lebendigen und erstrebenswerten Gemeindearbeit, beschreiben die Früchte einer geistlichen Ernte und schärfen die Sehnsucht nach einer positiven Veränderung. Wenn sie es aber nicht schaffen, die gewünschte Entwicklung auch zu organisieren, bleiben sie und ihre faszinierten Zuhörer oft in einer tiefen Enttäuschung zurück. Organisation fügt Vision und Planung zu einem lebensfähigen Ganzen zusammen.

Motivation ohne Organisation führt zu Frustration.

Sie ist die Koordination der Werkzeuge oder das Zusammenwirken eines Organismus, um ein Ziel zu erreichen.

Im Duden steht das Wort *organisieren* für ein planmäßiges Ordnen, ein Gestalten, Einrichten und Aufbauen. Dort wird auch darauf hingewiesen, dass das französische Verb organe bedeutet, etwas mit Organen zu versehen und damit zu einem lebensfähigen Ganzen zusammenzufügen.

Die Pflege eines lebendigen Organismus

Genau das ist das Bild, das der Apostel Paulus für die Gemeinde wählt, um auszudrücken, dass wir ein „Leib Christi", ein Organismus mit vielen Gliedern unter Christus sein sollen. Geistlich gesehen fügt Gott selbst diesen Leib zusammen, indem er Menschen zum Glauben ruft, innerlich lebendig macht und mit Begabungen ausstattet. Leiter und Begleiter der Gemeinde sind berufen, diese vereinzelten „Glieder eines unsichtbaren Körpers" zu einem funktionsfähigen und geordneten Organismus für eine Veranstaltung oder einen Prozess zu koordinieren. Dabei wird die Versuchung zu menschlicher Willkür dadurch zurückgewiesen, dass es Gott selbst ist, der die Glieder ruft, befähigt und einsetzt. Der Leiter muss nur eine Sicht dafür bekommen, was Gott in die Menschen hineingelegt hat und wie dies zum Wohl aller eingesetzt und koordiniert werden kann.

Wir müssen hier die feine Balance zwischen geistlicher Sicht und menschlicher Ausführung behalten. Manche Gemeinden bemühen sich krampfhaft darum, nur Gott walten zu lassen. Sie beten, dass Gott ihnen zeigt, wer wofür gesetzt und berufen ist, und wollen dies dann nur erkennen und bestätigen. Sie rutschen dabei manchmal in ein autoritäres geistliches System ab, weil sie die ganze Handhabung und Entwicklung von unsichtbaren inneren Phänomenen abhängig machen, die nur durch ein paar Bibelstellen und subjektive innere Eindrücke der Leiter gestaltet werden.

Andere Gemeinde stellen die menschliche Handhabung (Management kommt vom lateinischen Wort *manus* – die Hand) in den Vordergrund und fragen nur: „Was braucht es, wer kann es, was wird es kosten?" Sie haben vielleicht eine freiere Atmosphäre, weil nicht alles mit einem einschüchternden „Huhu – hier wird alles nur durch Vision und Gebet gehandhabt" läuft. Aber sie werden oft auch als zu nüchtern oder gar technokratisch (griech. für die Herrschaft durch das Machbare) empfunden. Alles, was geht, geht hier. Das Woher, Wozu und Wohin wird nicht so richtig wahrgenommen. Es geht nur um das Was und Wie. Zwischen der „Huhu"- und der „Alles geht"-Philosophie liegt eine Balance innerer Lebendigkeit und pragmatischer Freiheit. Wir können von der Sprache her nüchtern und unspektakulär bleiben, aber geistlich offen, sehnsüchtig und hungrig nach Gottes Wirken agieren. Das bringt Entspannung in den Prozess, schließt aber die Dimension des Glaubens und inneren Schauens nicht aus.

Reines Management fragt nur: „Was braucht es, wer kann es, was wird es kosten?"

Ein Lehrstück guter Organisation bei Nehemia

Was man praktisch tun kann, auch wenn man geistlich tief von einer Vision und einer inneren Berufung angetrieben ist, zeigt uns das Buch Nehemia – eine Episode aus der Zeit nach der babylonischen Gefangenschaft. Die Bücher Esra und Nehemia gehören zum sogenannten chronistischen Geschichtswerk, das nach 400 v. Chr. verfasst wurde und eine Zeitspanne von gut 100 Jahren abdeckt. Nehemia ist ein Jude, den es nach Babylon verschlagen hat. Sein Name setzt sich aus *Jah* für Gott und *necäm* für Trost ab. Er erinnert daran, dass Gott ein Tröster, ein Beistand, ein Helfer in den Bedrängnissen des Lebens ist. 444 v. Chr. wurde Nehemia zum Statthalter von Juda ernannt. Kapitel 1 und 2 schildern die innere Entwicklung dieser Geschichte. Nehemia war Mundschenk des Königs Artaxerxes in der Burg Susa. Er hört von den katastrophalen Zuständen der

Überlebenden in den Ruinen der geschleiften Stadt Jerusalem. Nehemia ist tief betroffen und betet leidenschaftlich für eine Verbesserung der Situation. Seine Trauer darüber fällt dem König auf. Er stellt ihn zur Rede und gibt ihm überraschend den Auftrag, als sein Statthalter die Mauer in Jerusalem wieder aufzubauen. Mit Briefen zur Legitimation und einer bewaffneten Eskorte erreicht er Jerusalem, um dort inmitten von Chaos und Feinseligkeit Menschen zum Werk des Wiederaufbaus zu sammeln und ihre Arbeit zu koordinieren.

Die Stadt lag in Trümmern und musste neu aufgebaut werden. Gott erweckte ihr einen Helfer, der eine Gruppe von Menschen dazu motivierte. Dieser Helfer motivierte nicht nur, sondern organisierte die Gruppe mit klugen Maßnahmen zu einem tatkräftigen Organismus.

Christen errichten mit lebendigen Steinen einen Raum, in dem Menschen Gott anbeten können.

Dies ist ein wunderbares Bild für die Aufgabe, an der Christen in der Gemeinde Jesu arbeiten: Sie errichten mit lebendigen Steinen einen geistlichen Tempel, einen Raum, in dem Menschen Gott anbeten und geistlich wachsen können.

Im dritten Kapitel des Buches Nehemia finden wir exemplarische Prinzipien für den gesunden Aufbau eines solchen Unternehmens. Wenn Salomos Tempelorchester uns schon einen Archetyp für Anbetung geliefert hat, kann auch der Wiederaufbau des ganzen Tempels Salomos (er war in einem großen Krieg zerstört worden) ein Leitbild für den Aufbau einer lebensfähigen Anbetungskultur sein. Was können wir von dieser Erzählung praktisch lernen, um Fundamente zu legen, Schutzmauern zu errichten und Raum für geistliches Leben zu schaffen? Was kann man in der Gemeindeentwicklung praktisch tun, um die Anbetungsarbeit wie einen Tempel aufzubauen, in dem Menschen Gottes Nähe und Gegenwart kraftvoll erfahren?

Sieben wichtige Grundlagen kommen hier zur Sprache: Vereinfachung, Beteiligung, Delegation, Eigenmotivation, Teamwork, Aufsicht und Anerkennung.[78]

78 Ich bringe hier Gedanken aus dem amerikanisch-christlichen „Leadership & Project Management"-Bereich ein, die man verkürzt bei Rick Warren finden kann. http://pastors.com/7-principles-for-every-project/ Noch vor Rick Warren habe ich diese Gliederung und ihre Inhalte in einer Predigt von John Maxwell gehört. Ich führe ihre Grundgedanken hier mit Ergänzungen eigener Beobachtung aus.

1. Vereinfachung: Machen Sie es einfach für die Menschen!

Immer arbeiteten an den verschiedenen Toren Menschen zusammen, die sich schon kannten. Es waren Familien (der Hohepriester Eljaschib mit seinen Brüdern, s. Vers 1), Leute aus derselben Wohngegend (Jojada und Leute, die sich aus Gibeon und Mizpa kannten, s. Vers 7). Das ist ein interessanter Aspekt, der Sinn macht.

Organisieren Sie Ihre Anbetungsgruppen um schon vorhandene, natürliche Gruppierungen. Reißen Sie vorhandene Beziehungsgefüge nicht auseinander (Familien, Berufs- und Interessengruppen, Freunde und Cliquen, Subkulturen etc.), sondern versuchen Sie, mit dem und durch das, was schon vorhanden ist, zu arbeiten.

Die stärksten Organisationsstrukturen sind diejenigen, die auf vorhandenen Grundlagen aufbauen. Fragen Sie deshalb nicht als erstes: „Was wären ideale Voraussetzungen?"

Meine Fehler beim ersten Auftrag, eine Musikgruppe in einer Gemeinde zusammenzustellen, führten zur Frustration aller Beteiligten. Idealismus und Perfektionismus gingen mit mir durch. Ich war so motiviert, eine möglichst hohe geistliche und musikalische Qualität zu erreichen, dass ich den Bogen sofort überspannte.

Alle Musiker sollten dasselbe geistliche Verständnis wie ich haben. Dafür sollte es häufige Proben in Verbindung mit Bibelstudium und Gebet geben, selbst, wenn es nur um einen kleinen Beitrag im Gottesdienst ging. Alle Mitwirkenden sollten eine Stunde vor Beginn des Gottesdienstes zum Gebet erscheinen.

Das war geistlicher Perfektionismus pur, eine Einstellung, die Menschen überforderte und frustrierte. Schon bald brach meine „Super-Anbetungsgruppe" völlig auseinander und verlief sich im Sand der Frustration.

Idealismus ist die Neigung, die Wirklichkeit nicht zu sehen, wie sie ist, sondern wie sie sein sollte.

Was war schief gelaufen? Ich hatte mir die falsche Frage gestellt, nämlich: „Wie sollten die Leute idealerweise sein und handeln?" Wenn man die Begriffe *Idealismus* und *Definition* googelt, erscheint die Erklärung: „Die Neigung, die Wirklichkeit nicht zu sehen, wie sie ist, sondern wie sie sein sollte". Diese Neigung ist zwar auch eine wichtige Grundstruktur von Religion und moralischem Empfinden, aber in einer verbissenen

Weise wird sie zu einer Geißel der Gesellschaft. Wir leiden in Deutschland oft an einer Bürokratie, die an sich gut gedacht und wertvoll ist, weil alles berücksichtigt werden soll. Sie wird dadurch aber im Detail oft so perfektionistisch, dass Menschen die großen Linien nicht mehr sehen und die Dynamik abwürgen, die ein vereinfachender und pragmatischer Ansatz bringt. Viele Vorstellungen von einer besseren Gesellschaft sind an sich hilfreich und sinnvoll, werden aber durch einen zwanghaften Idealismus in ein lebensbehinderndes Umfeld verwandelt. Vor dem Gott des Ideals muss die Annahme des Bestehenden im Geist der Liebe Vorrang haben, sonst wird er schnell zum tyrannischen Götzen.

Die richtige Frage ist also nicht: „Wie sollte die beste Anbetungsgruppe aussehen, die die Welt je gesehen hat?" Sondern: „Wie kann ich es den Leuten leicht machen, ihr musikalisches Talent in der Gemeinde einzubringen? Wie kann ich ihre natürlichen Interessen und Neigungen mit dem in Verbindung bringen, was ich hier vorhabe?" Denken Sie nicht zu idealistisch, sondern bleiben Sie pragmatisch und realistisch. Eröffnen Sie Möglichkeiten, anstatt die Pforte so eng zu machen, dass nicht einmal eine magere Maus durchpassen würde.

Denken Sie nicht zu idealistisch, sondern bleiben Sie pragmatisch und realistisch!

2. Beteiligung: Beteiligen Sie alle, die mitmachen wollen

Arbeiten Sie mit denen, die mithelfen wollen. Holen Sie alle ohne Ansehen der Person ins Boot. Bei Nehemia werden alle möglichen Leute aufgelistet, die angetreten waren, um mitzumachen und mitzuhelfen. Nur eine Gruppe wird erwähnt, die sich verweigerte, „die Edlen", die „nicht bereit waren, ihren Nacken unter der Überwachung von Vorgesetzten zu beugen" (s. Vers 5).

Es gibt in jeder Gemeinschaft solche „Vornehmen", die zwar anwesend sind, sich aber nicht „berufen" fühlen, ihren Nacken zu beugen und auch Arbeiten auszuführen, die nicht ihrer Vorstellung entsprechen. Sie ignorieren den Bedarf an Mitwirkenden, wenn sie dadurch etwas tun müssen, das sie als unter ihrer Würde empfinden. Es ist verlorene Liebesmüh, solche Menschen überzeugen zu wollen.

Es ist kontraproduktiv, mit Anklagen und Nörgeleien die Atmosphäre zu vergiften. Nehemias Reaktion auf sie war: Einfach ignorieren und mit denen arbeiten, die da sind.

Gute Leiter konzentrieren sich auf die, die mit ihnen vorangehen wollen. Wir müssen unsere Aufmerksamkeit auf die Ebene lenken, die wir beeinflussen können. Wenn wir uns nicht darauf fokussieren, verlieren wir uns in Ärger und Bedauern. Wenn wir dagegen alle, die Interesse zeigen, beteiligen und einbeziehen, können wir tatsächlich etwas aufbauen und verändern. Ich habe immer wieder die Erfahrung gemacht, dass es sich mehr lohnt, sich mit denjenigen zu beschäftigen, die mitmachen wollen, als mit denen, die sich zieren, aus welchem Grund auch immer. Das ist ein Grundprinzip des Glücks: Wer sich in der Sphäre seiner Einflussmöglichkeiten engagiert, erntet Erfüllung. Wer sich viel mit dem beschäftigt, worauf er keinen Einfluss hat, ist früher erschöpft und verliert die Motivation, sich zu engagieren.

Ignorieren Sie die Drückeberger und Verhinderten! Arbeiten sie mit denen, die da sind.

3. Delegation: Delegieren Sie so viel wie möglich an andere

Wie bewältigt man eine riesige Aufgabe? Man teilt sie auf in viele kleine Teilaufgaben!

Um im Bild der Geschichte Nehemias zu bleiben: Die große Aufgabe war die Wiederherstellung der Mauern und Tore. Hier wird jede Teilaufgabe und die damit betrauten Menschen aufgeführt. Daraus können wir wertvolle Lektion lernen.

a. Teilen Sie ein großes Vorhaben in mehrere begrenzte Aufgaben!

Fragen Sie sich: Welche Bereiche müssen abgedeckt werden?

- Die Gesangsleitung der Anbetung (es braucht Menschen, die leitend singen und solche, die begleitend singen).
- Die musikalische Begleitung (es braucht Musiker, am besten eine Kerntruppe, die auch mit wenigen Instrumenten wie nur Gitarre oder Keyboard begleiten kann, angefangen von kleinen Combos bis zur vollen Band oder gar einem kleinen Orchester).
- Die technische Betreuung für den Klang.

- Die technische Betreuung für die Beleuchtung.
- Die Betreuung für die Textpräsentation.
- Die Organisation (jemand, der Proben und Auftritte einzelner Gruppen etc. organisiert und kommuniziert – das muss nicht unbedingt der Anbetungsleiter sein).
- Das Äußere (jemand, der aufräumt, staubsaugt, Kabel ordentlich verlegt und eine ästhetische Ader hat).

b. Entwickeln Sie ein klares Verständnis von dem, was getan werden muss! Bestimmte Dinge müssen auf jeden Fall getan werden, andere könnten gemacht werden, wenn Zeit, Interesse und Begabung vorhanden sind. Wenn das, was getan werden muss, nicht erledigt wird, reißt das ein Loch in die Mauer des Gebäudes.

Was sollte wie geschehen, damit Anbetung am Sonntag in einem schönen Rahmen mit gut abgestimmten Mitwirkenden geschehen kann? Hier kommen wieder das Leitbild oder die Vision einer Gemeinde ins Spiel. Die Dinge, die getan werden müssen, sollten von dem abgeleitet werden, was man als Zielvorstellung einer gelungenen Anbetungszeit vor Augen hat.

- Jemand muss eine passende und realisierbare Liedfolge für einen inspirierenden Gottesdienst heraussuchen, sich vor die Gemeinde hinstellen und Verantwortung für eine gemeinsame Anbetungszeit übernehmen.
- Jemand muss die Gemeinde rechtzeitig aufschließen (im Winter rechtzeitig heizen), um Menschen eine Vorbereitung und Probe für den Gottesdienst zu ermöglichen.
- Jemand muss die Lieder im Gottesdienst anstimmen (das kann ein Einzelner oder eine kleine Gesangsgruppe sein).
- Jemand muss die Lieder begleiten bzw. musikalisch umrahmen (wenn nicht gerade ein spezieller kirchlicher Sound gewünscht wird, muss man fragen, wer Musik in zeitgemäßen Stilen begleiten kann und die entsprechenden Instrumente dafür hat).
- Jemand muss Noten, Hörbeispiele und Musikerbedarf organisieren und pflegen.
- Jemand muss die Texte bereitstellen, präsentieren, pflegen und ordnen (in der heutigen Zeit gehört es auch dazu, die Nutzung der Lieder zu dokumentieren und gegenüber VG Musikedition oder CCLI zu kommunizieren).

c. Finden Sie die richtigen Personen für die richtigen Aufgaben. Es gibt Aufgaben, für die relativ geringe Vorkenntnisse und Spezialfähigkeiten benötigt werden, und solche, die besondere Fertigkeiten (fertig ausgebildete Fähigkeiten) voraussetzen. Wenn es niemanden mit solchen Fertigkeiten gibt, muss man fragen, wie man sie entwickeln lassen kann. Dafür kann man Schulungsseminare für Anbetungsmusiker ansetzen, im örtlichen Musikfachmarkt nach Tontechnikern fragen, die bereit wären, motivierte Leute in der Gemeinde in eine funktionierende Technik einzuweisen. Wer die entsprechende Technik dort auch kauft, erhöht die Motivation und senkt vielleicht den Preis für die Schulung. Gleiches gilt für den Beleuchtungsbereich.

Entweder findet man schon vorhandene Personen im direkten Umfeld der Gemeinde und motiviert sie oder man bildet interessierte und motivierte Menschen aus. Es sollte am Ende aber immer jemand sein, der auch ein Minimum an Qualifikation für die Aufgabe mitbringt. Gemeinden haben manchmal die Tendenz, Menschen Aufgaben zu geben, um Liebe und Wertschätzung auszudrücken. Das führt dazu, dass sich Menschen in Bereichen einnisten, die eigentlich nicht zu ihrem Gabenprofil passen. Sie daraus wieder zu entlassen, wird umso schwieriger, wenn die Position untrennbar mit dem Gefühl von Liebe und Wertschätzung durch die Gemeinde verbunden ist. Wer das vermeiden will, sollte immer wieder klar kommunizieren, dass jeder um seiner selbst willen geliebt ist, dass eine Aufgabe aber nur der erfüllt, der sich darin als tauglich erweist. Der Wunsch, etwas zu können und eine Aufgabe zu erfüllen, reicht nicht aus. Es müssen klare Kriterien, Tests (z. B. Musiker-Casting) und Probephasen eingerichtet werden, um allen gegenüber diese Priorität zu kommunizieren: Aufgaben müssen funktionell besetzt werden. Liebe, Wertschätzung und Zuwendung wird in Worten, Gesten und kleinen Zugehörigkeitsgruppen entwickelt und gepflegt. Die Aufgaben der Gemeinde stehen nur Menschen offen, die am Ende auch dafür geeignet sind.

d. Behalten Sie selbst nur die Aufgaben, die Sie selbst erledigen müssen! Leiter mit hoher Motivation verlieren sich oft in den kleinen Details. Auch ein Anbetungsleiter kann sich zur „eierlegenden Wollmilchsau“ entwickeln und in allem seine Finger haben. Solchen Menschen scheint es oft leichter, eine anstehende Aufgabe schnell selbst zu übernehmen, anstatt sich Gedanken zu machen, wer das stattdessen tun könnte. Das verhindert eine wachsende Beteiligung von immer mehr Menschen, die mit ihren Aufgaben in der Gemeinde Zugehörigkeit und Verbundenheit entwickeln. Das höhlt auch die eigenen Kräfte auf längere Sicht aus. Es raubt dem Leiter manchmal Energien, die dringend für die Überwachung und Entwicklung des Gesamtprozesses gebraucht werden.

4. Motivation: Nutzen Sie vorhandenes Eigeninteresse

„Oberhalb des Rosstores besserten die Priester aus, ein jeder seinem Hause gegenüber." (Vers 28)

Nehemia teilte die Leute so ein, dass sie nicht weit von ihrem Interessenzentrum (ihrem Haus) arbeiten konnten. In diesem Fall konnten die Priester so mitwirken, dass sie ihren Familien nah waren und es für sie bequem war.

Nur in ideologischen Systemen wurde von Menschen erwartet, gegen ihre eigenen Interessen zu arbeiten, z. B. für ein anonymes Volkswohl, das von einer Elite definiert und verwaltet wurde. Gute Organisatoren bauen eine gemeinsame Aufgabe auf den schon vorhandenen Wünschen, Zielen und Bedürfnissen der Menschen auf. Sie nehmen ihre Eigeninteressen mit ins Boot, statt sie als egoistisch anzuprangern.

Nur in ideologischen Systemen wird von Menschen erwartet, gegen ihre eigenen Interessen zu arbeiten.

Wenn Sie eine Anbetungsgruppe organisieren wollen, fragen Sie sich, wie Menschen ihre Aufgabe auch mit den eigenen Interessen in Verbindung bringen können. Was könnten die Menschen gleichzeitig gewinnen, entwickeln und verwirklichen, was ihnen ohnehin in ihrem Leben wichtig ist? Machen Sie die Mitwirkung an der gemeinsamen Aufgabe so nützlich für sie wie möglich. Lassen Sie Menschen innerhalb des gemeinsamen Arbeitszieles ihre eigenen Interessen und Schwerpunkte mitentwickeln.

Geben Sie Anbetungsleitern und Musikern bei Bandbesetzung, Musikentwicklung und Liedauswahl eine gewisse Freiheit. Sorgen Sie dafür, dass Menschen an der Aufgabe Spaß haben, dass sie etwas gewinnen können. Achten Sie darauf, dass die Aufgabe nicht nur einen Wert für die Gesamtgemeinde, sondern auch wenigstens einen kleinen Vorteil für den Mitwirkenden selbst hat. Wenn Sie es nicht wissen, fragen Sie nach: „Was würde dir Spaß machen? Wie können wir notwendige Treffen oder Proben so einrichten, dass es gut in deinen Zeitplan passt? Was würdest du mit dieser Aufgabe gerne auch in deiner persönlichen Entwicklung verbessern und ausbauen?"

Das zu erkennen und in Einklang mit der größeren Aufgabe zu bringen, ist ein Merkmal eines guten Leiters.

5. Teamwork: Fördern Sie die Zusammenarbeit

Zwanzigmal kommt der Begriff „neben ihm baute …", „ihm zur Seite bauten die Männer …" in diesem Kapitel vor. Menschen waren nicht isoliert, sondern in Verbindung miteinander und halfen sich gegenseitig, wenn es kurzfristig besondere Lasten zu tragen gab oder die Arbeit durch Angriffe der Feinde behindert wurde.

Wir bewältigen so viel mehr, wenn wir zusammenarbeiten. In der Natur zeigen uns die Tiere die Macht der Zusammenarbeit: Wildgänse können angeblich 72% weiter fliegen, wenn sie in Formation fliegen, als im Alleinflug. Das würde das afrikanische Sprichwort unterstützen, das sagt: „If you want to go fast, go alone. If you want to go far, go together!" Ameisen bewegen koordiniert große Mengen von A nach B. „Wenn Spinnen vereint weben, können sie einen Löwen fesseln", sagt ein weiteres Sprichwort aus Äthiopien. Unsere westlichen Gesellschaften sind grundsätzlich stark individualistisch ausgerichtet, östliche Gesellschaften haben eher einen Hang zum Leben in Gruppenzusammenhängen. Sie sehen in der Ausübung einer Pflicht für das Wohl der Gruppe eine größere Ehre als in der einsamen Suche nach Authentizität und Echtheit.

If you want to go fast, go alone.
If you want to go far, go together!

Im NT finden wir 58-mal den Begriff „einander". Es ist ein starkes Signalwort für die allem zugrunde liegende Haltung: Wir sollen einander so viel wie möglich helfen, um die gemeinsame Verbindung zu Gott und zueinander zu fördern.

Gute Gruppen sorgen für ein unterstützendes Klima von Vertrauen und Teamwork in ihren Reihen. Teamwork ist ein besseres Konzept als kämpferischer Wettbewerb. Paulus stellt die Gemeinde als einen geistlichen Körper dar, der durch sein Haupt – Christus – zusammengefügt wird. „Aus ihm wird der ganze Leib zusammengefügt und verbunden durch jedes der Unterstützung dienende Gelenk“ (Eph. 4,16a ElbÜ). Immer, wenn wir Teamwork und ein Miteinander in der Gemeinde fördern, unterstützen wir die Absichten des Hauptes der Gemeinde, Jesus Christus.

Anbetungsleiter sollten dem Musikteam immer wieder vermitteln, wie wertvoll und bedeutsam eine gute Zusammenarbeit ist. Sie sollten kommunizieren, dass wir unsere größte Kraft aus der Gemeinsamkeit ziehen, einem gemeinsamen Glauben, einer gemeinsamen Vision und einer eng abgestimmten Zusammenarbeit. Ermutigen Sie alle dazu, immer wieder Ausschau nach anderen zu halten, die mitwirken könnten. Sprechen Sie immer wieder über den Wert der gemeinsamen Abstimmung und das Gefühl einer Verbundenheit in der Aufgabe. Zeigen Sie auf, dass das Team viel wichtiger als einzelne Akteure mit brillanten Leistungen ist. Betonen Sie, dass Mannschaftsspiel immer die größeren Ziele erreicht. Sprechen Sie davon, wie gut etwas im Zusammenwirken aller funktioniert hat, anstatt nur das zu bemerken, was Einzelne geleistet haben. Bauen Sie ein Zusammengehörigkeitsgefühl voller Stolz und Zuversicht auf.

Bauen Sie ein Zusammengehörigkeitsgefühl voller Stolz und Zuversicht auf!

6. Aufsicht: Sorgen Sie für Aufsicht und ständige Überprüfung

Nehemia wird in dem ganzen Kapitel nicht einmal erwähnt. Woher wusste er so genau, was passierte? Er tat das, was Tom Peters in seinem Buch „Eine Leidenschaft für außergewöhnliche Ergebnisse“ mit MBWA abkürzt – *management by walking around*, also Leitung durch Vorbeischlendern. Nehemia ging umher an den Arbeitsplätzen und fand heraus, was überall vor sich ging. Wenn er nicht selbst inspizierte, was getan wurde, wusste er, welche Leute die Aufsicht über welche Bereiche hatten und sprach mit ihnen darüber.

Interessieren Sie sich für das, was in den Proben und Vorbereitungen der Gottesdienste geschieht, auch wenn Sie nicht selbst überall dabei sein können.

Eines der wichtigsten biblischen Ämter ist das des Aufsehers. Es zeigt, dass es blauäugig wäre, zu erwarten, dass alles wie von selbst geht, wenn Menschen im Glauben stehen und voll motiviert sind. Die Entwicklung einer Gemeinde muss ständig gefördert, beaufsichtigt und überprüft werden, da sie aus Menschen und nicht aus Robotern besteht. Menschen brauchen Betreuung und Beachtung. Sie arbeiten besser, wenn man ihr Handeln bewertet und im Bedarfsfall sinnvoll korrigiert. Eigenwillige Menschen müssen lernen, in Zusammenarbeit mit anderen eine gemeinsame Vision zu verfolgen und andere als Leiter zu respektieren. Dafür müssen sie oft erst gewonnen werden. Das ist bei manchen Menschen nicht leicht, aber für eine funktionierende Gruppe unerlässlich.

Die meisten Leute tun in der Regel das, was man überprüft und beaufsichtigt, und nicht das, was man sich von ihnen erhofft oder vage erwartet. Dies gilt auch für die Gemeinde und ihre Anbetungsteams.

Fragen Sie immer wieder nach, ob Dinge, die man sich vorgenommen hat, umgesetzt worden sind. Entwickeln Sie Checklisten und Erinnerungskulturen. Gehen Sie denen nach, die etwas ausgelassen haben. Klären Sie in laufenden Prozessen, ob an den Schnittstellen Dinge reibungslos laufen. Lassen Sie Nachlässigkeiten nicht einreißen. Erinnern Sie Menschen an das Ziel, alles so gut und gewissenhaft wie möglich umzusetzen, was man sich in gemeinsamen Planungstreffen vorgenommen hat. Setzen Sie die Messlatte lieber wieder etwas tiefer, damit sie besser eingehalten werden kann, als zu riskieren, dass sie grundsätzlich ignoriert wird. Erlauben Sie nicht, dass Menschen sich daran gewöhnen, unaufmerksam, nachlässig und gleichgültig zu arbeiten. Ermutigen Sie eine wache und effiziente Arbeitsweise, ohne pedantisch und überkritisch zu werden. Nehmen Sie diejenigen beiseite, die etwas verzögern und verschleppen, und reden Sie ihnen ins Gewissen. Vielleicht gibt es auch einen Grund dafür, den man aus dem Weg räumen kann.

Falls das keine Wirkung zeigt, suchen Sie nach jemand anderem, der die Aufgabe gewissenhafter und besser erfüllt. Bitten Sie den Menschen, der der Aufgabe nicht gewachsen war oder die Motivation verloren hat, sie gut auszufüllen, um Verständnis, aber entschuldigen Sie sich nicht dafür, die Dinge zu beaufsichtigen und zu überprüfen. Jeder sollte damit rechnen müssen und grundsätzlich einverstanden sein, dass gesehen wird, was er tut.

7. Anerkennung: Sorgen Sie für echte Wertschätzung

Wenn man Menschen beaufsichtigt und überprüft, bekommt man auch die Gelegenheit, etwas zu tun, was für sie von ungeheurer Wichtigkeit ist. Alle Menschen arbeiten besser und mit mehr Elan, wenn man eine gut ausgeführte Arbeit anerkennt. Es hilft ihnen sehr, wenn das, worum sie sich bemühen und was sie zustande bringen, positiv bemerkt wird. Nehemia erwähnt in diesem Kapitel eine große Anzahl von Namen und Arbeiten, die verrichtet wurden. Es werden hier 38 Namen aufgezählt!

Nehemia bemerkte nicht nur die tatsächliche Leistung, sondern auch die Einstellung, mit der Menschen arbeiteten. Er sah nicht nur das Ergebnis, sondern auch den Enthusiasmus und die Begeisterung, mit der Menschen ans Werk gingen: „Baruch besserte eine Strecke eifrig aus!" (Vers 21).

Eifer, Begeisterung und Enthusiasmus werden auch im NT als Merkmal geistlicher Gesundheit hervorgehoben. „Eifert um die größeren Gnadengaben" (1.Kor. 12,31 ElbÜ), sagt Paulus. Wenn Musiker darum eifern, ihre Instrumente immer besser zu beherrschen, um noch sensibler, störungsfreier und flüssiger die Anbetung Gottes zu begleiten, haben wir eine Gruppe von Eifernden im guten Sinne vor uns. Jeder Eifer dieser Art sollte bemerkt und hervorgehoben werden.

Gute Gruppenleiter erkennen nicht nur die Ergebnisse an, sondern auch die Einstellung an!

Auch Gott sieht in unserem Leben nicht in erster Linie die Ergebnisse, sondern vor allem unsere Haltung und unser Bemühen: „Wisst, dass eure Mühe im Herrn nicht vergeblich ist!" (1.Kor. 15,58 LÜ).

Sorgen Sie deshalb dafür, dass besonderer Einsatz und echtes Bemühen nicht unbemerkt bleiben, sondern anerkannt werden!

Wer seine Anbetungsgruppe nach diesen Prinzipien aufbaut, kann mit einer guten Ernte motivierter, begabter und gut zusammenarbeitender Menschen rechnen. Die Mühe und besondere Aufmerksamkeit werden sich lohnen.

Das Entwickeln einer Feedbackkultur

Die Anbetungsarbeit einer Gemeinde braucht eine gute Feedbackkultur, die es Menschen ermöglicht, über ihre subjektiven Erfahrungen mit den Zeiten der Anbetung zu reden. Es ist wichtig, zu hören, was bei ihnen los war, was es mit ihnen gemacht hat und wie sie sich dabei gefühlt haben. Dabei geht es weniger um das Aufspüren von Beschwerden, obschon die auch ernst genommen werden sollten. Eine gute Feedbackkultur greift aber vielmehr das Lob und die Dankbarkeit über das Gelungene auf. Anregungen und konstruktive Kritik fließen dabei wie von selbst ein, wenn der Schwerpunkt auf dem liegt, was wir erreicht haben und feiern können.

Es ist wichtig, zu hören, was bei den Mitarbeitern los war und wie sie sich dabei gefühlt haben.

Das englische Wort *feedback* bedeutet wörtlich zurückspeisen („to feed something back") und meint Rückmeldung. Es ist sozusagen die Antwort des Empfängers einer „Speisung". Es gibt wieder, was angekommen ist und wie es geschmeckt hat. Dabei geht es um das subjektive Empfinden der Menschen, die an einem Prozess teilgenommen haben.

Das Leben ist ein dynamischer Fluss, dessen Entwicklung wir immer neu einschätzen müssen, um „auf Kurs zu bleiben". Mit Feedback können wir herausfinden, wo wir gerade sind, um gegebenenfalls kleine Korrekturen und Anpassungen vorzunehmen. Es kann eine positive Grundstimmung verstärken und neue Energien für die gemeinsame Aufgabe freisetzen. Von einem guten Feedback hat jeder etwas – Mitwirkende im Anbetungsteam, die Leiter und am Ende die ganze Gemeinde. Feedback soll helfen, das Angebot der Gemeinde für Zeiten der Anbetung besser auf die Bedürfnisse aller Beteiligten abzustimmen.

Der beste Zeitpunkt

Die Eindrücke von Musikern, Anbetungsleitern, Pastoren und Gemeindebesuchern sind am frischesten direkt nach dem Gottesdienst. Natürlich will keiner eine nervende, bürokratische Arbeit nach dem Gottesdienst verrichten. Ausführliche Umfragen und Bewertungsbögen sollte man nur gezielt bestimmten motivierten Leuten geben.

Generell halte ich die Möglichkeit zur direkten Rückmeldung nach einem Gottesdienst für sehr hilfreich. Besucher sollten auf einem kleinen Kärtchen Eindrücke und Kommentare zum Gottesdienst abgeben können. Karten und Stifte, mit denen Besucher anonym ihre Eindrücke aufschreiben können, signalisieren die Bereitschaft einer Gemeinde, zu hören und zu lernen. Aus der Ernte dieser Feedback-Karten habe ich als Pastor in meiner Gemeindegründungszeit viele wertvolle Einschätzungen bekommen.

Auch für die Musiker und Mitwirkenden sollte eine Karte für Notizen immer in Reichweite sein. Darauf könnte stehen: „Wie lief's für dich?“ Wer sich etwas mehr Mühe machen will, kann noch differenzieren: Ein Smiley mit Häkchen für „Alles bestens“ oder „Dankbar für …“ und „Etwas frustriert von …“ mit einem Unterstrich für eine Bemerkung. Häufig besteht die einzige Möglichkeit für Mitwirkende, ein Feedback anzubringen, in der nächsten Probe. Nach dem Gottesdienst ist man mit Packen, Gesprächen und Begegnungen beschäftigt und später erinnert man sich nicht mehr so gut. Darum ist eine kurze Notiz mit Situation und Stichwort vielleicht hilfreich, um später darauf noch einmal zu reagieren.

Häufig besteht die einzige Möglichkeit für Mitwirkende, ein Feedback anzubringen, in der nächsten Probe.

In der Probe könnte der Anbetungsleiter die Anwesenden fragen: „Hat alles gepasst bei euch oder gab es Probleme? Wie könnten wir das evtl. noch verbessern?“

Wichtig ist es, das LeiterInnen explizit erwähnen, was gut gelaufen ist, für was sie dankbar sind und wer sich besondere Lorbeeren verdient hat.

Mitarbeitertreffen

In größeren Zeitabständen ist ein Treffen mit möglichst vielen Beteiligten sinnvoll. In unserer Gemeinde hieß dieses Treffen *Big MaK* – der große Mitarbeiterkreis. Dort trafen wir uns vierteljährlich, um „den Puls der Gemeinschaft zu fühlen“, Feedback einzuholen und Verbesserungsvorschläge einzusammeln. Solch ein Treffen erfordert eine gute Vorbereitung und eine sichere Leitung, damit es nicht im Ton entgleitet und einen unangenehmen Nachgeschmack hinterlässt, wenn Leute zu viele Frustrationen äußern.

Grundsätzlich sind die Mitarbeiter aber immer sehr dankbar, wenn man sie fragt und ihnen eine Chance gibt, ihre Erfahrungen und Bedürfnisse zu äußern. Wichtig ist jedoch, dass man nicht signalisiert, dass alles, was geäußert wird, sofort im Sinne der sich Mitteilenden umgesetzt wird.

Bei den Diskussionen über einzelne Themen hilft wiederum das Leitbildpapier, auf dessen Thesen und Ziele man immer wieder hinweisen kann.

Schwachstellen und Wachstumsbedarf angemessen kommunizieren

Wer sich nie traut, die Schwachstellen der Anbetungszeiten anzusprechen, ist dazu verdammt, sie in einer Endlosschleife immer wieder neu zu erleben. Es braucht Mut, sich mit etwas zu konfrontieren, was man sich anders vorgestellt und vorgenommen hat. Dabei muss man sich jedoch davor in Acht nehmen, verurteilende und abwertende Äußerungen zu verwenden. Beschreibungen von Fakten, persönlichen Wünschen und Gefühlen und Bitten schaffen ein Klima der Neutralität. Vorwürfe, Unterstellungen und abschätzige Bemerkungen vergiften die Atmosphäre. Für eine gewaltfreie und wertschätzende Kommunikation helfen einige Grundregeln:

Wer sich nie traut Schwachstellen anzusprechen, ist dazu verdammt, sie in einer Endlosschleife immer wieder neu zu erleben.

1. Die Situation so konkret und neutral wie möglich beschreiben

Wir werden immer versuchen, die Situation so faktisch und neutral wie möglich zu beschreiben. Es wird nicht angeklagt, sondern konstruktiv analysiert. Wir wollen Giftstoffe aus unserer Kommunikation entfernen.

Deshalb bemühen wir uns, abschätzige und verachtende Wertungen zu vermeiden.

Sarkastische Bemerkungen und verletzende Ironie machen eine offene und konstruktive Aufarbeitung unterschiedlicher Erfahrungen unmöglich, vielmehr versuchen wir, alles so ungefärbt und neutral wie möglich zu schildern.

Dazu gehört auch, die Situation für sich allein zu betrachten und nicht sofort zu verallgemeinern. Eine versöhnliche Lösung wird durch Erinnerungen an wiederkehrende Enttäuschungen und die Suggestion eines „schlechten Gesamtbildes" erschwert. Worte wie „immer", „ständig" und „dauernd" oder das Gegenteil „nie", „noch nie" usw. machen ein einzelnes Verhalten zu einem Wesenszug und werden als Gesamtverurteilung dieser Person erlebt. Das ruft Gegenangriffe und Verteidigungsmechanismen auf den Plan. Deshalb ist Neutralität nicht nur politisch korrekt, sondern menschlich schonend und extrem lösungsfördernd.

Wir müssen lernen, jede Situation für sich allein zu betrachten und nicht zu verallgemeinern.

2. Unser Erleben aus unserem Bedürfnis heraus beschreiben

Wir beschreiben unser Erleben und Fühlen. Wir sagen, was wir uns wünschen, was wir hilfreich finden und brauchen. Enttäuschungen beruhen oft auf unausgesprochenen Wünschen und Bedürfnissen. Unser Ziel ist es, auf die Wünsche und Bedürfnisse – einschließlich unserer eigenen – einzugehen. Der Schwerpunkt ist das Lösen von Problemen, das Beseitigen von Engpässen und das Umschiffen von Klippen. Wir alle möchten oder brauchen etwas. Darüber können wir sprechen, ohne es sofort in eine Anklage oder Wertung zu verwandeln. Wir sollten unser Bedürfnis benennen. Wir möchten unsere Hoffnung, unseren Wunsch nach einer positiven Erfahrung bekräftigen und anderen dadurch die Möglichkeit geben, dazu etwas beizutragen.

Wenn wir unser Bedürfnis benennen, geben wir anderen die Möglichkeit, zu seiner Erfüllung etwas beizutragen.

3. Lösungsvorschläge als Bitten formulieren

Wir fordern und verlangen nicht, sondern wir bitten um etwas. Forderungen gehören in den Bereich der Politik. Forderungen treiben Menschen in die Enge. Forderungen machen Druck. Forderungen sind oft mit unausgesprochenen Drohungen verbunden und bewegen sich dann in Richtung Erpressung.

In der Situation der Gemeinde suchen wir gemeinsam nach Lösungen, die so vielen Menschen wie möglich entgegenkommen.

Wir formulieren die Lösungen, die wir uns wünschen, als Bitten: „Das hat mir gefehlt, davon hätte ich mehr gebraucht – wäre es möglich, darauf in Zukunft einzugehen?"

Wir akzeptieren, dass Bitten auch verneint werden können und sind bereit, das in Kauf zu nehmen. Wir vertrauen darauf, dass Menschen sich in der Regel gegenseitig helfen wollen, zu ihrem Recht und der Erfüllung ihrer Bedürfnisse zu kommen. Wir bauen deshalb keine Drohkulissen auf.

Alles in allem sind die Begriffe „leben und leben lassen", „miteinander wachsen und lernen", „einander schätzen und korrigieren" Schlüsselworte für eine gelingende Austauschkultur. Jemand sprach einmal von der „Sandwich-Technik" des kritischen Feedbacks: ein schwer verdaulicher Burger muss mit zwei weichen Brötchenhälften schmackhaft und verdaulich gemacht werden. Auf einen Kritikpunkt sollten zwei Bekräftigungen des Wertes einer Person kommen. Wenn sich das allerdings mechanisch wiederholt, wird es zur durchsichtigen Masche. Wir müssen den Konflikt auch als schwierig in den Raum stellen können, ohne die Kritik an sich dauernd zu entschuldigen. Das suggeriert, dass wir eigentlich nichts Kritisches sagen dürfen, ohne dauernd die Harmonie und das Schöne zu beschwören. „Nicht geschimpft ist genug gelobt" heißt das alte schwäbische Motto, das alles für selbstverständlich nimmt. Irgendwo zwischen diesem Extrem und der „Sandwich-Technik" liegt die Wahrheit.

Sternstunden und Erfolge feiern

Wer es versäumt, zu feiern, was gelungen ist, riskiert, dass die beteiligten Menschen den Schwung verlieren, der aus solchen Erfolgserlebnissen fließt. Wir ernähren unsere Motivation mit den Teilsiegen, die wir auf dem Weg in unser verheißenes Land gewinnen. Wenn Fortschritte gemacht wurden, sollte man sie beim nächsten Treffen unbedingt erwähnen. Drücken Sie Ihre Freude an diesen Fortschritten so konkret wie möglich aus. Sagen Sie Menschen vor anderen, was Sie an ihnen schätzen und bewundern. Stellen Sie ihren Einsatz für das Team positiv heraus.

Wer es versäumt, zu feiern, was gelungen ist, riskiert, dass die beteiligten Menschen den Schwung verlieren.

Feiern Sie auch die Gruppe als Ganzes. Lassen Sie die Mitglieder einer Anbetungsgruppe daran teilhaben, wenn Sie gehört haben, wie gerne Menschen die Gottesdienste besuchen, weil die musikalischen Darbietungen in den Anbetungszeiten so berührend und heilsam für sie sind.

Manche Gemeinden haben die schöne und wertvolle Angewohnheit, ihren Mitarbeitern einmal im Jahr ein besonderes Geschenk zu machen. Das kann eine leckere Mahlzeit in festlichem Ambiente mit Kerzenschein sein, ein Erlebnisabend mit interessanten Darbietungen oder ein wertiges ästhetisches Erlebnis. Der Kreativität sind keine Grenzen gesetzt. Davon sprechen Menschen manchmal noch Wochen und Monate danach. Gemeinsame Feierstunden sind Highlights und besondere Momente für die meisten Menschen. Sie heben die Moral und stärken die Einsatzfreude. Sie zeigen auf, was Menschen anderen bedeuten. Sie wecken den Stolz, Teil einer besonderen Gemeinschaft zu sein und etwas Sinnvolles zu leisten.

3.3 Geistlich begleiten

Geistliche Begleitung ist der Auftrag, der sich durch die ganze Gemeindearbeit zieht. Darunter stellen sich christliche Bewegungen oft sehr unterschiedliche Aspekte vor. Sie reichen von innerer Anteilnahme an Lebenskämpfen durch verständnisvolles Zuhören, über persönliches Fürbitte-Gebet und kleine Unterstützungsgesten bis hin zur gezielten Bildung und Charakterformung eines Menschen zu einem „Jünger Jesu".

Die meisten Anbetungsleiter werden sich von allem, was über die Zusammenstellung von Liedfolgen, das Durchführen von Proben und den Vortrag der Lieder im Gottesdienst hinausgeht, überfordert fühlen. Sie können vielleicht noch ein paar inspirierende Gedanken formulieren, um die Lieder einzuleiten und mit Gebeten in eine innere Tiefe zu führen. Sie möchten aber nicht auch noch seelsorgerlich für die Mitwirkenden ihres Teams verantwortlich sein. Das würde sie zeitlich, emotional und manchmal auch geistlich überfordern. Es ist deshalb ganz gut, diese Frage einmal grundsätzlich zu stellen:

Die meisten Anbetungsleiter möchten nicht auch noch seelsorgerlich für die Mitwirkenden ihres Teams verantwortlich sein.

Wie viel geistlich-seelsorgerliche Begleitung in der Gemeinde ist nötig und sinnvoll?

1. „Jüngerschaft" in unterschiedlicher Intensität und Dichte akzeptieren

Im Neuen Testament machen wir die Beobachtung, dass Jesus zwar manche provokante und radikale Aussage macht, die scheinbar für alle gelten soll, aber in seinem Umfeld verschiedene Formen von Nachfolge und geistlichem Miteinander bejaht.

Jesus selbst wirkt, lehrt und reagiert intensiver in inneren Kreisen mit wenigen Beteiligten. Von den zwölf Jüngern liegen ihm offensichtlich drei besonders am Herzen. Außerdem gibt es auch noch die Jüngerinnen (Luk. 8,1-3) und die Zweiundsiebzig (Lk. 10,17) mit denen Jesus gelegentlich unterwegs war. Es gab vor und nach Ostern unterschiedliche Intensitäten des Zusammenseins, um voneinander zu lernen und miteinander zu wirken.

Jesus lebte in dem Vertrauen, dass seine Worte ihre Wirkung entfalten würden, und zwar gemäß den Saatgut-Gleichnissen in unterschiedlicher Weise. Der Same fällt nicht nur auf verschiedenartigen Boden, sondern er bleibt auch in der Wirklichkeit des Wachstumsraumes immer mit Unkraut durchwachsen. Wir sehen im Neuen Testament keine einheitliche Form der Entwicklung zu einem „Muster-Jünger" Jesu. Alle sind auf dem Weg, alle befinden sich in einem Prozess der persönlichen Herausforderung und Verantwortung vor Gott. Dieser wird durch unterschiedlich begabte und motivierte Menschen befeuert. Der eine pflanzt, der andere gießt, das Wachstum aber kommt von Gott (1.Kor. 3,6-9). Ein sichtbares oder greifbares Ergebnis bleibt häufig in der Verborgenheit, bis man ein paar zarte oder sogar fette und saftige Früchte ernten kann. Jesus warnt vor dem Versuch, das Unkraut überall auszureißen. Manches muss bis zur Ernte nebeneinander stehenbleiben können.

Menschen, die andere im Hinblick auf eine gewünschte geistliche Entwicklung begleiten wollen, müssen sich hüten vor einem richtenden (prüfenden, kritisch abschätzenden) Blick auf ihre Mitchristen. „Jeder Mensch steht oder fällt seinem eigenen Herrn" (Röm. 14,4 ElbÜ). Jeder Gängelei und neugierigen Übergriffigkeit wird von Jesus selbst ein Riegel vorgeschoben. „Was ist mit dem? Wie wird der sich entwickeln? Was hast du mit ihm vor und wie wird es mit ihm weitergehen?", fragte Petrus im Blick auf Johannes. Jesu schroffe und gleichzeitig befreiende Antwort war: „Was geht es dich an? Folge du mir nach." (Joh. 21,22b ElbÜ)

Keinen Retter-Komplex entwickeln

Wir dürfen bei aller Ernsthaftigkeit und Leidenschaft des Glaubens keinen „Retter-Komplex" entwickeln. Der selbstsicheren Art mancher OP-williger Möchtegern-Ärzte der Seele gibt Jesus einen wichtigen Rat: Sie sollen erst den Balken aus dem eigenen Auge entfernen, bevor sie aus dem Auge des anderen einen Splitter herausziehen. Mit diesem markanten Bild macht Jesus klar: Erziehungsversuche und das Arbeiten an vermutlichen Schwachstellen anderer können nur dem gelingen, bei dem selbst „alles klar" ist. Wir sollten uns davor hüten, Menschen

Wir sollten uns hüten, Menschen vorschnell in Kategorien der geistlichen Bedürftigkeit und der geistlichen Reife einzuteilen.

vorschnell in Kategorien der geistlichen Bedürftigkeit und der geistlichen Reife einzuteilen. Wir bleiben alle geistlich bedürftig und werden alle auch grundsätzlich in Situationen gestellt, in denen wir uns erst noch bewähren müssen.

Es geht aber nicht nur darum, keine Steine der Verurteilung zu werfen, bevor man selbst „ohne Sünde“ ist. Es zeigt vielmehr, dass wir im begleitenden Erkennen von Schwachstellen im Leben anderer Menschen äußerst zurückhaltend sein sollten.

Eine Ausnahme bildet natürlich die ins Auge fallende grobe Verletzung von Respekt und Anstand im Miteinander. Der Mut zur Konfrontation darf dann nicht fehlen, es muss nur ohne unnötige Härten und in einem vertraulichen Rahmen geschehen. Und selbstverständlich sollten wir jede Form von Missbrauch und Grenzverletzung (sexuell oder geistlich) ahnden. Wir sollten konkrete Vorwürfe sachdienlich klären und eine Wiederholung ausschließen. Zu schnell hat sich in Gemeinden eine Kultur der Vertuschung und Scham entwickelt, wenn man den Fakten nicht neutral und unbeirrt nachgeht.

2. Für andere Mitwirkende beten

Wir dürfen einander also erst einmal grundsätzlich aus einer „Entwicklungspflicht des geistlichen Lebens anderer“ entlassen. Gleichzeitig können und sollen wir für andere beten und uns nach dem Maß unserer Möglichkeiten in der Begleitung schwieriger Prozesse einbringen.

Paulus betete für seine Mitarbeiter. Manche dieser Gebete klingen in seinen Briefen bis heute für uns nach. Jesus sagte zu Petrus: „Ich habe für dich gebetet, dass dein Glaube nicht aufhöre“ (Luk. 11,32 LÜ), außerdem, dass er innerlich gesehen habe, wie eine Art geistlicher Kampf um ihn und die anderen Jünger tobe (Vers 11). Das trifft sicherlich auf jeden Menschen zu, der sich im Terrain des Glaubens an Gott bewegt und Verantwortung übernehmen will.

Wir sind nicht berufen, auf übertriebene Art und Weise „unseres Bruders Hüter“ zu sein.

Wir sind zwar nicht berufen, auf übertriebene Art und Weise „unseres Bruders Hüter“ zu sein, aber ein gelegentliches Gebet für die Truppe ist sicherlich wertvoll.

Ich selbst habe in Phasen, wo mir andere Menschen „anvertraut“ wurden, immer wieder mit dem richtigen Maß gekämpft. Mal habe ich verbissen täglich längere Listen von Mitarbeitern und Menschen „abgearbeitet“, als ob von meinen Gebeten Wohl und Wehe dieser Menschen abhinge. Dann habe ich mich wieder phasenweise erschöpft nur auf meine Aufgaben und die Aufrechterhaltung meiner Gesundheit und Lebenskraft konzentriert, um dann wieder ein schlechtes Gewissen zu bekommen, weil meine „Gebetsprojekte“ nicht gepflegt wurden. Irgendwann habe ich das Beten mit Listen reichlich ernüchtert aufgegeben. Ich bete für meine Mitarbeiter, wenn sie mir einfallen, und konkret vor den Einsätzen, die wir gemeinsam haben. Das ist realistisch und machbar.

Menschen nicht zu einem „Projekt“ machen

Wir können Menschen in der Gemeinde nur bedingt und zeitweise begleiten. Wir dürfen sie nicht zu unserem „Projekt“ machen. Wir können sie nur eine Weile begleiten, ihnen einen Teil unserer Erkenntnis und Lebensweisheit vermitteln und sie dann Gott anbefehlen. So sagt Paulus der Gemeinde in Ephesus bei seinem Weggang aus einer Phase intensiver Lehre und persönlicher Begleitung: „Und nun befehle ich euch Gott und dem Wort seiner Gnade an, das die Kraft hat, aufzuerbauen und ein Erbe unter allen Heiligen zu geben“ (Apg. 20,32 ElbÜ).

Die Kraft, Menschen aufzubauen und innerlich stark zu machen, liegt bei Gott.

Hier kommt zum Ausdruck: Die Kraft, Menschen aufzubauen und innerlich stark zu machen, liegt bei Gott und in dem Wort seiner Gnade. Ein geistliches Erbe entwickelt sich aus einer Mischung aus Gotteserfahrung, Wortverständnis und Gnadenbewusstsein. Mit den hier erwähnten Heiligen sind offensichtlich die ganz normalen Gläubigen gemeint.

Ein Erbe ist ein fester Bestand, eine Grundlage, ein Zugehörigkeitsmerkmal. Wir finden diese Identität und Zugehörigkeit in einer Mischung aus der Gemeinschaft mit anderen Christen und eigener Gotteserfahrung. Es ist die Mischung aus der Weisheit von Vorbildern und unserem eigenen Verständnis von Wort und Gnade.

Das macht uns ein Stück frei von dem Druck, der für manche Christen aus dem Aufruf Jesu folgt: „Geht nun hin und macht alle

Nationen zu Jüngern." (Matth. 28,19 ElbÜ) Luther übersetzt an dieser Stelle einfach nur „lehret alle Völker". Das ist vielleicht ein bisschen blutleer und akademisch, aber es macht frei von einem Leistungsdruck, echte Jünger aus Menschen zu „machen". Wie bei der Erziehung von Kindern sollten wir uns vor zu hohen Idealen hüten und vielmehr gesunde Voraussetzungen schaffen, damit ein Kind seinen Weg im Leben finden kann. Nicht Drill, Disziplin und Schablone machen Kinder zu besseren Menschen, sondern Aufmerksamkeit, Liebe und der Respekt vor den Grenzen anderer.

In der Begleitung von Menschen, die in einem Anbetungsteam mitwirken, sollten wir uns deshalb fragen, wie viel Aufmerksamkeit wir geben können. Was wäre liebevoll und ermutigend für sie und wie könnten die Grenzen anderer Menschen geschützt werden? Wir sollten aufmerksam und unterstützend sein, aber nicht neugierig und kontrollierend. Nur das ist eine befreiende, lebenstaugliche Vision von Gemeinschaft. Sie setzt voraus, dass geistliches Wachstum nur in einer Atmosphäre von Gnade, Vertrauen und Loslassen gelingt.

Wir sollten aufmerksam und unterstützend sein, aber nicht neugierig und kontrollierend.

3. Perfektionistische Erwartungen enttäuschen

Perfektionismus ist eine Täuschung. Sie ist ein Trugbild, das „enttäuscht" werden muss, damit sich das Leben gesund entfalten kann. Wir können entwickeln und verändern. Wir dürfen alles verbessern, was uns gegeben ist, aber immer nur in Teilen und innerhalb von realistischen Grenzen. Wenn wir das Leben in seiner Begrenztheit akzeptieren und respektieren, werden wir uns am Ende auch mit vielem abfinden müssen. Ja, wir werden vieles aushalten und in Würde ertragen müssen – von unserer eigenen Lebenskraft und Gesundheit bis zu den Möglichkeiten der Gestaltung von gemeinsamen Prozessen.

Anbetungsleiter müssen lernen, manche Vorstellungen, die sie von sich, den Mitwirkenden und der Gemeinde haben, als Täuschung anzuerkennen und die Wirklichkeit in ihrer Bruchstückhaftigkeit und Begrenztheit anzunehmen.

„Denn nur, was wir wahrnehmen, können wir annehmen. Und nur, was wir annehmen, können wir verändern“[79], schreibt der evangelische Theologe Reiner Knieling in seinem Buch über unvollkommene Gemeinden. „Wer wahrnimmt und annimmt, so unvollkommen gut es eben geht, stärkt damit die Grundlage für verschiedene Optionen: Verändern und Verbessern auf der einen Seite und Abfinden, Aushalten, Ertragen auf der anderen Seite, beides getragen vom Respekt der Situation und den Mitmenschen gegenüber.“[80]

Nur, was wir wahrnehmen, können wir annehmen. Und nur, was wir annehmen, können wir verändern.

In einem Kapitel über Gemeindegesundungsprozesse führt er auf, dass Gemeinden für viele Menschen zum Heil-Land werden können: „Gemeinden werden als Orte verstanden, [...] in denen Menschen Heimat finden. Menschen schlagen Wurzeln in einem sozialen Gefüge, in bestimmten Wertvorstellungen und Glaubensüberzeugungen [...]. Gemeinden sind Orte, an denen Verletztes Platz und Zeit zum Heilen hat, in denen Menschen [...] ernstgenommen werden. So werden Gemeinden für andere zum Heil-Land. [...] Manchmal sind Gemeinden genau das aber nicht. Menschen fühlen sich überfordert. Sie erfahren oder stiften Unheil. Sie fügen sich gegenseitig Verletzungen zu usw. Auch das gehört zur Wirklichkeit christlicher Gemeinden. [...] Heil werden kann ja auch bedeuten, Wunden, Narben, Ungeheiltes oder Unheilbares zu akzeptieren. Manche Krankheit kann nicht geheilt, sondern nur ertragen werden. Und man braucht Zeit, um neue Kräfte zu sammeln.“[81]

Anbetungsbegleiter stärken Selbstheilungskräfte und Gottvertrauen

Anbetungsleiter bauen also nicht nur Musikgruppen auf, sondern sie begleiten in gewisser Weise auch Menschen, die sich in einem Gesundungsprozess befinden. Sie sind keine Gurus mit Geheimwissen und einem Sonderstatus. Sie sind bedürftig wie jeder andere

79 Knieling, Reiner: Plädoyer für unvollkommene Gemeinden, Heilsame Impulse, Vandenhoek und Ruprecht 2008, S.86

80 Ebd., S.87

81 Ebd., S.58-59

auch. Denn Jesus beschreibt die Glaubenden als jene, die erkannt und akzeptiert haben, dass sie in vieler Hinsicht heilungsbedürftig sind. „Nicht die Starken bedürfen des Arztes, sondern die Kranken" (Matth. 9,12 LÜ).

Anbetungsleiter begleiten keine Engel, Heiligen oder Gerechte, sondern Menschen aus Fleisch und Blut. Sie dürfen ihre Erwartungen an sich selbst und andere nicht so hoch schrauben, dass ein normales menschliches Leben dort nicht mehr hineinpasst.

Es geht bei der Gemeindegesundheit nicht um einen „Zustand vollkommenen sozialen und spirituellen Wohlbefindens, sondern um einen Raum, wo Überforderungsdynamiken abgebaut, Selbstheilungskräfte angeregt und Gottvertrauen erhalten und neu angezündet wird", schreibt Knieling.[82]

Die Gemeinde sollte ein Raum sein, wo Überforderungsdynamiken abgebaut und Selbstheilungskräfte durch Gottvertrauen angeregt werden.

Wer von sich selbst und anderen mehr erwartet, sucht eine Utopie (von griechisch *ou-topos* – Ort ohne Platz in der Wirklichkeit). Als Erwartung muss sie „ent-täuscht" werden. Als beflügelnder Traum, Vision und Hoffnung, diesen Wunsch wahr werden zu lassen, muss sie lebendig erhalten werden. Sonst wird Wunsch zum Wahn und Vision zur „fixen Idee".

Fehler und Versagen, Mängel und Irrwege gehören auf eine gewisse Weise zu jedem menschlichen Dasein. Wir dürfen sie zwar nicht ständig entschuldigen und schon gar nicht als unabänderlich rechtfertigen. Dann haben wir gar keine Chance, Staub und Asche in einen blühenden Garten zu verwandeln. Aber wir müssen uns mit unserer Begrenztheit als einer grundsätzlichen Schwelle im Leben versöhnen, auch wenn wir in Gott jemand haben, bei dem nichts unmöglich ist. Darum ist für mich der wichtigste Akzent einer gesunden geistlichen Begleitung die Ermutigung und Befähigung zu einem versöhnten Dasein in einer unvollkommenen Wirklichkeit.

4. Fördern von Wurzeln und Flügeln

Ich bin immer wieder angerührt und inspiriert von dem Gebet des Paulus für seine Mitarbeiter in der Gemeinde von Ephesus.

82 Ebd., S.60-61

„Ich bete, … dass ihr in Liebe gewurzelt und gegründet seid, damit ihr imstande seid, mit allen Heiligen völlig zu erfassen, was die Breite und Länge und Höhe und Tiefe ist“ (Eph. 3,17-18).

Es harmoniert für mich mit dem Goethe zugeschriebenen Ausspruch: „Zwei Dinge sollen Kinder von ihren Eltern bekommen: Wurzeln und Flügel“.

Wenn Anbetungsleiter eine Art väterliche oder mütterliche Betreuung ihres Teams vor Augen haben (so spricht Paulus über sein Wirken bei den Thessalonichern), dann sollten sie diese Empfehlung vor Augen haben. Im Gebet für Mitarbeiter sollten diese Gedanken mit den Gesichtern und Namen der Menschen verbunden werden, die wir in unsere Anbetungsgruppe einbinden möchten:

1. Dass sie in der Erkenntnis der Liebe Gottes verwurzelt werden, dass sie die Liebe Gottes aus dem Erdreich ihrer Existenz ziehen, sie unter sich spüren und als Humus ihres Lebens begreifen. Wer sich geliebt weiß, wächst und blüht in mehr als einer Weise auf. Darum bete ich gerne für Menschen.

2. Dass ihnen Flügel für die Breite, die Länge und die Höhe des Glaubens wachsen (Wurzeln verbinden sie ja schon mit der Tiefe) und sie nicht den Absprung in neue Dimensionen der Freiheit und Fülle verpassen.

Das gilt sowohl für ihre musikalische Performance wie auch für ihr ganzes Leben. Verwurzelte und gleichzeitig aufstrebende, lebenshungrige Menschen in ihrem Werden zu begleiten, ist eine Freude. Wer Menschen in einem Raum von Liebe und Annahme eigenständig wachsen und fliegen lässt, kann Gott beim Wirken regelrecht zuschauen.

Wer Menschen in Liebe und Annahme eigenständig wachsen und fliegen lässt, kann Gott beim Wirken regelrecht zuschauen.

Wurzeln stärken

Ermutigen Sie Menschen, in wertschätzender Verbindung mit den **Wurzeln ihrer Herkunft** zu bleiben. Finden und stärken Sie diese. Fragen Sie, was Leute aus ihrer Vergangenheit schätzen und warum. Helfen Sie ihnen, das Neue mit dem Alten zu versöhnen. Helfen Sie ihnen zu sehen, dass nicht alles schlecht war. Stärken Sie den Blick für das Positive, das Menschen aus ihrer Vergangenheit mitgebracht haben. Verhindern Sie, dass Menschen aus Enthusiasmus für das Neue die Wurzeln aus der Vergangenheit rigoros kappen.

Ermutigen Sie Menschen, an den **Wurzeln der Vernunft und Nüchternheit** festzuhalten. Die geistliche Reise des Glaubens gedeiht nicht gut in einer abgehobenen Sonderwelt. Schärfen Sie den Blick für den Segen praktischer Vernunft mitten in der Erfahrung starker innerer Aufbrüche. Lassen Sie die Luft aus den Blasen aufgeblähter Thesen und Vorstellungen von einem geistlichen Leben, das der Wirklichkeit nicht standhält. Treten Sie einem überzogen frommen und übergeistlichen Vokabular entgegen. Wer dauernd mit „Gott hat mir gezeigt" und „Gott hat mir gesagt" um sich wirft, verunsichert diejenigen, die ihr Leben noch im normalen Modus meistern wollen.

Treten Sie einem überzogen frommen und übergeistlichen Vokabular entgegen!

Ermutigen Sie die Musiker, ihre Instrumente durch fleißiges Üben monotoner Tonleiter und Rhythmusübungen sicher zu beherrschen, anstatt dafür zu beten, dass Gott sie zu einem Spiel mit „einer besonderen Salbung[83]" befähigt. Damit stärken Sie die Wurzeln eines heranwachsenden Menschen.

Flügel stärken

Wer nur auf das menschlich Machbare zeigt, vergisst die alles sprengende Wahrheit, dass „bei Gott alle Dinge möglich sind" und „Glaube Berge versetzen kann". Stärken Sie deshalb auch die Flügel der Fantasie und des Möglichkeitsdenkens. „I believe I can fly, I believe I can touch the sky, I see me running through that open door", sang R. Kelly in einer der erfolgreichsten Pop-Balladen der 90er Jahre. Er beschreibt die Macht des positiven Denkens, des Fürwahrhaltens größerer Möglichkeiten und überlässt sich der Fantasie, an die Grenzen des Himmels zu fassen und durch geöffnete Türen zu gehen, wo andere zaghaft am Boden verharren und sich ausgeschlossen fühlen. Der Song wurde oft vorgetragen und von anderen

83 Salbung ist eine alttestamentliche Praxis der Weihung zu einem königlichen oder priesterlichen Dienst. Auch Propheten wurden gesalbt, d. h. mit Öl übergossen und als Begnadete Gottes ausgerufen. Mit der Zeit wurde das Wort Salbung in pfingstlich-charismatischen Kreisen zum Insider-Begriff für die Erfahrung, durch Einwirkung von Gebet und Proklamation eine besondere Gnade zu erlangen, die den Menschen über die Grenzen seiner natürlichen Fähigkeiten hinaushebt. Prediger und Anbetungsmusiker, die eine starke Wirkung entfalten konnten, wurden als besonders „gesalbt" bezeichnet.

bekannten Künstlern gecovert. Das Rolling Stone Magazine zählt ihn zu den 500 besten Songs aller Zeiten.[84]

Der Mensch braucht solche Flügel der Inspiration. Wundersame Entwicklungen sind im Leben immer wieder möglich. Der Glaube, der Fantasie und Lebensmut hervorbringt, lässt sie immer wieder entstehen. Beschneiden Sie nie das Möglichkeitsdenken junger Menschen, aber zeigen Sie ihnen, dass man Flügel immer entwickeln und pflegen muss, damit sie die Gesetze der Schwerkraft überwinden.

Ermutigen Sie junge Menschen mit Aussagen wie: „Gott kann aus dem, was du hier an Talent mitbringst, mehr machen, als du dir vorstellen kannst. Wenn du an deiner Gabe fleißig arbeitest und deine Kompetenzen erweiterst, wirst du mehr Menschen ein Segen sein können, als du es dir vorstellen kannst." In der Bibel heißt es: „Siehst du einen Mann, der gewandt ist in seinem Geschäft – vor Könige wird er hintreten, er wird nicht vor Niedrige hintreten" (Spr. 22,29 ElbÜ). Gemeint ist die Beobachtung: Wer sein Geschäft, sein Talent, seine Tätigkeit geschickt beherrscht und in der Öffentlichkeit gewandt auftritt, der wird großen Einflussausüben.

Eine Anziehungskraft für viele entwickeln

In ähnlicher Weise kann gut gemachte, sauber, professionell und feinfühlig gespielte Musik Menschen in eine Gemeinde ziehen, die sonst kein Interesse am Glauben zeigen würden. Mit Musik, Kunst und attraktiven Leistungen wird die Botschaft des Evangeliums wirkungsvoll unterstützt. Sie kann ein Türöffner, Magnet und Anziehungsgrund sein, der dann im Idealfall in der Gemeinde von anderen Gründen abgelöst wird. Der wichtigste Grund für Menschen, in einer christlichen Gemeinde zu sein, besteht nicht in den sozialen Vorteilen und ästhetischen Erlebnissen. Wenn Gemeinden nur aufgrund ihrer künstlerischen Darbietungen und attraktiven Menschen gefüllt werden, fällt die ganze Pracht schnell wieder zusammen, wenn woanders eine bessere Band kostenlos aufspielt oder der erste Knatsch mit „einem Bruder" auftaucht. Der wichtigste Grund kann nur die persönliche Erkenntnis eines Menschen sein,

Gut gemachte und feinfühlig gespielte Musik kann viele Menschen in eine Gemeinde ziehen.

84 https://de.wikipedia.org/wiki/I_Believe_I_Can_Fly, Abruf 7.09.2018.

dass Gott ihn in Jesus Christus zum ewigen Leben und zur Gemeinschaft der Glaubenden berufen hat. Nur dann kann die Anbetung für einen Menschen auch die Rolle spielen, die eine Anbetungsgruppe unterstützen möchte – Kontakt, Austausch, Inspiration und Vertiefung der Gottesbeziehung.

Notizen

Fazit

Wer Anbetungszeiten nur vorbereitet und leitet, kommt mit der Zeit an Grenzen. Ein großer und wichtiger Teil von Anbetung in der Praxis ist das Begleiten von Menschen in einem Prozess – musikalisch, organisatorisch und geistlich.

Das Anwenden verschiedener Begleitmuster und Begleitungsstile bereichert die Anbetungserfahrung der Gemeinde.

Das Erlernen und Anwenden verschiedener Begleitmuster und Begleitungsstile bereichert die Anbetungserfahrung der Gemeinde. Die begleitende Organisation der Zusammenstellung einer Musikgruppe und der Mitwirkenden in Technik und Gemeindeverwaltung erleichtert den Arbeitsfluss und bringt Klarheit für alle. Die geistliche Begleitung durch Gebet, hilfreiche und unterstützende Glaubenskonzepte und die Offenheit für menschlichen Beistand in Krisen schaffen Wärme und Geborgenheit.

Es ist wichtig, immer wieder nach den Entwicklungsbedürfnissen der Menschen innerhalb des Prozesses zu fragen und ihnen da, wo es nötig ist, Unterstützung zukommen zu lassen. Diese muss nicht immer vom Anbetungsleiter selbst kommen. Sie muss nur in den Blick genommen und praktisch umgesetzt werden.

Organisation erleichtert den Arbeitsfluss. Geistliche Begleitung schafft Wärme und Geborgenheit.

Geistliche Begleitung kann mit kleinen Austauschrunden und Gebet am Anfang oder Ende einer Probe geschehen oder mit einem entspanntem „Afterglow“ beim gemeinsamen Essen im Restaurant um die Ecke. Sie kann durch ein besonderes Wochenende für die Musikergemeinschaft gefördert werden, wo ein tieferer persönlicher Austausch mit anschließender Segnung und Fürbittegebet angeboten wird. Das kann eine wahre „bonding-experience“ sein und Menschen echte geistliche Wachstumsschübe ermöglichen.

Darüber hinaus kann man mit regelmäßigen geistlichen Input-Zeiten einmal im Quartal Akzente zu besonderen Lebensthemen von Musikern und Künstlern setzen und in vielerlei Hinsicht dafür sorgen, dass die Mitwirkenden nicht nur angezapft und eingesetzt werden, sondern auch wertvolle Anregungen für ihr menschliches und geistliches Wachstum bekommen.

Wenn Anbetung in der Praxis sorgfältig vorbereitet, gut geleitet und umsichtig begleitet wird, kann eine lebendige und wirkungsstarke Anbetungskultur entstehen, die der Gemeinde Ausstrahlung verleiht und viele Menschen in eine bereichernde Beziehung zu Gott bringt. Ich wünsche Ihnen für diese Arbeit viel Freude, neuen Mut und eine große Portion Gelassenheit.

Mein Lieblingspodcast „Das philosophische Radio" von WDR 5 endet in jeder Sendung mit den Worten „… und grübeln Sie nicht zu viel". Dem möchte ich mich hier einfach anschließen. Denken Sie nicht zu viel darüber nach, suchen Sie nicht die perfekte Methode, um die Welt mit einer Anbetung zu beglücken, die alle Grenzen sprengt und das Tiefste auf die schönste und überwältigendste Art und Weise ausdrückt.

Genießen Sie ihr Leben. Beten Sie Gott an. Setzen sie sich ein, machen sie sich nützlich … „und grübeln sie nicht zu viel".

Anhang

Inspirationsfelder für Anbetung

1. Anliegen der Anbetung (Band 1)

Notieren Sie auf den Linien gerne, welche Lieder, Ideen, Bibelstellen oder Aktionen zu einem dieser Inhaltsschwerpunkte passen.[1]

1. Gottes Gegenwart

- Ich öffne mich dem „Ton eines leisen Wehens“. (1.Kön. 9,12)
- Ich suche Gottes Angesicht.
- Ich spüre Gottes Nähe.
- Ich erlebe: Du bist mein Gott.

....

....

2. Einheit mit anderen

- Ich bin nicht alleine. (Ps. 34,4)
- Ich gehöre zu einer Welt von Menschen.
- Ich bekenne mich zur Einheit und Verbundenheit in Gott.
- Ich trage meinen Klang zur Stimme der Anbetung bei.

....

....

3. Aufwachen

- Ich wache auf für Gott. (Ps. 57,9)
- Ich werde wach für das wirkliche und tiefere Leben.
- Ich öffne mich für den Tag, den der Herr gemacht hat.
- Ich trete das Leben an, das Gott für mich bereithält.

....

....

1 Praktische zusammengefasste Arbeitsblätter für Ihre Mitarbeiter finden Sie unter www.peppersongs.com zum Download.

4. Freiheit

- Ich bete an im Geist und in der Wahrheit. (Joh. 4,24)
- Ich ergreife die innere Freiheit, die mir hier begegnet.
- Ich löse mich von den Zwängen des Perfektionismus.
- Ich erhebe mich in der Freiheit der Kinder Gottes.

....

....

5. Veränderung

- Ich bin offen für innere Verwandlung. (2.Kor. 3,18)
- Ich öffne mich einem Wertewandel in meiner Seele.
- Ich betrachte die Herrlichkeit Gottes.
- Ich verändere mich in das Bild, das ich bewundere.

....

....

6. Ruhe

- Ich komme zur Ruhe vor dem Angesicht Gottes. (2.Mo. 33,14)
- Ich lasse los, was ich krampfhaft festhalte.
- Ich beruhige und beschwichtige meine Seele.
- Ich finde Erfrischung an stillen Wassern.

....

....

7. Trost

- Ich öffne mich dem Gott allen Trostes. (2.Kor. 1,3)
- Ich empfange das Mitgefühl und Erbarmen des Schöpfers.
- Ich lasse mich mütterlich und verständnisvoll von Gott trösten.
- Ich berge mich bei Gott und werde heil.

....

....

8. Staunen

- Ich staune über die Beschaffenheit des Daseins. (Ps. 8,4)
- Ich werde wie ein Kind.
- Ich nehme den Zauber und das Wunder des Lebens wahr.
- Ich bestaune das Geheimnis des Lebens, Webens und Werdens.

....

....

9. Wertschätzung

- Ich gebe Gott die Ehre, die seinem Namen gebührt. (Ps. 29,2)
- Ich beschreibe den Schatz, den meine Seele gefunden hat.
- Ich erkenne das Außergewöhnliche und Bewundernswerte an Gott an.
- Ich weiß den Wert Gottes zu schätzen.

....

....

10. Freude

- Ich überlasse mich nicht dem Kummer, denn die Freude an Gott ist meine Stärke. (Neh. 8,10)
- Ich zelebriere die Freude an Gott, „habe meine Lust an dem Allmächtigen".
- Ich habe meine helle Freude an Gott, genieße den Reichtum seiner Gegenwart.
- Ich öffne mich für das ganze Spektrum der Freude und „freue mich im Herrn".

....

....

2. Archetypen der Anbetung (Band 1)

Notieren Sie auf den Linien gerne, welche Lieder, Ideen, Bibelstellen oder Aktionen zu einem dieser Inhaltsschwerpunkte passen.

1. Teilnahme am Leben (Schöpfung)

- Ich nehme mein Lebendigsein als Gabe und Aufgabe an. (Jes. 38,18-19)
- Ich lobe meinen Schöpfer durch die Mitwirkung am Prozess des Lebens.
- Ich bete Gott an, indem ich als Lebende(r) die Vielfalt bereichere.
- Ich preise Gott, indem ich das Leben hingebungsvoll genieße und „voll da bin".

....

....

2. Loslassen des Geliebten (Abraham)

- Ich löse mich von dem, was ich liebe und unbedingt festhalten will. (1.Mo. 22,5)
- Ich bringe meine Träume von Erfolg und Wachstum als Opfer dar.
- Ich gewinne Distanz zu dem, was mir am nächsten ist, um Nähe zu Gott zu gewinnen.
- Ich übergebe mein Leben Gott und vertraue mich seiner Weisheit an.

....

....

3. Festhalten an Gottes Treue (Hiob)

- Ich trenne zwischen dem, was Gott gibt und nimmt, und dem, was Gott ist. (Hiob 1,21)
- Ich verweigere mich dem Spekulieren und Interpretieren und widme mich der Anbetung.
- Wenn mir das Leben etwas nimmt, bete ich im „Trotzdem-Modus" an.

- Ich halte in allem, was mir widerfährt, unbeirrbar an der Treue und Liebe Gottes fest.

....

....

4. Herzliche Gottesliebe aus tiefer Menschlichkeit (David)

- Ich singe dir Lieder herzlicher Liebe und Zuneigung. (Ps. 18,2)
- Ich bekenne dir meine Verfehlungen und klage dir mein Leid.
- Ich folge dir vertrauensvoll wie ein Schaf seinem Hirten.
- Ich liebe dich mit der ehrlichen Liebe zerbrechlicher Menschlichkeit.

....

....

5. Die Inszenierung eines Festes für Gott (Salomo)

- Ich komme zum Fest der Anbetung und bringe mich ein. (2.Chron. 5,13)
- Ich mische meine Stimme des Lobes mit der Stimme der Vielen.
- Ich beteilige mich an der festlichen Inszenierung des Glaubens.
- Ich zelebriere das Gemeinschaftserlebnis von Glaube und Anbetung.

....

....

6. Ehrfurcht vor dem Heiligen (Jesaja)

- Ich lasse mich von der Heiligkeit Gottes erschüttern und reinigen. (Jes. 6,3-5)
- Ich nehme Abstand von der Profanität und Verdorbenheit dieser Welt.
- Ich suche keine moralische Strenge, sondern geistliche Tiefe und Sensibilität.

- Ich lasse mich von Gott reinigen,
  um Menschen in einem Zustand innerer Klarheit zu dienen.

....

....

7. Fairness, Güte und Bescheidenheit (Micha)

- Ich übertrage meine Anbetung mit Liedern und Gebeten
  in eine Lebenshaltung. (Mi. 6,8)
- Ich beuge mich vor Gott mit gelebter Gerechtigkeit,
  Barmherzigkeit und Bescheidenheit.
- Ich ehre Gott mit aufrichtiger und engagierter Sorge für die Welt
  und meine Mitmenschen.
- Ich engagiere mich mit fairem Verhalten
  und der Verhinderung von Unrecht.

....

....

8. Edle und praktische Gaben (Die Weisen aus dem Morgenland)

- Ich bringe Kostbares aus meinem Besitz
  zu den Füßen Jesu. (Mt. 2,11)
- Ich bete an mit den Gaben, die mir mein Leben ermöglicht hat.
- Ich trage zur Erhaltung und Verbreitung des Glaubens
  etwas aus meinem Bestand bei.
- Ich erkenne die Gegenwart Gottes in den Symbolen
  geistlicher Rituale.

....

....

9. Erbauung der Gemeinde mit Gaben des Geistes (Paulus)

- Ich bete Gott in der Gemeinschaft
  mit geistlichen Gaben an. (1.Kor. 14,25)

- Ich empfange und vermittle geistliche Kräfte und Gnade aus der Verbindung mit Gott.
- Ich trage dazu bei, dass Menschen im Gottesdienst Gott erfahren und anbeten.
- Ich öffne mich einem gesunden Enthusiasmus und einem Fluss aus Gnade und Liebe.

....

....

10. Suche nach mystischer Einheit mit Gott (Johannes)

- Ich spüre der Einheit mit Gott nach. (Joh. 17,21-23)
- Ich komme zu Jesus, um ihn zu sehen, eins mit ihm zu werden und in ihm zu bleiben.
- Ich strecke mich nach der liebevollen Vereinigung meiner Seele mit Gott aus.
- Ich werde in dieser Bewegung eins mit Gott, eines mit anderen Glaubenden und allem Leben.

....

....

3. Anbetung mit erhobenem Haupt (Band 2)

Notieren Sie auf den Linien gerne, welche Lieder, Ideen, Bibelstellen oder Aktionen zu einem dieser Inhaltsschwerpunkte passen.

1. Zurücklieben

- Ich reagiere in der Anbetung auf eine Initiative Gottes. (1.Joh. 4,19)
- Ich liebe, weil ich zuerst geliebt wurde.
- Meine Anbetung ist kein mechanisches Echo, sondern eine persönliche Antwort.
- Ich erkenne mich selbst vor Gott als zutiefst liebenswürdig.

....

....

2. Ganzheitlichkeit

- Ich bete mit der Sehnsucht nach einem ungeteilten Herzen an. (5.Mo. 4,29)
- Ich bete mit einer dürstenden, empfänglichen und lebendigen Seele an.
- Ich bete über den religiösen Moment hinaus mit meiner ganzen Kraft und Körperlichkeit.
- Ich beziehe meinen Verstand und mein Denkvermögen intelligent in die Anbetung ein.

....

....

3. Geistliche Resonanz

- Etwas ist da, und etwas in mir rührt sich daraufhin. (Luk. 1,44)
- „Das Universum schaut mich an“ und ich schaue zurück.
- Ich antworte auf dein Reden, Ziehen und Rufen in meiner Seele mit Anbetung.

- Ich öffne mich für eine lebendige Erfahrung der Begegnung mit dir.

....

....

4. Religiöses Selbstbewusstsein

- Ich erwache für dich durch den Hauch deines Atems in meiner Seele. (1.Mo. 2,7)
- Ich mische meine Außenbeobachtung der Welt mit der geistlichen Ahnung in mir.
- Ich begegne dir im Zentrum meines Erlebens, durchdenke und erfahre dich in mir.
- Ich höre, spüre und erlebe dich als meinen Ursprung, meine Heimat und mein Ziel.

....

....

5. Identitätshilfe

- Durch Gottes Gnade bin ich, was ich bin. (1.Kor. 15,10)
- Ich bringe meine Eigenheiten selbstbewusst in meine Anbetung ein.
- Ich bringe mein gewordenes Leben mit Erfolgen und Brüchen vor dich.
- Ich empfange gesunde und mutige Selbstkonzepte durch dich.

....

....

6. Weltverhältnis

- Von dir, durch dich und zu dir hin sind alle Dinge. (Röm. 11,36)
- Du bist überall wirksam und anwesend und dennoch nicht identisch mit der Welt.

- Ich preise dich für die Größe, Schönheit und Komplexität deiner Welt.
- Ich leide mit dir an Schmerz, Ohnmacht und Ungerechtigkeit in der Welt.

....

....

7. Weltverständnis

- Ich nehme die Zeit, in der ich lebe, als ein Erbe deines Schöpferwirkens an. (1.Kor. 3,22)
- Ich bejahe die Grenzen, Gefahren, Möglichkeiten und Mischverhältnisse dieser Welt.
- Ich erkenne die Demut in deiner indirekten Einflussnahme auf alle irdischen Systeme.
- Ich partizipiere an dieser Welt und bringe mich in meiner Zeit liebend und konstruktiv ein.

....

....

8. Geist der Emanzipation

- Ich löse mich von sklavischen Einstellungen in meinem Glauben. (Gal. 4,7)
- Ich bete in der Freiheit und Würde eines selbstbestimmten Daseins in Christus.
- Ich bin auch in meiner Anbetung nicht unterwürfig und ängstlich, sondern vor allem dankbar.
- Ich prüfe und wähle meine Autoritäten, denen ich mich unterordne, und lebe eigenständig.

....

....

9. Therapie der Gebrochenheit

- Ich bringe dir die geknickten Anteile meiner Seele, damit du sie aufrichtest. (Matth. 12,20)
- Ich löse mich von Selbstverachtung und Scham-Angst und lasse mich ermutigen.
- Ich überwinde gleichzeitig Selbstverliebtheit und Realitätsverlust und lasse mich erschüttern.
- Durch Heilung und Erschütterung bete ich dich im Schmuck eines gefestigten Geistes an.

....

....

10. Leben mit erhobenem Haupt

- Du bist der Herr, der mein Haupt erhebt. (Ps. 3,4)
- Du machst mich stark und selbstbewusst.
- Ich erhebe mich in der Würde meines Menschseins, um dich zu preisen.
- Erfüllt von Gnade sage ich: Das glaube ich! So bin ich! Dazu stehe ich!

....

....

4. Aus der Perspektive junger Erwachsener in der Studie „Generation Lobpreis – Warum Lobpreis unser Glaubensleben bestimmt“[2]

Hier habe ich noch 8 weitere Inspirationsfelder in je vier meditativen Sätzen in der Sprache und Bildwelt der Autoren herausgearbeitet. *Notieren Sie auf den Linien gerne, welche Lieder, Ideen, Bibelstellen oder Aktionen zu einem dieser Inhaltsschwerpunkte passen.*

1. Bewusstmachen der Gegenwart Gottes

- Ich stelle mir den Raum der Anbetung
  als einen Thronsaal Gottes vor.
- Ich verweile in der Gegenwart eines himmlischen Königs,
  der auch mein Herr ist.
- Ich spüre die Größe und Macht Gottes,
  aber auch ein Gefühl von Geborgenheit.
- Ich komme innerlich nach Hause und trage von hier
  die Kultur des Himmels in meine Welt.

....

....

2. Ausdruck der Ehrfurcht

- Ich richte meinen Fokus weg von Genuss
  und Leistungsanspruch auf Gott.
- Ich schaue auf den Schöpfer der Welt,
  in dem alle Macht des Universums liegt.
- Ich staune darüber, dass dieser Gott, der über allem steht,
  mein Leben verändert.
- Ich bin erfüllt von Ehrfurcht und beuge mich,
  überwältigt von deiner Liebe.

....

....

....

2 Generation Lobpreis, S.234 Johanna von Büren, Michelle Klötzer und Tim Guttenberger

3. Hingabe und Anbetung

- Ich gebe mich mit allem, was mich ausmacht, dir hin.
- Ich stelle mich dir zur Verfügung, bringe dir mein Leben als ein Opfer dar.
- Ich bringe dir meine Schwächen, meine Versagen wie auch meine Ängste.
- Ich bringe dir meine Stärken und meine Bereitschaft, zu dienen.

....

....

4. Beziehungsgeschehen zwischen Gott und mir

- Ich stehe dir, Gott, wie die Braut einem Bräutigam gegenüber.
- Du hast lange auf mich gewartet, siehst mich und in mir Schönheit.
- Du hast mich erwählt, mich an dich genommen und einen Bund mit mir geschlossen.
- Ich will diese Liebe immer tiefer werden lassen und neue Seiten daran entdecken.

....

....

5. Beziehungsgeschehen zwischen anderen Anbetenden und mir

- Ich öffne mein Herz für die Menschen, die mit mir gemeinsam Gott anbeten.
- Ich lasse die Mauern kultureller Abschottung einstürzen, um sie als Geliebte Gottes zu sehen.
- Ich finde mich mit ihnen auf einem neuen Fundament wieder, geborgen und umsorgt von Gottes Gegenwart.
- Ich schaue hinter die Unterschiede der Völker und Zuordnungen auf geistliche Verwandte.

....

....

6. Kunst

- Ich preise dich als den Schöpfer der Kreativität und Kunst.
- Ich bringe dir alle Talente, Gaben
  und Formen künstlerischer Kreativität in mir
- Ich will deine Schöpferkraft widerspiegeln,
  mich von dir ansprechen und berühren lassen.
- Ich will die von ihrer Kunst lebenden Künstler der Anbetung
  segnen und unterstützen.

....

....

7. Lebensstil

- Ich will dich mit meinem gelebten Leben über
  diese Anbetungszeit hinaus anbeten.
- Ich will deine Liebe dieser Welt vermitteln,
  Hände und Mund für dich sein, um dich zu ehren.
- Ich will mich dir mit meinen Fähigkeiten handelnd
  zur Verfügung stellen.
- Ich nehme dich mit in mein Leben und gehe
  anbetend in meine normale Lebenswelt.

....

....

8. Waffe

- Ich bete dich über den Kämpfen meines Lebens an
  und preise deinen Sieg über das Böse.
- Du kämpfst meine Kämpfe in mir mit
  und verhilfst mir zum Sieg des Guten.
- Ich preise dich „mitten in der Schlacht“,
  denn deine Gnade währt ewig.
- Ich preise dich in den Konflikten und Spannungsfeldern meines
  Lebens – du bist der Höchste.

....

Notizen

Notizen

Notizen

Stimmen zum Buch

Martin Peppers „Trilogie der Anbetung“ hebt sich in ihrer Komplexität von allem ab, was bisher zu diesem Thema erschienen ist und hat das Zeug, zu einem Bestseller und Standardwerk zu werden. Es ist ein Glücksfall, dass der Autor Theologe, Musiker und Songwriter ist und daher aus allen Perspektiven zum Thema Stellung nehmen kann. Das tut er mit Herzblut kompetent und sachorientiert. Er gibt auch nicht dem angloamerikanischen Impuls nach, alles nicht nur besser, sondern vor allem exklusiv zu wissen. Dabei wird er nicht müde, das Thema viel umfassender darzustellen als in bisherigen Veröffentlichungen. Trotzdem gelingt ihm dabei eine Fokussierung auf das zentrale Glaubenserleben der Christen, den Gottesdienst.

Pepper zeigt auf: Gottesdienste in allen Denominationen können mit Hilfe der beschriebenen Informationen und theologischen Einsichten vielfältiger gestaltet werden, um Menschen mit christlicher Anbetung neu anzusprechen. Mit dieser Trilogie kann es gelingen.
Thomas Nowack, Musikpädagoge und Kulturmanager, Referent beim Verband für christliche Popularmusik in Bayern e.V.

Ich habe schon die ersten beiden Bände von Martin Peppers mit Begeisterung und Gewinn gelesen. Jetzt liegt mit ‚Anbetung in der Praxis' der dritte Band seiner Anbetungstrilogie vor. Und Martin Pepper hält, was er im Titel verspricht. Er entfaltet unter dem Dreischritt vorbereiten, leiten und begleiten ganz praktisch die Gestaltung einer vielfältigen Lobpreiskultur. In seinen Ausführungen gibt er sehr konkrete Hilfestellungen, wie Lobpreis gelingen kann. Ein tolles und hilfreiches Praxisbuch. Danke!
Prof. Dr. Tobias Faix, Leiter des Moduls „Theologie & Lobpreis“ an der CVJM-Hochschule Kassel und Autor des Buches: „Generation Lobpreis & die Zukunft der Kirche“

Auch der dritte Band von Martin Peppers Trilogie ist ein Schatzkästchen, mit viel Erfahrung und Weisheit gefüllt. Gerade die praktischen Fragen zum Thema Lobpreis und Anbetung werden oft vor lauter geistlichem Überbau vernachlässigt. Martin widmet sich diesen Fragen mit Liebe zum Detail und zu den Menschen – und öffnet

damit den Weg aus manch ungesunder Engführung in die Weite und Vielfalt der Anbetungs-Praxis.
Albert Frey, Songwriter, Lobpreisleiter und Musikproduzent

Ich freue mich immer wieder über die feine Art, wie Martin Pepper Körper, Gestaltung, Musikalität und Ausdruck als Themen der Gottesbeziehung integriert. In einer Kulturlandschaft, in der viele historische Formen geistlicher Musik unzugänglich geworden sind und gegenwärtige sich auf die menschliche romantische Liebe begrenzen, ist das eine kostbare Wiederentdeckung der Ganzheitlichkeit des musizierenden Menschen auch in seiner Rückbindung an Gott.
Cornelius Beck ist Diplom-Gesangslehrer und leitete sechs Jahre lang die Musiklabel SCM Hänssler und Hänssler CLASSIC

Als Regisseur weiß ich um die Kraft von Inszenierung. Die Liebe zu Gott mit all unseren Kräften und Möglichkeiten kommt auch im Gestalten der christlichen Anbetung mit modernen Mitteln zum Ausdruck. Martin Pepper zeigt mit diesem Buch ganz praktisch und relevant auf, wie das gelingen kann.
Chris Cuhls, Eventregisseur & Konzeptionierer

Schon beim Lesen des Inhaltsverzeichnisses stellte sich bei mir ein breites Grinsen ein. Ich habe tatsächlich ein paar innere Luftsprünge vollzogen, weil das, was Martin Pepper da zusammengetragen hat von wirklich großem Wert ist. Er legt uns hier ein Buch vor, das umfassend auf wirklich alle Themen eingeht, die Musikteams und vor allem Anbetungsleiter überall im Land bewegen. Diese Einsichten und Praxistipps könnten sie in ihrer Arbeit weit nach vorne katapultieren! Ich werde diese Bücher bei meinen Workshops dabei haben und damit arbeiten.

Ein absolut gelungener Abschluss einer Trilogie die für die nächsten Jahre, vielleicht Jahrzehnte ein Standardwerk werden sollte. DANKE, Martin Pepper, für das Investieren von so viel Lebenszeit in ein Thema, das heute aktueller denn je geworden ist.
Winnie Schweitzer, Songwriter, Gitarrist,
Produzent und Bandleiter

Ich bin Pastor, Musiker und Lobpreisleiter. Seit zwei Jahren biete ich Workshops für Lobpreis, Musik und Gottesdienstgestaltung für Gemeinden an. In Martin Peppers Buch „Anbetung in der Praxis" habe ich sehr vieles wiedergefunden, was ich selbst beobachte und durchdacht habe. Gleichzeitig bin ich aber auch auf viele neue und hilfreiche Gedanken und Tipps gestoßen.

Dieses Buch hält, was sein Titel verspricht! Martin Pepper gibt sehr viele ganz praktische Tipps für den Alltag des Musikmachens und Lobpreisleitens in der Gemeinde. Hier spürt man seine langjährige Erfahrung. Ihm gelingt es immer wieder, die inhaltliche Ebene der Anbetung – die Ausrichtung auf Gott – in der Praxis konkret werden zu lassen.

Pepper wagt sich auch an schwierige Themen wie Liedauswahl, Tradition, Widerstände („Kampfsitzen" – herrlich!!!) und Gemeindeprägungen heran. Dabei gelingt es ihm, nicht nur eine spezielle Form als Maßstab zu liefern, sondern das „Herz der Anbetung" zu stärken. Am Ende ist es ja nicht wichtig, ob Orgel oder Schlagzeug prägend waren, sondern ob Menschen in die Gegenwart Gottes gefunden haben. Immer wieder merkt man dem Autor an, dass es ihm nicht darum geht, einen „Anbetungsstyle" zu promoten. Er will Menschen in ganz verschiedenen Zugängen helfen, durch Anbetung ihre Verbindung zu Gott zu stärken. Es geht ihm darum, diese zu beleben und neu zu entdecken. Und das tut sehr gut!

Sehr gut finde ich auch den Teil über die geistliche Begleitung am Ende des Buches. Hier wird deutlich, dass der Anbetungsmusiker kein Funktionär in der Gottesdienst-„Dienstleitung" ist, sondern ein Mensch und ein Nachfolger Jesu mit eigenen Bedürfnissen.

Ich kann dieses Buch sowohl Pastoren als auch allen Leitern und Mitwirkenden in einem Lobpreis-Team empfehlen. Diese Schnittmenge aus geistlichen Grundlagen und wertvollen Tipps für die Auftrittspraxis bietet einen hohen Nutzen für jeden, der sich in einer christlichen Gemeinschaft mit Gedanken und Liedern zur Anbetung einbringen möchte.
Andreas Müller, Evangelische Gemeinschaft Wolfratshausen

Beim dritten Band von Martin Pepper's Trilogie «Anbetung» wird es definitiv praktisch. Akribisch, mit Feingefühl und in einer gut lesbaren Sprache, bearbeitet Pepper buchstäblich alle Fragen, die das

Vorbereiten, Leiten und Begleiten von Anbetungszeiten betreffen. Doch dieses Buch ist nicht einfach eine weitere «Worship-Praxis-fibel». Martin Pepper hat ein Kompendium, ein Nachschlagewerk zum Thema geschaffen! Das detaillierte Inhaltsverzeichnis lädt geradezu ein, zu stöbern und einzelne Themen nachzulesen. Ein Buch, das jeder Musiker und jede Sängerin, die sich mit Lobpreis und Anbetung beschäftigt, kennen sollte!
Stephan Giger, Kirchenmusiker, Reformierte Kirche Wil

Man spürt, dass Martin Pepper aus einer reichhaltigen, persönlich erfahrenen Praxis schöpft. Sehr detailliert beschreibt er die Praxis der Anbetung, von der geistlichen Dimension bis hin zu technischen und musikrechtlichen Aspekten.

Wohltuend ist vor allem der realistische Ansatz, der sehr konkret darauf eingeht, was alles schief gehen kann, um Ärger- und Fehlerquellen frühzeitig zu beseitigen. Gleichzeitig gibt Martin Pepper viele Tipps und Einblicke, wie man eine berührende Anbetungszeit gestalten kann, wohlwissend, dass man das Gelingen nicht erzwingen kann. Damit wird es zu einem Buch, das man sehr gut mehrmals lesen kann.
Peter Neubauer ist Bassist und leitete über Jahre den
Lobpreis in Gemeinden des FeG im Raum Heidelberg

Schon oft wurde ich von Studenten, Bibelschülern oder Seminarteilnehmern nach passender und praxisnaher Literatur zum Thema Lobpreis und Anbetung gefragt. Das hier vorliegende Buch ist eine geniale Zusammenfassung von Themen, die in einfacher und doch sehr tiefgründiger Weise Hilfestellungen zu all den Fragen rund um das oft sehr kontrovers diskutierte Thema „Worship“ bieten. Anbetung ist nicht nur auf eine bestimmte Ausdrucksweise oder Stilistik zu reduzieren, sondern ein weites Feld von Erlebnissen und Begegnungen mit Gott. Es beinhaltet aber auch einen liebevollen und respektvollen Umgang mit den uns umgebenden Menschen. Und genau das wird in diesem Buch so wunderbar zusammengefasst. Hilfreiche Hinweise für eine eigene und authentische Gemeinschaft mit Gott, aber auch viele spannende Tipps, wie sich ein gutes Miteinander gestalten lässt.

Mit Martin Pepper haben wir einen Verfasser, der weiß, wovon er spricht. Ich kenne ihn aus seiner langjährigen Tätigkeit als Pastor,

Musiker und Lobpreisleiter in unserem Land. Seine Stärke ist definitiv seine beständige aktive Präsenz in einer sich immer wieder und immer schneller wandelnden Szene der Glaubenszugänge. In dem hier vorliegenden Buch hat er sich sehr praktisch und intensiv mit dem Thema Anbetungsvorbereitung und Anbetungsleitung auseinandergesetzt und die Herausforderungen in manchmal amüsanter und gut lesbarer Art erklärt. Wie auch schon bei den vorhergehenden Büchern, sind hier Erkenntnis und Praxis eng miteinander verbunden. Man spürt Martin Pepper ab, wie wichtig es ihm ist, alle Dinge grundsätzlich und von einem ausgewogenen Schriftverständnis her zu hinterfragen. Dabei bleibt er nie in einer blassen Theorie stecken, sondern entwickelt immer wieder Fantasie und konkrete, z.T. ganz neue Ideen für die Praxis.

Ich kann dieses Buch nur wärmstens empfehlen und freue mich, dass wir mit seiner Trilogie über eines der wichtigsten Themen der Bibel, nämlich die Anbetung Gottes, endlich ein wichtiges, zeitgemäßes und umfassendes Standardwerk für Bibliotheken an christlichen Hochschulen, Bibelschulen und Akademien zur Verfügung haben.

Friedemann Meussling, Kirchenmusiker, Lobpreisleiter und Pastor, Leiter der Christlichen Musikakademie in Stuttgart

„Kirche hat sich in der Zeit immer wieder verändert. Sie wird dies notwendigerweise auch in Zukunft tun müssen, um auf die sich wandelnden Bedürfnisse der Menschen Ihrer Zeit eingehen zu können. Für diesen Veränderungsprozess ist Martin Peppers Buch „Anbetung in der Praxis" besonders hilfreich, vereinigt es doch in seltener Harmonie Kompetenzvermittlung mit praxisnaher Anleitung unter Festhalten an der geistlichen Substanz. Die Lektüre dieses Buchs stellt den Leser auf ein tragfähiges Sprungbrett aus Theorie und Praxis, um damit handlungssicher gute eigene Erfahrungen zu machen. Aus der Sicht des Praktikers wie des Theologen lässt Martin Pepper keine relevante Frage für den Start in die Anbetungsmusik offen. Aus meiner Sicht ein „must have" für alle, die ernsthaft Lobpreismusik machen möchten."

Stephan H. Gosch, Songwriter und Lobpreisleiter in der FeG Bünde

Super! Nach den beiden ersten Bänden zu den Grundlagen der Anbetung legt Martin Pepper zum guten Schluss eine handfeste und durchdachte Gebrauchsanweisung für die musikalische und geistliche Gestaltung der Anbetungszeit im Gottesdienst vor. Viele Tipps aus der Praxis für die Praxis – und das mit guten Begründungen. Ein überaus hilfreiches Buch!
Kathrin Douglass, Pfarrerin und Lobpreisleiterin

„Faszination Anbetung" ist ein Andachtsbuch, eine Enzyklopädie, ein Geschichtswerk, ein Bibelkommentar und eine philosophische Betrachtung. Differenziert und fundiert schöpft Martin Pepper aus den Erfahrungen verschiedenster Epochen der Geschichte, der Kirchen und Gemeinden. Liebevoll und mit Respekt betrachtet er die unterschiedlichsten Strömungen und weitet den Blick auf die Vielfalt der Anbetung. Ein echter Gewinn für jeden Christen.

Patrick Martin

Martin Pepper

Faszination Anbetung

Weil Gott mehr ist als ein Wort

Der erste Band der „Trilogie der Anbetung" bietet einen umfassenden Überblick über die Bedeutung und Vielfalt der Anbetung. Er beginnt mit Gott – dem Gegenüber der Anbetung. Die zehn wichtigsten Anliegen und Archetypen der Anbetung aus der Bibel führen schließlich zu den Fragen nach Formen und ästhetischen Vorlieben. Am Ende gibt es Tipps für ein versöhntes Miteinander und ein Leitbild für Anbetung in unserer Zeit. Martin Pepper zielt mit diesem Buch auf das große Ganze des christlichen Glaubens und entwickelt eine einladende, aber auch selbstkritische Perspektive. Einblicke in seine eigenen Erlebnisse machen das Buch sehr persönlich und nahbar.

mc-peppersongs

Gebunden · 448 Seiten · ISBN 978-3-9813157-5-2 · 24,80 Euro

Damit Anbetung eine heilsame Erfahrung ist, muss ein Mensch verstehen, dass ihm Glaube und Hingabe an Gott nichts von einem selbst verantworteten Leben nehmen. Autonomie und Selbstbbewusstsein stehen, richtig verstanden, nicht im Gegensatz zur Gottesliebe. Ich widme dieses Buch allen Menschen, die, wie ich, lange mit dieser Vorstellung zu kämpfen hatten und sich wie ein Fremdkörper in der Welt der Moderne fühlten.

Martin Pepper

Claudia Peppers Buch besticht durch ihre praxisnahe Sprache, viele persönliche Beispiele und konkrete Lösungsansätze. Ich kann es Menschen, die an inneren Weggabelungen stehen nur empfehlen.

Heidi Seidel,
christliche Beraterin
im IACP

Claudia Pepper

Ist Glück Glückssache?

Wege zu gelingendem Leben

Es liegt in unserer Natur, nach Glück zu streben, so unterschiedlich wir es auch definieren mögen. Glück begegnet uns auf vielfältige Weise. Wenn es uns gelingt, diese Momente zu pflegen und zu genießen, erhöhen wir deutlich den Glücksfaktor in unserem Leben. Leben aus der eigenen Mitte, die Bewältigung von Trauer und Ärger und die Bereitschaft, als Original zu leben sind Schlüssel für das Bahnen von Wegen, die das Glück begünstigen.

mc-peppersongs
Gebunden · 112 Seiten
14,95 Euro